SOUVENIRS
HISTORIQUES
DES
RÉSIDENCES ROYALES
de France.

PAR

J. VATOUT,
PREMIER BIBLIOTHÉCAIRE DU ROI.

Deuxième Publication.

PALAIS-ROYAL.

A PARIS,
CHEZ FIRMIN DIDOT FRÈRES, LIBRAIRES,
RUE JACOB, 56.

1838.

PALAIS-ROYAL.

LE PALAIS-ROYAL.

CHAPITRE PREMIER.

Le Palais-Cardinal.

1629-1642.

Le Palais-Royal fut dans l'origine un simple hôtel que le cardinal de Richelieu fit bâtir, en 1629, sur les dessins de Jacques Lemercier[1], son architecte. Cet hôtel, auquel il avait donné son nom, était situé à l'extrémité de Paris, rue Saint-Honoré, au pied du mur d'enceinte, élevé par

---

[1] Natif de Pontoise : c'est aussi la patrie de M. Fontaine. Ce n'est pas une chose indigne de remarque, que la même ville ait produit les deux architectes qui ont, l'un commencé, l'autre achevé le Palais-Royal.

Charles V. Sauval prétend qu'il fut bâti sur les ruines des hôtels de Luxembourg et de Rambouillet; Piganiol, qui vint après lui, croit plus exact de dire que ce fut sur l'emplacement des hôtels de Rambouillet et de Mercœur. Jaillot, discutant ces diverses opinions, ajoute : « Il est constant que le connétable d'Armagnac possédait[1], rue Saint-Honoré, près les murs, un hôtel considérable, et qu'une partie du Palais-Royal en occupe l'emplacement. Le connétable ayant été sacrifié, en 1418, à la haine du duc de Bourgogne, son hôtel fut confisqué et donné au comte de Charolois. Au commencement du seizième siècle, cet hôtel appartenait aux ducs de Brabant et de Juliers de la maison de Bourgogne. Quant à l'hôtel de Rambouillet et l'hôtel de Mercœur, c'est le même édifice auquel ces deux noms furent successivement donnés, le duc de Mercœur l'ayant acheté en 1602, pour agrandir celui qu'il avait dans la rue des Bons-Enfants. En 1624, le marquis d'Estrées le vendit au cardinal. » Bientôt Richelieu s'y trouva gêné; la demeure du ministre de Louis XIII suivit le cours de sa fortune; elle

---

[1] En 1418, Villiers, seigneur de l'Ile-Adam, s'empara de Paris, par trahison, au nom du duc de Bourgogne, et se rendit, accompagné de Claude de Beauvoir, rue *Saint-Honoré*, au domicile du comte d'Armagnac pour se saisir de la personne de ce connétable.

s'agrandit avec son pouvoir. Non content de surpasser son maître en autorité, le cardinal voulut l'égaler en magnificence. Le mur d'enceinte de Paris fut abattu; le fossé comblé; le jardin, dégagé de ses obstacles, prit une forme plus régulière et s'étendit jusqu'aux prairies, remplacées aujourd'hui par la rue neuve des Petits-Champs et la rue Vivienne. En même temps, Richelieu fit percer la rue qui a pris son nom, pour conduire directement de son palais à sa ferme de la Grange-Batelière, située au bas de la colline de Montmartre [1]. Des acquisitions nouvelles, faites tant du côté de la rue de Richelieu que du côté de la rue des Bons-Enfants, permirent d'augmenter les bâtiments et leurs dépendances [2]. Enfin, en 1636, l'hôtel de Richelieu était un palais et s'appelait le *Palais-Cardinal*.

[1] Cette ferme avait pris son surnom de la nécessité où l'on était de passer l'eau dans l'emplacement occupé aujourd'hui par la rue Grange-Batelière.

[2] Un relevé, fait aux archives du Palais-Royal, évalue les acquisitions, faites par le cardinal, pour bâtir son palais, à 666,618 livres, somme considérable pour ce temps. Il faut ajouter à cette somme 150,000 livres, prix de l'hôtel de Syllery, que le cardinal acheta pour l'abattre, afin d'avoir une place devant son palais; mais il n'eut point le temps d'achever son projet. La démolition ne fut terminée qu'après sa mort et par l'ordre de la reine régente, Anne d'Autriche.

Cette inscription, écrite en lettres d'or, dominait la principale porte au milieu de laquelle étaient sculptées les armoiries de Richelieu, surmontées des insignes de sa dignité ecclésiastique. Elle éveilla la critique des beaux-esprits du temps. A leur tête, Balzac prétendit que cette inscription n'était ni grecque, ni latine, ni française : les grammairiens ne furent point de son avis ; ils soutinrent que c'était un *gallicisme* consacré par l'usage, comme *l'Hôtel-Dieu*, *les Filles-Dieu*, *la Place Maubert*; mais si Balzac n'avait pas tout à fait raison, ceux qui disaient que la vanité avait plus de part que la grammaire dans cette inscription, n'avaient pas tout à fait tort.

Le plan du *Palais-Cardinal* était fort irrégulier ; cela tenait aux nombreuses transformations qui marquaient les accroissements successifs de la puissance du propriétaire.

La principale entrée du *Palais-Cardinal* était sur la rue Saint-Honoré. On avait construit dans l'aile droite une vaste salle de comédie. « Cette « salle, dit Sauval, pouvait contenir environ trois « mille spectateurs ; elle était réservée pour les « comédies de pompe et de parade, quand la pro- « fondeur des perspectives, la variété des déco- « rations, la magnificence des machines y atti- « raient leurs majestés et la cour. Malgré ses petits « défauts, c'est le théâtre de France le plus com-

« mode et le plus royal[1]. Indépendamment de
« cette salle, le cardinal avait arrangé un salon pour
« faire jouer les pièces que les comédiens repré-
« sentaient ordinairement au Marais-du-Temple. »
C'est aussi là que, devant un parterre choisi, où
les flatteurs ne manquaient pas, le ministre auteur, qui, pour avoir persécuté le Cid, se croyait
le rival de Corneille, faisait représenter son Europe et sa Myrame.

La représentation de Myrame fut célèbre à
plus d'un titre, et ce n'était pas seulement la vanité du poëte qui était intéressée au succès de
l'ouvrage : Richelieu avait osé, dit-on, élever ses
vœux jusqu'à sa souveraine. Cette folle prétention ne peut être révoquée en doute ; madame
de Motteville rapporte qu'elle en fut instruite par
la reine elle-même : on lit dans les mémoires de
Retz, que madame de Fargis porta à la reine
mère une lettre d'amour que le premier ministre
avait écrite à Anne d'Autriche; et Brienne raconte

---

[1] Louis XIV donna cette salle, en 1660, à Molière, qui y
mourut le 17 février 1673, en prononçant le *juro* du Malade
imaginaire. Après la mort de l'auteur du Misanthrope, elle
fut destinée aux représentations de l'Opéra. Brûlée le 6 avril
1763, réédifiée aussitôt par Louis-Philippe, duc d'Orléans,
occupée de nouveau par l'Opéra, elle fut consumée une seconde fois par l'incendie de 1781.

à ce sujet une anecdote curieuse qui confirme l'opinion de ces auteurs contemporains.

« Le cardinal était éperdument amoureux, et ne
« s'en cachait point, d'une grande princesse. Le
« respect que je dois à sa mémoire m'empêchera
« de la nommer. Le cardinal avait eu la pensée
« de mettre un terme à sa stérilité; mais on l'en
« remercia civilement, dit la chronique d'où je
« tire ce fait. La princesse et sa confidente, ma-
« dame de Chevreuse, avaient en ce temps-là l'es-
« prit tourné à la joie au moins autant qu'à l'in-
« trigue. Un jour qu'elles causaient ensemble et
« qu'elles ne pensaient qu'à rire aux dépens de
« l'amoureux cardinal, — il est passionnément
« épris, Madame, dit la confidente; je ne sache
« rien qu'il ne fît pour plaire à votre majesté.
« Voulez-vous que je vous l'envoie le soir dans
« votre chambre, vêtu en baladin, que je l'oblige
« à danser ainsi une sarabande? le voulez-vous?
« il y viendra. — Quelle folie ! » dit la princesse :
« elle était jeune, elle était femme, elle était vive
« et gaie ; l'idée d'un pareil spectacle lui parut
« divertissante. Elle prit au mot sa confidente,
« qui fut du même pas trouver le cardinal.

« Ce grand ministre, quoiqu'il eût dans sa tête
« toutes les affaires de l'Europe, ne laissait pas en
« même temps de livrer son cœur à l'amour. Il ac-
« cepta ce singulier rendez-vous : il se croyait déjà

« maître de sa conquête, mais il en arriva autre-
« ment. Boccau, qui était le Baptiste d'alors et
« jouait admirablement du violon, fut appelé;
« on lui recommanda le secret. De tels secrets se
« gardent-ils? C'est donc de lui qu'on a tout su.

« Richelieu était vêtu d'un pantalon de ve-
« lours vert; il avait à ses jarretières des sonnettes
« d'argent; il tenait en main des castagnettes et
« dansa la sarabande, que joua Boccau. Les
« spectatrices et le violon étaient cachés, avec
« Vautier et Beringhen, derrière un paravent d'où
« l'on voyait les gestes du danseur; on riait à
« gorge déployée; et qui pourrait s'en empêcher,
« puisqu'après cinquante ans j'en ris encore
« moi-même?

« On fit retirer Boccau, et la déclaration fut
« faite dans toutes les formes. La princesse la
« traita toujours de pantalonade; et ses dédains,
« assaisonnés du sel de la plaisanterie, aigrirent
« tellement ce prélat orgueilleux, que depuis
« son amour se changea en haine; la princesse
« ne paya que trop cher le plaisir qu'elle avait
« eu de voir danser une éminence[1]. »

La vengeance de Richelieu fut implacable;
elle se manifesta en toutes occasions, soit dans

---

[1] Mémoires de Brienne, recueillis avec autant de goût que d'intérêt par M. Barrière.

l'affaire de Chalais, où il descendit lui-même dans les cachots pour solliciter du prisonnier des aveux qui pouvaient compromettre Anne d'Autriche; soit lors de la découverte de la correspondance de cette princesse avec le roi d'Espagne, où il ordonna au chancelier Séguier d'aller au Val-de-Grâce pour saisir cette correspondance sur la reine même.

Cette haine se signala encore dans une circonstance moins solennelle. Ce fut à l'occasion de l'ouverture du grand théâtre du Palais-Cardinal. La pièce d'inauguration était cette tragi-comédie de Mirame, dont nous venons de parler : elle avait été composée par le cardinal et par Desmarets [1], son confident et son premier commis au département des affaires

---

[1] Desmaretz, un des premiers membres de l'Académie française, la prit sous son nom, et signa la dédicace qui en fut faite au roi Louis XIII, en ces termes :

« Mirame, que je présente avec respect à Votre Majesté, « n'a servi que d'un essai avant de chanter ses louanges, et si « mon travail a été suivi de quelque heureux succès en un « sujet inventé, elle jugera, s'il lui plaît, de ce que je pourrai « faire en parlant de ses exploits véritables. Bien que l'usage « des triomphes publics semble être aboli par toute la terre, « la France a maintenant un lieu où j'espère que Votre « Majesté triomphera souvent par les vers et les beaux specta- « cles que votre grand ministre y fera faire pour célébrer vos « conquêtes. »

poétiques. Richelieu dépensa des sommes énormes pour cette mise en scène.

La représentation eut lieu en 1639, en présence du roi, de la reine, et de toute la cour. Chacun savait, comme le dit Pelisson, que le premier ministre « témoignait des tendresses de père à
« cette Mirame, qui lui coûtait deux ou trois
« cent mille écus et pour laquelle il avait fait
« bâtir cette grande salle de spectacle dans son
« palais; aussi l'on s'attendait à des acclamations.
« J'ai ouï dire que les applaudissements que l'on
« donnait à cette pièce, ou plutôt à celui qui y
« prenait beaucoup d'intérêt, transportaient le
« cardinal hors de lui-même; que tantôt il se
« levait et se tirait à moitié du corps hors de sa
« loge pour se montrer à l'assemblée, tantôt il im-
« posait silence pour faire entendre les endroits
« encore plus beaux. »

Ce triomphe ne flattait pas seulement l'amour-propre de l'auteur, il satisfaisait les ressentiments de l'homme. La pièce était remplie d'allusions amères sur la conduite d'Anne d'Autriche et sur ses rapports secrets avec l'Espagne. Le roi, père de Mirame, disait à son confident :

> Celle qui vous paraît un céleste flambeau,
> Est un flambeau funeste à toute ma famille,
> Et peut-être à l'État..........................
> ....

> Acaste, il est trop vrai, par différents efforts,
> On sape mon État et dedans et dehors;
> On corrompt mes sujets, on conspire ma perte,
> Tantôt couvertement, tantôt à force ouverte.

Deux vers surtout durent cruellement blesser la reine. On pensait généralement que le duc de Buckingham avait,[1] en 1627, fait déclarer la guerre à la France, parce qu'il lui avait été défendu d'y rentrer, à cause de l'éclat de sa passion insensée pour Anne d'Autriche. Le prélat vindicatif donnait clairement à entendre que cette princesse n'avait pas été insensible aux amoureuses folies [1] du duc, en mettant dans la bouche de Mirame ces deux vers :

> Je me sens criminelle, aimant un *étranger*,
> Qui met pour mon amour cet État en danger.

Ce théâtre fut également témoin d'une fête que Richelieu donna en 1641, pour célébrer les fiançailles de sa nièce, Claire Clémence de Maillé, avec le duc d'Enghien, depuis le grand Condé.

---

[1] Le duc de Buckingham se présenta à un bal de la reine avec un manteau couvert d'or et garni de perles d'un grand prix. Ces perles mal attachées tombèrent au milieu des danseuses, qui s'empressèrent de les ramasser et de les accepter, aux galantes sollicitations du duc. Le lendemain, la reine lui fit remettre des bijoux enrichis des plus beaux diamants, pour l'indemniser de ses fastueuses libéralités.

Nous empruntons à une plume contemporaine la description de cette solennité :

« Le soir du quatorzième de ce mois (14 janvier 1641) fut représentée, dans l'hôtel de Richelieu, une pièce de théâtre composée par le sieur Desmarets, esprit poli et fertile tout ensemble, laquelle n'a point eu sa pareille de nostre aage, si vous la considérez dans toute son estenduë. Le sujet en estoit excellent, qui feut traité avec une telle abondance de pensées délicates, fortes et sublimes, qu'il seroit mal-aisé de trouver dans tout l'amas des plus belles tragédies de l'antiquité, les raisonnemens qui sont dans cette seule pièce, ornée des plus nobles sentimens et des tendresses les plus grandes de l'amour. La France, ni possible les païs estrangers, n'ont jamais veu un si magnifique théâtre, et dont la perspective apportoit plus de ravissement aux yeux des spectateurs. La beauté de la grand' salle où se passoit l'action s'accordoit merveilleusement bien avec les majestueux ornemens de ce superbe théâtre, sur lequel, avec un transport difficile à exprimer et qui fut suivy d'une acclamation universelle d'estonnement, paroissoient de forts délicieux jardins ornez de grottes, de statuës, de fontaines et de grands parterres en terrace sur la mer, avec des agitations qui sembloient naturelles aux vagues de ce vaste élément, et deux grandes flottes, dont l'une paroissoit éloignée de deux lieuës, qui passèrent toutes deux à la veuë des spectateurs; la nuit sembla arriver ensuite par l'obscurcissement imperceptible tant du jardin que de la mer et du ciel, qui se trouva éclairé par la lune. A cette nuit succéda le jour, qui vint aussi insensiblement avec l'aurore et le soleil, qui fit son tour d'une si agréable tromperie, qu'elle duroit trop aux yeux et au jugement d'un chacun. Après la comédie circonscrite par les loix de la poësie dans les bornes de ce jour naturel, les nuages d'une toile abaissée cachèrent entièrement le théâtre. Alors trente-deux pages vinrent apporter une collation magnifique à la reine et à toutes les dames, et peu après sortit de dessous cette toile un pont doré conduit par deux grands paons, qui fut roulé depuis le théâtre jusque sur le bord de l'eschaffaut de la reine, et aussitôt la toile se leva, et au lieu de tout ce qui avoit été vu sur le théâtre, y parut une grande salle en perspective, dorée et enrichie des plus magnifiques ornemens, éclairée de seize *chandeliers de cristal;* au fond de laquelle étoit un throsne pour la reine, des siéges pour les princesses, et aux deux costés de la salle des formes pour les dames; tout ce meuble de gris de lin et argent. La reine passa sur ce pont pour s'aller asseoir sur son throsne, conduite par Monsieur; comme les princesses, les dames et les demoiselles de la cour par les princes et seigneurs, lesquelles ne fu rent pas plustôt placées que la reine dança dans cette belle salle un grand branle avec les princes, les princesses, les seigneurs et les dames. Tout le reste de l'assemblée regardoit à son aize ce bal si bien ordonné, où toutes les beautez de la cour ne brilloient pas moins de leur propre éclat que de celuy des riches pierreries dont elles étoient ornées et fesoient admirer leur adresse et leur grâce. Après le grand branle, la reine se mit en son throsne et vit danser longtemps grand nombre d'autres dames des plus belles et des plus adrètes de la cour. Enfin, si j'ai de la peine à me retirer de cette narration, jugez combien il fut difficile aux spectateurs d'une si belle action de sortir d'un lieu où ils se croyoient avoir été enchantez par les yeux et par les oreilles; lequel ravissement ne fut pas pour les seuls Français, les généraux Jean-de-Vert, Enkenfort, et Don Pedro de Léon, prisonniers de guerre, en eurent leur part, y ayant été conduits du bois de Vincennes. »

Cette vanité d'auteur qui s'exhalait en représentations théâtrales sans fruit et sans gloire, avait pris un caractère plus utile et plus grand, lorsque étendant sa main puissante sur tous ceux qui cultivaient les lettres, protégeant leurs réunions, encourageant leurs écrits, Richelieu jetait les fondements de l'Académie française.

En 1629, Godeau, Conrart, Habert, Chapelain, Malleville, et plusieurs autres amis des lettres avaient formé une société littéraire. Ils se réunissaient chaque semaine chez Conrart. Ces conférences, qu'on s'était promis de tenir secrètes, furent ignorées pendant trois ans. Malleville le premier en trahit le mystère : il fit admettre dans la société Faret, auteur de *L'honnête Homme*, et Desmarets, qui achevait son *Ariane*. Desmarets y conduisit bientôt Boisrobert, favori du cardinal Richelieu. Boisrobert en parla avec enthousiasme à son maître. Richelieu, qui, comme on sait, se piquait d'être aussi bon poëte que grand homme d'État, accueillit avec satisfaction la pensée d'être le Mécène d'un corps savant. Il chargea Boisrobert de proposer à ses amis de s'assembler sous une autorité publique, et de leur offrir la protection du premier ministre. La petite société fut étourdie de la proposition ; on délibéra, et la grande majorité, tremblant pour son indépendance, penchait à se déclarer indigne de l'honneur qu'on voulait lui faire, lorsque Chapelain rappela que « le cardinal ne vouloit « pas médiocrement ce qu'il vouloit. » Cette observation fut sans réplique, et l'assemblée se dé-

cida à subir très-humblement la faveur du cardinal. Peu de temps après, la société prit le nom d'*Académie françoise*, et elle soumit à Richelieu le projet de ses travaux futurs. Il avait pour but principal « de tirer la langue françoise du nom-
« bre des langues barbares, de la nettoyer des
« ordures qu'elle avoit contractées, ou dans la
« bouche du peuple, ou dans les impuretés de
« la chicane, ou par les mauvais usages des cour-
« tisans ignorants. » Chapelain fut chargé de présenter le plan d'une grammaire et d'un dictionnaire français.

En janvier 1635, l'Académie fut fondée par lettres patentes du roi Louis XIII. Voici ce qu'elles portent en substance : « Notre très-cher et
« très-aimé cousin le cardinal duc de Richelieu
« nous a représenté qu'une des plus glorieuses
« marques de la félicité d'un État étoit que les
« arts et les sciences y fleurissent et que les
« lettres y fussent en honneur; qu'après avoir
« fait tant d'exploits mémorables, nous n'avions
« plus qu'à y ajouter les choses agréables aux
« nécessaires; et qu'il jugeoit que nous ne pou-
« vions mieux commencer que par le plus noble
« de tous les arts, qui est l'éloquence; que la
« langue françoise, qui jusqu'à présent n'a que
« trop ressenti la négligence de ceux qui l'eussent
« pu rendre la plus parfaite des modernes, est

« plus que jamais capable de le devenir, veu le
« nombre de personnes qui ont une connois-
« sance particulière des avantages qu'elle possède;
« que pour en establir des règles certaines, il
« avoit ordonné une assemblée dont les propo-
« sitions l'avoient satisfait : si bien que, pour les
« exécuter, il ne seroit besoin que de continuer
« ces conférences. A ces causes, nous voulons
« que ces conférences se continuent dans notre
« bonne ville de Paris, sous le nom d'*Académie
« françoise ;* que le nombre des académiciens
« soit limité à quarante; que notre cousin le
« cardinal, duc de Richelieu, s'en puisse dire et
« nommer chef et protecteur. »

Le 5 février 1635, plusieurs officiers de l'Académie, conduits par Boisrobert, vinrent au
Palais-Royal prier le cardinal d'autoriser leurs
statuts. Pelisson rapporte « que le cardinal parla
premièrement pour l'Académie en général; puis
s'adressa aux quatre députés, et enfin à chacun
d'eux à part, mais si à propos, avec tant de
grâce, de civilité, de majesté et de douceur, qu'il
ravit en admiration tous ceux qui s'y rencon-
trèrent. Il se fit, au reste, laisser les statuts, et
les renvoya bientôt signés de sa main. »

Le parlement vit avec peine le ministre qu'il
redoutait, trouver dans cette fondation une nouvelle gloire, et son despotisme y chercher de

nouveaux appuis. Il lutta longtemps contre la volonté de Richelieu : ce ne fut qu'en 1637 qu'eut lieu la vérification des lettres patentes qui instituaient l'Académie française.

« Le cardinal avait eu le dessein de faire bâtir derrière son palais une place qu'il aurait nommée la *place ducale*. Elle aurait été dans le marché aux chevaux, près de la porte de St-Roch et de celle de Richelieu. Sa figure eût été carrée et sa grandeur de cinquante-huit toises. Elle aurait été environnée de pavillons doubles, uniformes, et profonds de dix toises. L'Académie française y aurait été placée, et les académiciens devaient y être logés. Desmarets, qui était du nombre, en avait jeté le plan, et le cardinal traitait déjà avec les propriétaires des maisons, lorsque la mort l'enleva [1]. »

L'aile gauche du *Palais-Cardinal* était occupée par une galerie : « La plus superbe partie
« de ce beau lieu était la voûte peinte et con-
« duite par Philippe de Champagne, le peintre
« favori du cardinal. Des tableaux, des rostres
« imités de l'antique, des chiffres du cardinal
« entourés de lauriers, étaient répandus dans
« cette voûte sur un grand fond d'or, peint en
« mosaïque avec autant d'ordre que d'esprit, et

[1] Félibien, tom. 2, p. 1375.

« composaient ensemble comme une sorte de
« panégyrique à l'honneur du maître de la mai-
« son [1]. » Ces peintures flattaient l'orgueil du
cardinal; c'étaient des allégories où ses grandes
actions, ses victoires, le bonheur de la France
étaient représentés sous les plus brillantes couleurs. La contre-partie de cette voûte historique
n'eût pas été moins remarquable : Marie de Médicis expirant dans la misère sur un sol étranger;
Anne d'Autriche mandée au conseil, et contrainte
d'avouer sa correspondance avec l'Espagne; Or-
nano périssant dans les fers à Vincennes; le duc
de Vendôme dans les cachots de Blois; Bassom-
pierre enfermé à la Bastille; la duchesse de Chevreuse, le duc de la Valette, le duc de Guise
obligés de fuir sur des terres d'exil; Chalais,
Marillac, Montmorency, de Thou, Cinq-Mars,
arrosant de leur sang les échafauds dressés par
ordre du cardinal; une foule d'autres victimes
sacrifiées au moindre soupçon d'un prélat qui
disait de lui-même : « Je renverse tout, je fauche
« tout, et ensuite je couvre tout de ma soutane
« rouge......» Mais quel pinceau eût osé tracer
ces tableaux, dans un temps où la hache était
levée sur tout imprudent qui osait inquiéter

[1] Sauval, Histoire et Antiquités de la ville de Paris, 1724.

Richelieu dans sa grandeur, dans sa vanité ou dans sa gloire?

Dans l'aile gauche de la seconde cour était la *galerie des hommes illustres*. Richelieu, en désignant les personnages qui devaient faire partie de cette galerie, ne s'était pas oublié lui-même[1].

---

[1] Voici les noms des personnages dont se composait la galerie des hommes illustres :

    Suger, abbé de Saint-Denis.
    Simon, comte de Montfort.
    Gaucher de Châtillon.
    Bertrand Duguesclin.
    Olivier de Clisson.
    Boucicaut.
    Dunois.
    Jeanne d'Arc.
    Georges d'Amboise.
    Louis de la Trimouille.
    Gaston de Foix.
    Bayard.
    Charles de Cossé, duc de Brissac.
    Anne de Montmorency.
    François de Lorraine, duc de Guise.
    Le cardinal Charles de Lorraine.
    Blaise de Montluc.
    Armand de Gontaut-Biron.
    Lesdiguières.
    Henri IV.
    Marie de Médicis.

Ces portraits avaient été peints par Champagne, Vouet, Juste d'Egmont et Pöerson. Des bustes en marbre séparaient les peintures ; des distiques latins faits par *Bourdon, le Santeuil* du temps, accompagnaient les devises composées en l'honneur des *hommes illustres* par *Guise*, interprète royal. Enfin, rien n'avait été épargné pour donner à cette galerie l'apparence de la grandeur et de la majesté royale. Le théâtre retentissait sans cesse des éloges dont Paris saluait la demeure du premier ministre, et on répétait avec Corneille :

« Non, l'univers entier ne peut rien voir d'égal
« Aux superbes dehors du Palais-Cardinal :
« Toute une ville entière, avec pompe bâtie,
« Semble d'un vieux fossé par miracle sortie,
« Et nous fait présumer, à ses superbes toits,
« Que tous ses habitants sont des dieux ou des rois[1]. »

Lorsque le cardinal eut achevé de décorer l'in-

Anne d'Autriche.
Gaston, duc d'Orléans.
Le cardinal de Richelieu.

L'historique de cette galerie, avec la gravure et les devises des portraits, a été fait par M. de Vulson, sieur de la Colombière, gentilhomme ordinaire du roi, en 1655. Cet ouvrage existe dans la bibliothèque du Palais-Royal.

[1] Corneille, le *Menteur*, acte II, scène V.

térieur de son palais avec une magnificence inconnue jusqu'alors, mais entachée du goût du temps, il crut ne pouvoir mieux faire éclater sa reconnaissance pour les faveurs extraordinaires qu'il avait reçues de Louis XIII, ou peut-être aussi ne pouvoir mieux apaiser la secrète jalousie du roi, qu'en lui cédant la propriété de cet édifice; et, le 6 juin 1636, il en fit une donation entre vifs à ce monarque [1], donation qu'il renouvela par son testament, daté de Narbonne, en 1642.

C'est de cette ville qu'instruit de la conspira-

---

[1] Le roi fit expédier à Claude Bouthillier, surintendant des finances, un pouvoir pour accepter cette donation. Ce pouvoir était conçu en ces termes :

« S. M. ayant très agréable la très humble supplication qui lui a été faite par M. le cardinal de Richelieu d'accepter la donation de la propriété de l'hôtel de Richelieu au profit de S. M. et de ses successeurs rois de France; ensemble sa chapelle de diamants, son grand buffet d'argent ciselé et son grand diamant, à la réserve de l'usufruit de ces choses la vie durant du sieur cardinal et à la réserve de la capitainerie et conciergerie dudit hôtel pour les successeurs ducs de Richelieu, même la propriété des rentes de bail d'héritage constituées sur les places et maisons qui seront construites au dehors et autour du jardin dudit hôtel : ladite majesté a commandé au sieur Bouthillier, son conseiller en son conseil d'État et surintendant de ses finances, d'accepter au nom de sadite majesté la donation.... »

tion de Cinq-Mars, il partit pour Tarascon, où il reçut la visite du roi, qui venait se faire pardonner par son ministre d'avoir en secret souhaité le succès de l'entreprise de son jeune favori. Après cette entrevue, le roi regagna tristement Paris, et le cardinal remonta le Rhône jusqu'à Lyon, traînant *à la remorque* Cinq-Mars, son prisonnier, enchaîné dans une barque. Après avoir livré cet infortuné à Laubardemont, ministre de ses vengeances, il repartit pour la capitale. Son voyage ressemblait à une marche triomphale, ou plutôt à une pompe funèbre, car déjà la pâleur de la mort était sur son front, et la chambre ornée d'or et de fleurs [1], dans laquelle il se faisait porter sur les épaules de ses gardes [2], allait se changer en tombeau.

[1] On faisait abattre devant lui les portes des villes qui se trouvaient trop étroites pour laisser passer son fastueux équipage.

[2] A l'exemple du cardinal Charles de Lorraine, frère du duc de Guise, le cardinal de Richelieu avait obtenu du roi la faveur d'avoir des gardes, « dont l'ordre était de ne l'ac-« compagner pas seulement jusque dans le Louvre, mais « même de ne pas le quitter à l'autel, et de mêler ainsi l'odeur « de la poudre à canon et de la mèche parmi l'odeur de « l'encens et des autres parfums sacrés. » C'est ainsi qu'on les voit dans le tableau de M. Delacroix où le cardinal de

En effet, dans la nuit du 28 novembre 1642, le cardinal fut saisi d'une grave douleur de côté avec la fièvre : Bouvard, premier médecin du roi, veilla toute la nuit auprès du lit du malade avec madame d'Aiguillon, nièce du cardinal; le lendemain, le roi, accompagné de M. de Villequier, capitaine des gardes, et de plusieurs autres seigneurs de sa cour, vint visiter le cardinal, lui fit prendre lui-même deux jaunes d'œufs, et lui promit d'avoir égard à ses dernières recommandations. Sorti de la chambre, il entra dans la galerie de tableaux, « où l'on remarqua, dit « Montrésor, qu'en se promenant, il ne put « s'empêcher de rire plusieurs fois. » C'était la joie d'un captif heureux de voir briser naturellement une chaîne que sa faiblesse n'aurait jamais pu rompre. Vingt-quatre heures après, le cardinal expira : c'était le 4 décembre 1642.

Le plan, gravé par Laboëssière en 1679, atteste que les éloges emphatiques donnés au Palais-Cardinal par les contemporains, s'adressaient plus à la puissance de Richelieu qu'à la beauté de sa demeure. Il faut, il est vrai, faire la part du temps; mais, en examinant cette réunion de constructions irrégulières, placées au centre de

---

Richelieu est représenté disant la messe dans sa chapelle au milieu de ses gardes.

la ville, entourées de bâtiments, rattachées les unes aux autres sans goût, sans ordre ni méthode, on demeurera convaincu que cet édifice ne pouvait avoir rien de royal, ni paraître digne de la haute destination qui lui avait été assignée par l'orgueil du cardinal.

CHAPITRE II.

Le Palais-Cardinal, devenu Palais-Royal sous la régence d'Anne d'Autriche.

1643-1652.

Le testament de Richelieu avait mis Louis XIII en possession du Palais-Cardinal ; mais l'état languissant de ce monarque ne lui permit pas de venir l'habiter. Comme si le ciel avait attaché sa destinée aux jours de son ministre, il ne lui survécut que de quelques mois : c'est au château de Saint-Germain qu'il mourut, le 14 mai 1643, triste et sombre au milieu d'une cour peu nombreuse qui n'entoura son lit d'aucun de ces regrets qui sont la consolation des mourants. Anne d'Autriche, devenue régente, quitta le Louvre et vint, le 7 octobre 1643, avec ses deux fils,

Louis XIV et le duc d'Anjou, encore enfants, habiter le Palais-Cardinal, qui prit alors le nom de *Palais-Royal* [1]. La duchesse d'Aiguillon, nièce de Richelieu, supplia la reine de rétablir la première inscription de *Palais-Cardinal*. « Il est peu « séant, lui dit-elle, de faire injure aux morts « parce qu'ils ne peuvent la repousser : en ho- « norant la mémoire du cardinal de Richelieu, « vous immortaliserez votre nom [2]. » Ces mots, accompagnés de larmes, touchèrent la régente ; l'inscription fut rétablie, mais l'usage prévalut, et cet édifice a toujours porté depuis le nom de *Palais-Royal*.

La démolition de l'hôtel de Sillery, commencée par le cardinal dans la vue de faire une place devant son palais, fut continuée par ordre de la régente; on abattit en même temps quelques édifices voisins pour construire des corps de garde, qui, avec quelques chétives maisons d'un aspect irrégulier, formaient la seule perspective de la demeure du souverain.

[1] « Le marquis de Fourille, qui était alors grand maréchal-des-logis de la maison du roi, représenta à la reine régente qu'il ne convenait pas que le roi demeurât dans une maison qui portait le nom d'un de ses sujets; et, sur ces raisons, la reine ordonna qu'on ôtât l'inscription. »
(Piganiol.)

[2] Sauval.

Louis XIV, alors âgé de cinq ans, fut installé dans la chambre de Richelieu ; son appartement était petit, mais commodément situé, entre la galerie des hommes illustres qui occupait l'aile gauche de la seconde cour, et la galerie qui régnait le long de l'aile de l'avant-cour, où *Champagne* avait peint les plus beaux traits de la vie du cardinal.

L'appartement de la reine régente était beaucoup plus vaste, plus élégant. Non contente de ce que Richelieu avait fait, elle ajouta au luxe des ornements qu'il avait prodigués : elle confia le soin de ces embellissements intérieurs à Jacques Lemercier, devenu son architecte, et à Vouet, « qui passait (dit Sauval) pour un des « meilleurs peintres de l'Europe, et lui-même le « croyait si bien, qu'il ne faisait aucune diffi- « culté de s'en vanter. »

Son grand cabinet, *qui fut longtemps la merveille et le miracle de Paris* [1], était l'ouvrage

---

[1] On admirait dans ce cabinet un tableau de Léonard de Vinci ; la parenté de la Vierge, d'Andréa del Sarte ; un Énée sauvant Anchise, d'Annibal Carrache ; une nativité de Gaudentio ; une fuite en Égypte du Guide ; un saint Jean monté sur un aigle, attribué à Raphaël ; deux tableaux du Poussin, avec les pèlerins d'Émaüs, de Paul Véronèse.

Anne d'Autriche fit transporter plus tard ces tableaux

du cardinal; mais elle se fit construire de plus une salle de bain, un oratoire et une galerie. Tout ce que le goût du temps avait pu créer de fleurs, de chiffres, de paysages, d'idylles en peintures, avait été semé sur un fond d'or dans la salle de bain [1]. L'oratoire était orné de tableaux où Champagne, Vouet, Bourdon Stella, Lahire, Corneille, Dorigny et Pöerson avaient peint la vie et les attributs de la Vierge. Une seule croisée dont les grands carreaux de cristal étaient montés dans de l'argent, et soutenus par des points et des triangles d'argent ciselés avec art, éclairait cette retraite mystérieuse où les intrigues de la politique se mêlèrent plus d'une fois aux pratiques de la religion.

Sa galerie était placée à l'endroit le plus retiré; Vouet l'avait couronnée d'un plafond enrichi de dorures; le parquet était une marqueterie artistement travaillée par Macé. C'est là que le grand conseil se tenait; c'est là que la Régente fit arrêter les princes de Condé, de Conty, et le duc de Longueville.

La vue des appartements de la reine était sur le jardin. Pour en respirer l'air avec plus de li-

---

originaux à Fontainebleau, dans l'appartement qu'elle fit faire pour elle dans cette résidence royale.

[1] Les fleurs étaient de Louis, les paysages de Blin.

berté, elle fit construire un balcon par J. Lemercier, qui l'embellit d'une élégante balustrade, dont l'exécution fut confiée à maître Étienne de Nevers, serrurier ordinaire des bâtiments du roi. « Cette balustrade, dit Sauval *l'optimiste*, était « ciselée avec plus de tendresse, de mignardise « et de patience, que ne pourrait être travaillé « l'argent par les plus habiles orfèvres. »

Le jardin n'était alors ni beau ni régulier : il contenait un mail, un manége, et deux bassins dont le plus grand, appelé *Rond d'eau*, était ombragé d'un petit bois. Louis XIV, dans son enfance, se laissa un jour tomber dans le bassin du petit jardin dit *Jardin des princes*.

Mais il fallait un appartement pour le duc d'Anjou, depuis duc d'Orléans, frère du roi. Pour le pratiquer, on détruisit, à l'aile gauche du palais, dans la cour qui donne sur la place, la vaste galerie où le pinceau de Philippe de Champagne avait immortalisé les grandes actions du cardinal. Le duc d'Anjou fut baptisé dans la chapelle du Palais-Royal, le 11 mai 1648. Voici la relation contemporaine de cette cérémonie :

« L'onzième de ce mois, sur les trois heures
« après midi, leursdites Majestez se rendirent
« dans la chapelle du Palais-Cardinal, où se trou-
« vèrent aussi la Reine de la Grand'Bretagne,

« Monseigneur le Duc d'Orléans, le Prince de
« Galles, fils aisné de leurs Majestez Britan-
« niques, les deux Princesses de Condé, son
« Éminence, le Duc de Longueville, le Prince
« Palatin Robert, les Duc de Joyeuse et Chevalier
« de Guyse, le Duc d'Elbeuf, le Chancellier de
« France, les Ducs de Retz et de Schomberg,
« le Mareschal de Brezé et autres grands Sei-
« gneurs et Dames de cette Cour.

« Les Archévesques de Sens, de Tours et de
« Bordeaux, les Évesques de Lisieux, d'Albi, de
« Sarlat, de Saint Paul, du Puy, de Saint Flour,
« d'Utique, coadjuteur de Montauban et autres
« Prélats s'y rendirent aussi, notamment l'É-
« vesque de Meaux, premier aumosnier du Roy
« officiant, pontificalement vestu, et tous les
« aumosniers du Roy et de la Reine en rochets.

« Sur les trois à quatre heures, le petit Prince,
« pour lequel la cérémonie se faisoit, y parut
« aussi beau comme un ange tout vestu de toile
« d'argent, dont le lustre et la blancheur estoit
« le symbole de sa candeur et de son innocence,
« estant élevé sur un siège en cet estat, la piété
« de la Reine désira que cette sainte cérémonie
« fust précédée de l'invocation du Saint-Esprit,
« qui fut faite par le chant du *Veni Creator*,
« mélodieusement entonné par la musique royale:
« laquelle finie, l'Évesque de Meaux demanda au

« jeune Prince ce qu'il désiroit de l'Église de
« Dieu : à quoi il respondit fort distinctement
« qu'il demandoit la cérémonie du baptesme. En
« suite de quoi ce Prélat ayant demandé à la
« Reine de la Grand'Bretagne et à son Altesse
« Royale qui estoyent invitez pour estre parrain
« et marraine, quel nom il leur plaisoit lui don-
« ner; la Reine de la Grand'Bretagne, après avoir
« fait civilité et compliment à sadite Altesse, lui
« donna le nom de Philippes : sur quoi le sieur
« Bloüin, son premier valet de chambre, ayant
« dénoué deux rubans desquels son pourpoint
« estoit attaché devant et derrière, afin qu'on lui
« pust plus aisément apliquer le saint huyle des
« catéchumènes, cette cérémonie et toutes les
« autres furent faites avec une merveilleuse at-
« tention et dévotion de ce Prince, qui remplit
« un chacun d'une grande satisfaction, et leur
« fit aisément concevoir ce qu'on en doit espérer
« en un âge plus meur : car il receut le sel bénit
« et dist d'un ton et d'un geste dévotieux l'*Abre-*
« *nuntio* et le *Credo*, et respondit si adroitement
« et si à propos à toutes les interrogations que
« le Prélat officiant lui faisoit au langage de
« l'Église, qu'il donna bien à connoistre par là
« les soins avec lesquels son sage précepteur,
« qui est celui du Roy, cultive sa piété, et lui
« apprend de bonne heure le chemin du ciel; ce

« tendre zèle n'ayant pas mesme esté interrompu
« par quelques Dames, qui le voyant paroistre si
« agréable sous le cresmeau de point de Gènes,
« s'écrièrent plusieurs fois, *ha! qu'il est beau.*
« Enfin la mesme musique ayant chanté *Domi-*
« *ne, salvum fac Regem*, et ce Prélat donné la
« bénédiction solennelle, chacun s'en retourna
« grandement édifié. »

Deux ans après son arrivée au Palais-Royal, Anne d'Autriche donna une fête brillante[1].

Le 5 novembre 1645, on y célébrait avec beaucoup de pompe et d'éclat le mariage d'Uladislas VII, roi de Pologne, avec Marie-Louise de Gonzague, fille du duc de Nevers[2]. Le roi, la

---

[1] Cette princesse aimait la comédie italienne, dont Mazarin avait introduit le goût en France.

« Le mardi gras de cette année (1646), la reine fit représenter une de ces comédies en musique dans la petite salle du Palais-Royal, où il n'y avait que le roi, la reine, le cardinal, et le familier de la cour, parce que la grosse troupe des courtisans était chez Monsieur, qui donnait à souper au duc d'Enghien. Nous n'étions que vingt ou trente personnes dans ce lieu, et nous y pensâmes mourir d'ennui et de froid. Les divertissements de cette nature demandent du monde, et la solitude n'a pas de rapport avec les théâtres. »

(Mémoires de madame de Motteville, tome I, page 346.)

[2] Marie-Louise de Gonzague avait été aimée de Gaston, duc d'Orléans; plus tard elle s'était éprise de Cinq-Mars,

régente, le duc d'Orléans et tous les principaux de la cour étaient réunis dans la chapelle du Palais. On y remarquait aussi le comte Opalinski, palatin de Posnanie, et l'évêque de Varmie, envoyés extraordinaires de S. M. polonaise, le comte Gerhard d'Enhofft, ambassadeur d'Uladislas, et une foule de princes et seigneurs polonais. L'évêque de Varmie officiait et le comte Opalinski représentait le royal époux. Cette messe solennelle fut suivie d'un festin nuptial, qui surpassa en magnificence tout ce que l'on connaissait jusqu'alors.

La demande de la main de la princesse avait été faite à Fontainebleau, à la reine régente, par l'ambassadeur, au nom de son maître; le contrat avait été passé le 26 septembre entre Louis XIV, Anne d'Autriche et le comte Gerhard d'Enhofft, fondé de pouvoirs de son souverain.

La conduite de la régente fut noble et grande envers Uladislas, tendre et généreuse pour Louise de Gonzague : elle la traita comme sa fille et lui constitua une dot de sept cent mille écus, somme très-considérable pour le temps.

« De laquelle somme, dit le contrat, il y a
« d'une part, six cent mille livres que S. M. a

et avait partagé les rêves de grandeur de ce brillant favori de Louis XIII.

« données et donne à ladite princesse en faveur
« dudit mariage, par affection que S. M. lui
« porte, étant sa proche parente, issue du sang
« royal; et d'autre part, la somme de quinze cent
« mille livres à laquelle S. M. évalue et liquide
« du consentement de ladite dame princesse, les
« droits à elle appartenans pour quelque cause
« et quelque titre que ce soit, en la succession
« dudit feu seigneur duc de Mantoue, son
« père[1]. »

L'entrée solennelle des envoyés extraordinaires dans Paris avait eu lieu le 29 octobre.

Une relation du temps, après avoir décrit longuement l'ordre du cortége, le nombre des heiduques, des gardes, des pages, des écuyers, la variété et l'éclat des uniformes, la richesse des fourrures, enfin la magnificence des costumes des gentilshommes et des princes polonais, termine en ces mots :

« Enfin paroissoient les envoyés extraordi-

---

[1] Dans le contrat de mariage on remarque cette clause assez singulière :

« Il sera en *la faculté* du sérénissime roy de Pologne de
« pouvoir, après l'accomplissement dudit mariage, faire
« quelque don nuptial à ladite dame princesse qui soit digne
« d'une reine, pour lui témoigner d'autant plus l'estime qu'il
« fait de sa vertu et de son mérite, et de l'affection qu'il lui
« porte. »

« naires ayant devant eux le sieur de Berlize,
« introducteur des ambassadeurs; l'évesque de
« Varmie vestu de tabis violet avec un chapeau
« et un cordon d'or enrichi de diamants, estoit
« à la droite, et le palatin de Posnanie à la
« gauche, vestu de brocart d'or, chargé de force
« pierreries; comme estoient aussi son cimeterre,
« son espée et ses estriers, tout couverts de
« turquoises, rubis et diamants, ayant son che-
« val sellé et houssé de toile d'or et ferré de
« quatre fers d'or, l'un desquels se déferra à des-
« sein dans les rues. »

Le comte Opalinski et l'évêque de Varmie étaient entourés de plusieurs princes et seigneurs français envoyés à leur rencontre pour leur faire honneur. Ils passèrent devant le Palais-Royal et allèrent descendre à l'hôtel de Vendôme. Mais l'effet de cette marche pompeuse fut perdu pour le peuple, qui était accouru en foule dès le matin pour jouir d'un spectacle impatiemment attendu. L'entrée avait commencé trop tard; et le cortége n'était pas au milieu de la ville, que déjà le jour tombait; de sorte qu'il défila dans l'obscurité, au grand désappointement des Parisiens qui ne purent rien voir, et à la plus grande mortification des Polonais qui ne purent être vus. Ils se plaignirent beaucoup de ce qu'on ne leur avait donné ni torches ni flambeaux, pour éclairer leur marche. Lorsque le sieur de Liencourt, premier gentilhomme, vint, de la part du roi, complimenter les députés d'Uladislas, ils firent demander à S. M. la permission qu'ils obtinrent, d'aller à la première audience dans l'ordre où ils étaient entrés dans Paris. Le lendemain, le duc de Joyeuse, grand chambellan de France, vint les chercher, pour les conduire au Palais-Royal, « où ils se rendirent avec un pareil et plus beau « train que la veille : les personnes des ambassa- « deurs et celles des principaux seigneurs polo- « nois estans dans les carrosses de leurs majestez. « Ils arrivèrent dans le Palais-Royal sur les trois « heures après midy, et ayant fait un caracol en « la seconde cour, où leurs majestez les virent par « une des fenestres de la galerie, les ambassadeurs « allèrent dans la chambre de descente, qui est à « main gauche, entre les deux cours, vis-à-vis de « celle du capitaine des gardes, où s'estans un « peu reposés, tous les autres Polonois de leur « suite, qui estoient descendus de cheval, y vinrent « trouver ces ambassadeurs, lesquels, par ordre « de la reine, passèrent par la cour entre deux « haies des archers du grand prévost. »

Après avoir présenté leurs lettres de créance et prononcé des harangues latines à leurs majestés, ils sortirent dans le même ordre, pour se rendre à l'hôtel de Nevers, où ils saluèrent leur nouvelle souveraine.

Le 7 et le 8 novembre furent consacrés au spectacle et à la danse : le premier jour le roi donna la comédie française et italienne dans le Palais-Royal. La reine de Pologne était assise entre leurs majestés. Les envoyés polonais assistèrent à la représentation : la pompe de ces jeux scéniques, dont ils se faisaient à peine une idée, leur causa beaucoup de surprise et de plaisir. Le jour suivant, il y eut bal dans la salle du Palais-Royal. Comme la veille, Anne d'Autriche se montra pleine de bonté et de délicatesse pour Louise de Gonzague : pendant toute la soirée, elle céda le pas à cette princesse, qui fut aussi l'objet des soins les plus flatteurs du roi. « Les ambassadeurs polonois
« s'y trouvèrent avec les principaux de leur suite
« et les princes, princesses, seigneurs et dames
« de la cour : tous si richement vestus et parés
« de tant de pierreries, qu'il est fort mal aisé de
« voir rien de si beau. Le théâtre étoit couvert
« d'une toile, laquelle estant tirée, il parut une
« table garnie de fruits et de toutes sortes de con-
« fitures; vers laquelle, par un pont, furent con-
« duites toutes les princesses et dames du bal, le
« roi et les reines demeurans en leurs places, où
« les gardes apportèrent à leurs majestez plusieurs
« plats de confitures. La table estant levée, le roi,

« avec la grâce qui reluit dans toutes ses actions,
« prit par la main la reine de Pologne et la mena,
« par le mesme pont, sur le théâtre, où sa majesté
« commença le bransle, qui fut rempli de la plu-
« part des princes, princesses, seigneurs et dames
« du bal. Le bransle fini, le roi, avec la mesme
« grâce et son port majestueux, conduisit cette
« reine en son siége; et estant retournée sur le
« théâtre, sa majesté s'assit avec M. le duc d'Anjou,
« son frère, pour voir danser les courantes, qui
« furent commencées par le duc d'Enguien, aussi
« doux à la danse que rude dans les combats, et
« continuées par les autres seigneurs et dames : le
« roi y dansa pour la seconde fois et prit M. le duc
« d'Anjou avec une telle adresse, que chacun fut
« ravi de voir tant de gentillesse en ces deux
« jeunes princes. »

Mais plus tard ces fêtes firent place aux agitations de la Fronde, et l'on ne peut écrire l'histoire du Palais-Royal à cette époque, sans retracer en grande partie cette parodie de la Ligue, si féconde à la fois en grands personnages et en petits événements [1].

---

[1] « Tantôt on était d'un parti, tantôt d'un autre. En 1651, après une discussion au parlement entre le prince de Condé et le coadjuteur, chacun rassembla autour de soi ses amis. Le marquis de Rouillac, fameux par son extravagance, qui

LE PALAIS-ROYAL. 39

A la tête des principaux acteurs de cette tragi-comédie se présente la reine régente, Anne d'Autriche. Cette princesse avait de la beauté, de la grâce, de la dignité dans sa personne, et les plus belles mains du monde. Élevée dans les idées d'une galanterie alors permise en Espagne, mariée au plus froid des époux, au plus ennuyé des princes, elle ne se défendit pas d'un certain penchant à la coquetterie. Sa complaisance à accueillir les hommages fut mise au rang des infidélités par la jalousie du roi[1]. Humiliée par

---

était accompagnée de valeur, se vint offrir à moi. Le marquis de Canillac, homme de même caractère, y vint dans le même moment. Dès qu'il eut vu Rouillac, il me fit une grande révérence, mais en arrière en me disant : « Je venais, « monsieur, pour vous assurer de mes services; mais il n'est « pas juste que les deux plus grands fous du royaume soient « du même parti. Je m'en vais à l'hôtel de Condé », et vous remarquerez, s'il vous plaît, qu'il y alla.

(Mémoires de Retz, tome II, page 499.)

[1] Le souvenir de Buckingham resta longtemps cher à la reine. Un jour (1644) que Voiture était auprès d'elle, Anne d'Autriche lui demanda à quoi il pensait : le poëte lui répondit par ces vers qu'elle a trouvés si jolis (dit madame de Motteville), qu'elle les a longtemps tenus dans son cabinet :

« Je pensais que la destinée,
« Après tant d'injustes malheurs,

Louis XIII, persécutée par Richelieu, elle avait inspiré cet intérêt que répand le malheur sur les personnes de son rang; mais devenue maîtresse du souverain pouvoir, elle en dépassa les bornes et compromit plus d'une fois les intérêts et la sûreté du trône par la hauteur de son caractère, l'irréflexion de ses premiers mouvements et la violence de ses emportements. Comme mère, elle eut des vertus recomman-

 « Vous a justement couronnée
 « De gloire, d'éclat et d'honneurs;
 « Mais que vous étiez plus heureuse,
 « Lorsque vous étiez autrefois,
 « Je ne veux pas dire amoureuse;
 « La rime le veut toutefois.

 « Je pensais, car nous autres poëtes
 « Nous pensons extravagamment,
 « Ce que, dans l'humeur où vous êtes,
 « Vous feriez, si dans ce moment
 « Vous avisiez en cette place
 « Venir le duc de Buckingham;
 « Et lequel serait en disgrace
 « De lui ou du père Vincent. »

Louis XIII conserva jusqu'à sa dernière heure un souvenir amer des torts que sa jalousie supposait à la reine; car, lorsque Chavigny fut chargé par Anne d'Autriche d'assurer le roi, au lit de mort, qu'elle n'avait mérité aucuns reproches, ni dans les intrigues avec l'Espagne, ni sous d'autres rapports, ce prince répondit: « Dans l'état où je suis, je dois lui « pardonner, mais je ne puis la croire. »

dables [1]; comme reine, elle manquait de génie, et sa politique était tracassière.

Déclarée régente dans le lit de justice du 18 mai 1643, elle ne vit dans le dépôt de l'autorité royale que le droit de n'éprouver aucune résistance à ses volontés. Naturellement ennemie des affaires, elle remit à Mazarin le soin de les diriger : la galanterie, autant que la politique peut-être, décida ce choix. Alors on vit se renouveler les intrigues qui s'étaient élevées contre Marie de Médicis, à l'occasion de la scandaleuse omnipotence de Concini : le nouvel Italien était plus fin, plus adroit, plus *soyeux;* souple jusqu'à l'humilité, caressant jusqu'à l'adulation, incapable d'une grande résolution, n'osant, comme

---

[1] Ses enfants ont arrosé son lit de mort de leurs larmes; elle avait elle-même entouré leur berceau des soins les plus tendres. Il est impossible de porter plus loin la sollicitude maternelle, soit dans la maladie qui fallit enlever Louis XIV et son frère encore enfants, soit dans leur première éducation. Elle présidait elle-même aux leçons, et s'attachait à graver dans leur cœur de nobles sentiments, et à donner à leur esprit cette fleur d'aménité qui répandit par la suite sur la cour de Louis XIV tant d'élégance et tant d'éclat. On connaît sa réponse toute royale à Mazarin, qui cherchait à la sonder sur la passion du jeune Louis XIV pour Mancini, nièce du cardinal : « Si le roi était capable de cette indignité, « je me mettrais avec mon second fils à la tête de toute la « nation contre le roi et contre vous. »

Richelieu, attaquer de front les obstacles ; souvent déconcerté par la violence irréfléchie de la reine, il temporisait, attendant de la ruse ce qu'il n'était pas en lui de demander au courage. Sa faveur irritait l'ambition des grands ; sa qualité d'étranger servait de prétexte à la haine du peuple. La guerre s'alluma entre le parlement et la cour ; on se donna des noms de faction : les partisans de la cour s'appelèrent *Mazarins*, les autres furent nommés *Frondeurs*. Bachaumont s'avisa de dire un jour en badinant « que le « parlement faisait comme les écoliers qui *fron-* « *dent* dans les fossés de Paris, qui se séparent « dès qu'ils voient le lieutenant civil, et qui se « rassemblent dès qu'il ne paraît plus. » Cette comparaison fut trouvée plaisante ; on la célébra par des chansons. Le coadjuteur (de Retz) et ses amis prirent des cordons de chapeaux qui avaient la forme d'une fronde. Aussitôt le pain, les chapeaux, les gants, les mouchoirs, les éventails, les garnitures, les écharpes, tout fut à la *Fronde*.

Le parlement demandait l'éloignement de Mazarin ; et dans cette vue il entravait toutes les opérations de la régente. Blessée de cette résistance, elle n'écouta que sa colère ; et pour intimider le parlement, elle fit enlever par Cominges, lieutenant de ses gardes, le 26 août 1648,

Broussel, conseiller de la grand'chambre, qui fut mené à St-Germain, et Blancmesnil, président aux enquêtes, qui fut conduit à Vincennes.

« Je ne puis exprimer (dit le cardinal de Retz
« dans ses mémoires) la consternation qui parut
« dans Paris le premier quart d'heure de l'en-
« lèvement de Broussel, et le mouvement qui
« s'y fit dès le second. La tristesse, ou plutôt
« l'abattement, saisit jusqu'aux enfants : on se
« regardait, on ne disait rien. On éclata tout
« d'un coup, on s'émut, on courut, on cria, on
« ferma les boutiques.... Je pris le parti d'aller
« trouver la reine. Je sortis en rochet et en ca-
« mail, et je ne fus pas arrivé au Marché-Neuf
« que je fus accablé d'une foule de peuple qui
« hurlait plutôt qu'il ne criait. Je m'en démêlai
« en leur disant que la reine leur ferait justice.
« Je trouvai sur le Pont-Neuf le maréchal de *La*
« *Meilleraye* à la tête des gardes, qui, bien qu'il
« n'eût encore en tête que quelques enfants qui
« jetaient des pierres aux soldats, ne laissait pas
« d'être fort embarrassé, parce qu'il voyait que
« les orages commençaient à se grossir de tous
« côtés. Il fut très-aise de me voir, il m'exhorta
« de dire à la reine la vérité ; il s'offrit de venir
« lui-même rendre témoignage. J'en fus très-aise
« à mon tour, et nous allâmes ensemble au

« Palais-Royal, suivis d'un nombre infini de
« peuple qui criait : Broussel ! Broussel ! »

La reine était dans son grand cabinet avec *Monsieur* (Gaston, duc d'Orléans), le cardinal Mazarin, le duc de Longueville, le maréchal de Villeroi, l'abbé de la Rivière, MM. de Beautru, de Guitaut, capitaine des gardes, et le comte Nicolas de Nogent.

La Meilleraye raconta avec force l'émeute dont il venait d'être témoin; le coadjuteur confirma ce récit. Le cardinal sourit malignement; la reine se mit en colère et dit : « Il y a de la révolte à imaginer qu'on puisse se révolter : voilà les contes ridicules de ceux qui la veulent ; l'autorité du roi y donnera bon ordre. »

« Tout ce qui était dans le cabinet (dit encore
« Retz, si précieux à consulter dans tout ce qui
« concerne les troubles de la Fronde) jouait la
« comédie. Je faisais l'innocent, et je ne l'étais
« pas; le cardinal faisait l'assuré, et il ne l'était
« pas autant qu'il le paraissait; il y eut quelques
« moments où la reine contrefit la douce, et elle
« ne fut jamais plus aigre. M. de Longueville té-
« moignait de la tristesse, et il était dans une joie
« sensible, parce que c'était l'homme du monde
« qui aimait le plus le commencement de toutes
« les affaires. M. d'Orléans faisait l'empressé et le
« passionné, en parlant à la reine; je ne l'ai ja-

« mais vu siffler avec plus d'indolence qu'il fit
« une demi-heure après, en entretenant Guerchy
« dans la petite chambre grise; le maréchal de
« Villeroy faisait le gai pour faire sa cour au mi-
« nistre, et il m'avouait en particulier, les larmes
« aux yeux, que l'État était sur le bord du pré-
« cipice. Beautru[1] et Nogent bouffonnaient et
« représentaient, pour plaire à la reine, la nour-
« rice du vieux Broussel (remarquez, je vous
« prie, qu'il avait quatre-vingts ans!), qui animait
« le peuple à la sédition : quoiqu'ils connussent
« très-bien que la tragédie ne serait peut-être pas
« fort éloignée de la farce. Le seul et unique
« abbé de la Rivière était convaincu que l'émo-
« tion du peuple n'était qu'une fumée..... Sur
« ce que le bon-homme Vannes, lieutenant-co-
« lonel aux gardes, vint dire à la reine que les
« bourgeois menaçaient de forcer les gardes, le
« vieux Guitaut dit d'un ton de voix encore plus
« rauque qu'à son ordinaire, qu'il ne comprenait
« pas comment il était possible de s'endormir
« en l'état où étaient les choses. «Eh bien! lui

[1] M. de Beautru s'était écrié, en voyant entrer le coadjuteur : « Il faut que S. M. la reine soit bien malade, puisque
« voilà M. le coadjuteur qui lui apporte l'extrême-onction. »
Cette saillie, fort ordinaire, provoqua la gaieté de la régente et de toute l'assemblée.

« dit le cardinal, quel est votre avis?—Mon avis
« est, lui répondit brusquement Guitaut, de
« rendre ce vieux coquin de Broussel mort ou
« vif.» Je pris la parole et je lui dis : «Le premier
« ne serait ni de la piété ni de la prudence de la
« reine ; le second pourrait faire cesser le tu-
« multe.» La reine rougit à ce mot, et s'écria :
« Je vous entends, monsieur le coadjuteur, vous
« voudriez que je donnasse la liberté à Broussel ;
« je l'étranglerais plutôt avec les deux mains.»
« Et achevant cette dernière syllabe, elle me les
« porta presque au visage, en ajoutant : «Et ceux
« qui....» Le cardinal, qui ne douta point qu'elle
« ne m'allât dire tout ce que la rage peut inspirer,
« s'avança et lui parla à l'oreille. Elle se composa
« à un point que, si je ne l'eusse connue, elle
« m'eût paru bien radoucie..... Enfin le maré-
« chal m'entraîna et tous les gardes du corps me
« portaient amoureusement sur leurs bras, en
« me criant : «Il n'y a que vous qui puissiez re-
« médier au mal.» Je sortis ainsi avec mon ro-
« chet et mon camail, en donnant des bénédic-
« tions à droite et à gauche.[1] »

Cependant le parlement s'était assemblé pour

---

[1] Le lendemain, le coadjuteur envoya des avis à plusieurs colonels de la garde bourgeoise qui lui étaient dévoués, et notamment à Martineau, conseiller aux requêtes et co-

délibérer sur l'arrestation du conseiller Broussel, que le peuple en armes réclamait à grands cris : il donna arrêt par lequel il fut ordonné qu'on irait en corps et *en habits*, c'est-à-dire en robes rouges, au Palais-Royal, redemander les prisonniers. L'arrêt fut exécuté à l'heure même. Le parlement sortit au nombre de cent soixante membres et se rendit auprès de la reine ; Anne d'Autriche s'emporta et leur dit pour toute réponse : « Je sais bien qu'il y a du bruit dans la « ville, mais vous m'en répondrez, messieurs du « parlement, vous, vos femmes et vos enfants, » et elle rentra dans sa petite chambre grise, dont elle ferma la porte avec violence.

Une seconde tentative, faite auprès de la reine à la prière du président de Mesmes, et sous les auspices du duc d'Orléans, ne fut pas plus heureuse. Le parlement sortit du Palais-Royal. Lorsqu'il fut arrivé à la barricade de la Croix du Trahoir, la multitude en fureur l'entoura,

lonel de la rue Saint-Jacques. Martineau était ivre, mais sa femme, sœur du président Pomereuil, et dont le coadjuteur était amoureux, promit de le remplacer. En effet, elle se leva sur-le-champ, et fit battre la caisse. Tel fut le commencement des *barricades* de la Fronde. Elles furent célébrées en vers burlesques ; et, pour donner une idée de la poésie de ce temps d'intrigues, de railleries et d'injures, nous avons transcrit la *pièce des barricades*. (Voir aux Pièces justificatives, lettre A.)

et un garçon rôtisseur s'avançant à la tête de deux cents hommes, et mettant la hallebarde sur le ventre du premier président, Molé, lui dit : «Tourne, traître, et si tu ne veux être mas-
« sacré toi-même, ramène-nous Broussel, ou le
« Mazarin et le chancelier en otage. » Plusieurs conseillers se jetèrent dans la foule pour s'échapper. Le premier président seul se donna le temps de rallier ce qu'il put de la compagnie et revint au Palais-Royal, calme et intrépide au milieu des injures et des menaces. Et malgré son éloquence, la reine demeurait inflexible. «Monsieur
« fit mine de se jeter à genoux devant elle, dit le
« cardinal de Retz; quatre ou cinq princesses [1],
« qui tremblaient de peur, s'y jetèrent effective-
« ment. Le cardinal se joignit au gros de la cour
« et l'on tira enfin à toute peine cette parole de
« la bouche de la reine : « Eh bien! messieurs du
« parlement, voyez donc ce qu'il est à propos de
« faire [2]. » On s'assembla dans la grande galerie,

[1] Marguerite de Lorraine, duchesse d'Orléans, seconde femme de Gaston, frère de Louis XIII.

Gabrielle de Montmorency, princesse de Condé, douairière, sœur du maréchal, mère du grand Condé.

Claire de Maillé, princesse de Condé, femme du grand Condé.

Geneviève de Bourbon, duchesse de Longueville, sœur du grand Condé.

[2] Il était alors près de deux heures; la plupart de ces

« on délibéra, et l'on donna arrêt par lequel il
« fut ordonné que la reine serait remerciée de la
« liberté accordée aux prisonniers. »

Cette concession, qui, faite à propos, eût adouci les esprits, ne fit que révéler à la multitude le secret de sa force. Les ennemis de Mazarin, à la tête desquels se trouvait toujours le coadjuteur, recommencèrent avec plus d'acharnement leurs manœuvres. La reine, pour punir la capitale, qui demandait à grands cris la chute et l'exil de son favori, résolut de se retirer à St-Germain avec le roi et toute la cour. Dans la nuit du 5 au 6 janvier, après avoir soupé gaiement avec ses dames, qui la firent *reine du gâteau des rois*, elle se déshabilla et donna secrètement tous les ordres nécessaires au départ.

« Les portes du Palais-Royal, dit madame de Motteville, se fermèrent avec commandement de ne les plus ouvrir : la reine se releva ; le

---

messieurs mouraient de faim. On leur servit à la hâte quelques rafraîchissements. Après ce repas improvisé, la délibération commença en présence des ducs d'Orléans et d'Elbœuf, du coadjuteur et du chancelier. Quelques-uns proposèrent de ne pas opiner, alléguant que la reine pouvait tout terminer en rendant Broussel. Martineau même, mal remis sans doute de son ivresse de la veille, s'écria que la princesse ne pouvait s'y refuser, *le peuple le demandant de si bonne grâce.*

maréchal de Villeroy, à qui on donna connaissance de cette résolution quand il fut indispensable qu'il la sût, laissa dormir le roi jusqu'à trois heures du matin, puis le fit lever lui et *Monsieur*, pour les faire monter dans le carrosse qui les attendait à la porte du jardin du Palais-Royal. La reine se joignit au roi et à Monsieur : ces trois personnes royales furent suivies du maréchal de Villeroy, de Villequier et de Guitaut, capitaine des gardes de LL. MM., de Cominges, lieutenant des gardes de la reine, et de madame de Beauvais, sa première femme de chambre. Ils descendirent par un petit escalier dérobé qui de l'appartement de la reine allait dans le jardin, et, sortant par cette petite porte qui est par delà le rond d'eau, montèrent dans les carrosses qui les attendaient. La reine étant au Cours, qui était le lieu du rendez-vous, s'y arrêta pour attendre que le duc d'Orléans avec toute la maison royale fût venu la joindre. Mazarin se mit dans un carrosse à six chevaux, et s'en alla trouver la reine, qui l'attendait. Le duc d'Orléans, qui avait soupé chez le maréchal de Grammont, étant arrivé au Luxembourg, fit éveiller Madame, qui se leva toute troublée de cette nouvelle : il fit aussi lever ses filles, et toutes ensemble s'en allèrent où la reine les attendait. Mademoiselle, fille aînée du duc d'Orléans, qui avait été avertie par la reine même, alla se joindre, selon l'ordre qu'elle en avait reçu, avec la famille royale. Le prince de Condé en fit autant dans sa maison : la princesse sa mère prit la princesse sa belle-fille et le petit duc d'Enghien son petit-fils, encore au maillot, et vint de même grossir la troupe du Cours. Le prince de Conty fut aussi de la partie, et toute la maison royale étant assemblée elle prit le chemin de Saint-Germain en Laye[1]. »

[1] L'éloignement du roi donna naissance à une foule de requêtes en vers ; celle que nous rapportons ici nous a paru la plus originale :

LES REGRETS DE L'ABSENCE DU ROI.

Les prez n'ont point tant de brins d'herbes,
Les granges n'ont point tant de gerbes,
La mer n'a point tant de poissons,
Ny la fièvre tant de frissons,
Ny la Beausse tant d'aloüettes.
Paris n'a point tant de coquettes.
L'hiver n'a point tant de glaçons,
L'été n'a point tant de moissons,
L'Affrique n'a point tant de Mores,
Ni Balsac tant de métaphores.
Moulins n'a point tant de ciseaux,
Châtelleraut tant de cousteaux.
Les flatteurs n'ont point tant de louanges,
Ni la Provence tant d'oranges.

La seule duchesse de Longueville refusa de

> Les poules ne font point tant d'œufs,
> Poissy ne vend pas tant de bœufs,
> Les fous n'ont point tant de chimères,
> Ni le Poitou tant de vipères.
> Cupidon n'a point tant de traits,
> Et Vénus n'a point tant d'attraits.
> Les couvents n'ont tant de moynes,
> Les évesques tant de chanoines,
> L'Espagne tant de rodomonts,
> Les carêmes tant de sermons.
> Les ballets n'ont tant de figures,
> Les voyageurs tant d'aventures.
> L'Anjou n'a point tant de melons,
> Fontainebleau tant de salons.
> Une hydre n'a point tant de testes,
> Les poissons n'ont point tant d'arrestes,
> La Bourgogne tant de raisins,
> La noblesse tant de cousins.
> Estampes n'a tant d'escrevisses,
> Ni les prêtres tant de services.
> Saint-Jacques n'a tant de bourdons,
> Les rôtisseurs tant de lardons.
> Les zélez n'ont point tant d'extases,
> Les pédants n'ont point tant de phrases.
> Tabarin n'a point tant d'onguents,
> Et Vendosme n'a tant de gants.
> Saint Michel n'a tant de coquilles,
> Ny Melun n'a point tant d'anguilles.
> Breda n'a point tant de chapeaux,
> Saint-Cloud n'a point tant de gâteaux.

partir avec la cour ; elle prit pour prétexte sa

> Les marais n'ont tant de grenouilles,
> Et Troyes n'a point tant d'andoüilles.
> Lyon n'a point tant de marrons,
> Les forests n'ont tant de larrons,
> Un courrier tant de dépêches,
> Et Corbeil n'a point tant de pesches.
> Les Indes n'ont tant de tabac,
> Orléans tant de cotignac,
> Pont-Lévesque tant de fromages,
> Ny les églises tant d'images,
> Les monarques tant de subjets,
> Et Mazarin tant de projets.
> Les charlatans n'ont tant de drogues,
> Et l'Angleterre tant de dogues.
> Mayence n'a tant de jambons,
> Les forges n'ont tant de charbons,
> Les pantalons tant de sonnettes,
> Ni les bouffons tant de sornettes.
> Un amant n'a tant de soupirs,
> Et l'air n'a point tant de zéphirs.
> Le Pérou n'a point tant de mines,
> L'Orient tant de perles fines,
> Le printemps n'a point tant de fleurs,
> L'aurore n'a pas tant de pleurs,
> La nuit n'a point tant de phantômes,
> Le soleil n'a point tant d'atomes.
> Enfin l'eau, la terre et les cieux
> Font moins voir d'objets à nos yeux,
> Que j'ai d'ennuie que la reine
> Tôt à Paris le roy ramène.

grossesse; mais la véritable cause de son refus était le plaisir de rester dans Paris à la tête des Frondeurs. Cette charmante duchesse, dont *les yeux de turquoise* coûtèrent la vie au jeune Coligny, et rendirent La Rochefoucauld frondeur et poëte, s'enivrait de l'idée de son triomphe. Pour le mieux assurer, elle attire à Paris le prince de Conty son frère, et le vieux duc de Longueville son époux, qui avaient suivi la cour, et, comme pour servir d'otage aux habitants de la capitale, elle va s'établir à l'hôtel de ville, accompagnée de la duchesse de Bouillon. Toutes deux se montrèrent au peuple, belles de tous leurs charmes et de leurs enfants qu'elles tenaient dans leurs bras, et la multitude les salua avec enthousiasme. La duchesse de Longueville ajouta encore à sa popularité en faisant ses couches à l'hôtel de ville, où elle mit au jour un fils qui fut nommé Paris, du nom même de la ville [1]. Mais le brillant échafaudage de cette royauté éphémère tomba devant la régente ramenant le jeune monarque dans sa capitale, après l'accommodement de St-Germain [2].

---

[1] Charles Paris d'Orléans, comte de Longueville, tué au passage du Rhin.

[2] Reine d'un jour, la duchesse de Longueville n'avait pas porté sans ennuis sa couronne populaire, dans un temps où

Anne d'Autriche se croyait tranquille, lors-

la satire se répandait en sarcasmes contre tous les principaux de l'État sans acception de parti. Les chefs de la Fronde étaient les premiers en butte aux traits de la malignité parisienne ; la duchesse elle-même n'en fut pas épargnée ; aussi, dans son cœur cruellement blessé, regretta-t-elle souvent d'avoir embrassé un parti qui la ménageait si peu. Parmi les innombrables couplets, satiriques ou burlesques que chaque jour voyait éclore, la sévérité de l'histoire nous permet de citer les triolets suivants :

LES TRIOLETS DE LA COUR.

Ça, ça, faisons des triolets,
Puisqu'aussi bien c'en est la mode,
Mais faisons-en de biens folets ;
Ça, ça, faisons des triolets.
Il en court qui ne sont pas laids,
Et que j'estime autant qu'une ode ;
Ça, ça, faisons des triolets,
Puisqu'aussi bien c'en est la mode.

Mes beaux courtisans de la cour,
De qui nous avons tant d'alarmes,
Nous nous vengerons quelque jour,
Mes beaux courtisans de la cour ;
Et nous pourrons à notre tour
Vous faire aussi crier aux armes,
Mes beaux courtisans de la cour,
De qui nous avons tant d'alarmes.

qu'un ennemi plus redoutable parut sur la scène,

>Grand président, sage Molé,
>Plus qu'aucun homme de nostre âge,
>De vostre barbe on a parlé,
>Grand président, sage Molé :
>Eussiez-vous le menton pelé,
>Vous ne laisserez d'être sage,
>Grand président, sage Molé,
>Plus qu'aucun homme de nostre âge.

>Monseigneur Jules Mazarin,
>La France pour vous n'est plus bonne,
>On vous aime mieux à Thurin,
>Monseigneur Jules Mazarin;
>Gaignez le Pau, gaignez le Rhin,
>Sauvez votre chère personne,
>Monseigneur Jules Mazarin,
>La France pour vous n'est plus bonne.

>Bon la Rivière, maistre abbé,
>Plus habile qu'un maistre moyne,
>Vous savez bien plus qu'A ny Bé;
>Bon la Rivière, maistre abbé,
>Vous pensez nous mettre à jubé,
>En nous réduisant à l'avoine,
>Bon la Rivière, maistre abbé,
>Plus habile qu'un maistre moine.

>Brave mareschal de Grammont,
>Vostre gloire est bien refleurie;
>Grand cas de vous force gens font,
>Brave mareschal de Grammont;
>Et vos envieux d'accord sont,

se plaignant avec hauteur de son ingratitude, et

  Que depuis la lamponerie,
  Brave mareschal de Grammont,
  Vostre gloire est bien refleurie.

  Mareschal la Motte-Houdancourt,
  Paris vaut mieux que Pierrencise,
  Puisqu'icy vous faites séjour,
  Mareschal la Motte-Houdancourt,
  Et n'êtes pas avec la cour;
  Tout va bien pour nostre franchise,
  Mareschal la Motte-Houdancourt,
  Paris vaut mieux que Pierrencise.

  Boüillon, feu prince de Sedan,
  Si vous pouviez passer la porte,
  Les ennemis auroient mal an,
  Boüillon, feu prince de Sedan,
  Sur un beau cheval alezan,
  Ou d'autre poil il ne m'importe,
  Boüillon, feu prince de Sedan,
  Si vous pouviez passer la porte.

  Vous et vos enfans, duc d'Elbœuf,
  Qui logez près de la Bastille,
  Valez tous quatre autant que neuf,
  Vous et vos enfans, duc d'Elbœuf.
  Le rimeur qui vous mit au bœuf,
  Mérite quelque coup d'estrille,
  D'avoir mesdit du duc d'Elbœuf,
  Qui loge auprès de la Bastille.

  Pour avoir fait de tels enfans,
  Que le Tout-Puissant vous guerdonne,

mêlant le sarcasme à la menace : c'était Condé.

Vaillans, beaux, courtois, piaffans;
Pour avoir fait de tels enfans,
Trois lyons ou trois éléfans,
Vous méritez une couronne,
Pour avoir fait de tels enfans,
Que le Tout-Puissant vous guerdonne.

Invincible duc de Beaufort,
Que tant de vaillance accompagne,
Sans doute on vous faisoit grand tort,
Invincible duc de Beaufort,
De vous retenir dans un fort;
Vous êtes mieux à la campagne,
Invincible duc de Beaufort,
Que tant de vaillance accompagne.

Grand Condé, vaillant comme un coq,
Prince du noble sang de France,
Le coup d'une arquebuse à croc,
Grand Condé, vaillant comme un coq,
Vous donneroit un rude chocq,
Et lors adieu votre vaillance,
Grand Condé, vaillant comme un coq,
Prince du noble sang de France.

Monseigneur le duc d'Orléans,
Bon prince de nature humaine,
Pourquoi sortez-vous de céans,
Monseigneur le duc d'Orléans?
Celui qui vous mène et rameine,
Seroit bien mieux dans la Seine [1],

[1] L'abbé la Rivière.

Condé avait un génie admirable pour la guerre ;

 Monseigneur le duc d'Orléans,
 Bon prince de nature humaine.

 Grande reine, ne croyez pas
 Ce que la colère conseille ;
 Revenez viste sur vos pas.
 Grande reine, ne croyez pas
 Un désir de vengeance bas ;
 Que votre bonté se resveille.
 Grande reine, ne croyez pas
 Ce que la colère conseille.

 Grand roy que retient Saint-Germain,
 On te souhaite en cette ville,
 Reviens à Paris dès demain,
 Grand roi que retient Saint-Germain ;
 Chacun t'ira baiser la main
 D'une asme dévote et civile.
 Grand roy que retient Saint-Germain,
 On te souhaite en cette ville.

 Mazarin, plie ton paquet,
 Car notre reine est très sage :
 La galanterie lui déplaît.
 Mazarin, plie ton paquet,
 Garantis ton rouge bonnet
 Des risques d'un si grand orage.
 Mazarin, plie ton paquet,
 Car nostre reine est très sage.

 Admirons monsieur de Bouillon,
 C'est un Mars quand il a la goutte :

son coup d'œil était rapide et sûr, son courage à toute épreuve, son activité infatigable; il aimait les dangers, les actions d'éclat, et la victoire lui était familière. Sa conduite politique offre des variations qui la rendent moins imposante que sa conduite militaire. Persuadé que seul il pouvait être l'appui et la gloire du trône, il se laissa égarer par cette prétention. La Fronde le vit tantôt ami et défenseur de la cour, tantôt son adversaire et son ennemi. Son caractère altier s'indignait de trouver à la tête des affaires un prêtre, que par dérision il appelait *le dieu Mars*, et son ambition ne pouvait se réduire à jouer le second rôle. La reine sentit tout ce qu'elle avait à craindre de cet illustre mécontent, et comprit que si

> Son conseil est toujours fort bon.
> Admirons monsieur de Bouillon,
> Il est sage comme un Caton,
> On fait très bien quand on l'écoute.
> Admirons monsieur de Bouillon,
> C'est un Mars quand il a la goutte.
>
> Le petit prince de Conty
> S'est déclaré pour notre ville;
> Il n'eut jamais pris son party,
> Le petit prince de Conty,
> S'il n'avait été perverty
> Par les conseils de Longueville.
> Le petit prince de Conty
> S'est déclaré pour notre ville.

elle ne détachait point le coadjuteur du parti du prince, elle resterait trop faible pour lutter contre eux. Elle eut recours à un de ces moyens si puissants lorsqu'ils sont employés par une femme, plus encore par une reine, à l'égard d'un homme ambitieux et galant.

Retz, alors coadjuteur de Paris, doué au plus haut degré du génie des intrigues, tout à la fois souple et audacieux, habitué à se faire un masque des vertus qu'il méprisait; d'un caractère haut et redoutable, d'un esprit vif, pénétrant, inépuisable en ressources, mesura de son coup d'œil rapide l'espace que livraient à son ambition les diverses factions qui agitaient la cour et la ville, et il s'empara fièrement de toutes les avenues qui pouvaient le mener à la puissance. Véritable Protée de la Fronde, on le voit se mêler à toutes les cabales, figurer dans tous les mouvements, s'armer de sa popularité tantôt comme d'une menace contre la cour, tantôt comme d'un moyen de réconciliation.

Cette souplesse se manifesta dans une circonstance grave, où la cour eut besoin de son appui. Le 1ᵉʳ janvier 1650, madame de Chevreuse remit au coadjuteur un billet de la reine ainsi conçu : « Je ne puis croire, nonobstant le « passé, que M. le coadjuteur ne soit à moi; je

« le prie que je le puisse voir sans que personne
« le sache que madame et mademoiselle de Che-
« vreuse. Ce nom sera sa sûreté. ANNE. » Retz fit
cette réponse à la reine : « Il n'y a jamais eu de
« moment en ma vie où je n'aie été également à
« Votre Majesté ; je serais trop heureux de mou-
« rir pour son service, pour songer à ma sûreté.
« Je me rendrai où elle me l'ordonnera. »

Il enveloppa le billet de la reine dans le sien, et madame de Chevreuse lui porta le lendemain sa réponse, qui fut bien reçue. Cette duchesse de Chevreuse, si jolie, si spirituelle, si passionnée pour l'intrigue et les plaisirs, qui profana d'une manière si brillante les charmes et les qualités dont le ciel avait pris soin de l'embellir, était la confidente d'Anne d'Autriche, et avait de l'influence sur l'esprit du coadjuteur par l'amour qu'avait inspiré à ce prélat mademoiselle de Chevreuse, sa fille, qui préféra, comme sa mère, le scandale de la célébrité aux modestes triomphes de la vertu.

Le coadjuteur se trouva donc à minuit au cloître Saint-Honoré, où Gabouri, porte-manteau de la reine, vint le prendre et le mena au Palais-Royal par un escalier dérobé au petit *oratoire*, où elle était toute seule enfermée. Anne d'Autriche lui témoigna toutes les bontés que sa haine contre le prince de Condé pouvait lui inspirer, et que son attachement pour le cardinal Mazarin pouvait lui permettre. « Le cardinal entra demi-heure après « (dit le cardinal de Retz dans ses mémoires); il « supplia la reine de lui permettre qu'il manquât « au respect qu'il lui devait, pour m'embrasser « devant elle. Il fut au désespoir, disait-il, de ce « qu'il ne pouvait me donner sur l'heure même « son bonnet.... Entre autres arrangements qui « eurent lieu dans cette conférence, il fut résolu « que l'on arrêterait M. le Prince, M. le prince « de Conty et M. de Longueville. »

Le 18 janvier 1650, la reine avait convoqué le conseil au Palais-Royal; il se tenait d'ordinaire dans la galerie. « Le prince de Condé passa le « premier, le prince de Conty, son frère, après, « ensuite le duc de Longueville et le reste des « ministres. M. le Prince, en attendant la reine, « s'amusa à parler au comte d'Avaux d'affaires « de finances. Le cardinal Mazarin, voyant les « princes entrés dans la galerie, au lieu de les « suivre, prit l'abbé de la Rivière par la main et « lui dit tout bas : « Repassons dans la chambre, « j'ai quelque chose de conséquence à vous dire. » « La reine, d'autre côté, ayant quitté son lit, où « elle s'était tenue tout habillée [1], donna l'ordre

---

[1] En 1650, le jour de l'arrestation du prince de Condé,

« nécessaire à Guitaut, capitaine de ses gardes.
« Elle prit le roi, à qui jusqu'alors elle n'avait
« rien dit de cette résolution, et s'enferma avec
« lui dans son oratoire; elle le fit mettre à ge-
« noux, lui apprit ce qui se devait exécuter en
« cet instant, et lui ordonna de prier Dieu avec
« elle, afin de lui recommander le succès de cette
« entreprise, dont elle attendait la fin avec beau-
« coup d'émotion et de battements de cœur. Au
« lieu de la reine, qu'on attendait au conseil,
« Guitaut entra dans la galerie. M. le Prince lui
« demanda ce qu'il désirait; Guitaut lui répondit
« tout bas : « Monsieur, ce que je veux, c'est que
« j'ai ordre de vous arrêter, vous, M. le prince
« de Conty votre frère, et M. de Longueville.... »
« Guitaut fit entrer Comminges, son neveu, et
« douze gardes par la porte du bout de la ga-
« lerie, où ils étaient attendant l'ordre. Il les
« fit passer pour lui ouvrir la petite porte qui

au Palais-Royal, la princesse douairière de Condé, sa mère, saisie d'un pressentiment, le suivit au Palais, pour confier ses craintes à Anne d'Autriche, son ancienne amie. L'accueil de la reine la rassura. Elles causaient ensemble avec toute l'apparence de l'intimité, assises sur le même lit. Le prince entra dans l'appartement, et les voyant dans cet entretien familier, ressortit aussitôt, pour ne pas les interrompre. Il ne revit plus sa mère; la douleur de le savoir en prison la tua bientôt.

« donne au jardin, afin d'y pouvoir descendre
« par un petit escalier dérobé[1]. Le prince de
« Conti ne parla point du tout. Le duc de Lon-
« gueville, qui avait mal à une jambe, et qui ne
« trouvait pas agréable de s'en servir dans cette
« occasion, allait lentement et mal volontiers.
« Guitaut fut obligé de commander à deux gardes
« de lui aider à marcher. On voyait sur son
« visage qu'il avait regardé cette disgrâce comme
« un malheur qui le conduirait au tombeau.
« M. le Prince, marchant le premier, arriva plus
« tôt que les autres à la porte du jardin qui donne
« dans la rue; il fallut attendre les deux princes
« qui le suivaient pour faire ouvrir la porte. Dès
« qu'ils furent arrivés, Guitaut ouvrant la porte,
« le carrosse se trouva tout prêt pour les rece-
« voir, et Comminges, qui y monta avec eux,
« les fit sortir par la porte de Richelieu pour ne
« point traverser Paris, et les conduisit au bois
« de Vincennes. »

[1] En entrant dans cet escalier sombre et qui était rempli de gardes, « Guitaut, s'écria Condé, voilà qui sent bien les « états de Blois?—Non, non, monseigneur, répondit vive- « ment Guitaut; si cela était, je suis homme d'honneur, je « ne m'en mêlerais pas. » En traversant le jardin du Palais-Royal, au milieu d'une double haie de gendarmes : « Mes « amis, leur dit le prince, ce n'est pas ici la bataille de « Lens ! »

Ce coup d'État n'apaisa point la fureur du peuple contre Mazarin. Ce ministre, instruit des efforts que l'on tentait pour délivrer les princes, les fit transférer d'abord à Marcoussy, de là au Havre. C'est dans cette dernière prison que le cardinal, inquiet de l'orage amassé sur sa tête, se rendit pour briser lui-même les fers de ses illustres prisonniers, qui revinrent à Paris le 16 février 1651.

La mise en liberté des princes ne satisfit pas encore les exigences du peuple : c'était Mazarin qu'il détestait, c'était l'exil de Mazarin qu'il demandait [1]. La reine voulait bien faire des sa-

---

[1] Les rues de Paris retentissaient chaque matin de nouvelles chansons, de nouvelles satires contre le cardinal. Dans le nombre, nous avons choisi la suivante, pour donner une idée de la rage avec laquelle les poëtes du temps poursuivaient le premier ministre :

LA CHASSE A MAZARIN.

Adieu, jongleur, trousse tes quilles,
C'est trop nous vendre tes coquilles :
Ta farce n'est plus de saison,
Le Français n'est plus un oison.
Tes jeux et tes forfanteries,
Tes machines, tes comédies,

crifices, mais se séparer de son ministre était

<blockquote>
Ont assez long-temps amusé,
Ou, pour mieux parler, abusé
Ses yeux, cependant qu'en cachette
Tu foüillais dedans sa pochette.
Prétends-tu faire un très grand gain
A la foire de Saint-Germain?
Y veux-tu bâtir un théâtre
Pour y débiter ton emplastre;
Et que les premiers de la cour
Y servent d'acteurs tour à tour?
Qu'un grand roi passe pour esclave,
Qu'un soit le niais, l'autre le brave,
Lorsqu'un valet à long manteau
Vend son maistre pour un chapeau.

Pliez bagage, seigneur Jule,
On n'ayme plus le ridicule.
Va porter tes drogues ailleurs,
Où tes tours paraissent meilleurs.

Prends donc de bonne heure la fuite,
Ou mille limiers à ta suite,
Comme au loup chassé du troupeau,
S'attacheront après ta peau,
Et ne lascheront point leur proye
Qu'ils n'en fassent mainte courroye.

Quoi! tu parais encore ici,
Et les courtisans de Poissy
N'ont pas à belles coustillades
Fait de tes côtes des grillades!
Et tu crois, nous ostant le pain,
Nous faire tous mourir de faim,
</blockquote>

5.

au-dessus de ses forces. Elle résolut donc, si Mazarin était obligé à quitter Paris, de le suivre une seconde fois. Mais les projets de cour ne sont pas si mystérieux qu'ils ne fassent bientôt naître quelques soupçons, et le peuple supporte impatiemment qu'on cherche à le tromper. Aussi dans la nuit du 9 au 10 février 1651, sur le bruit que la reine voulait enlever le roi et le conduire une seconde fois à Saint-Germain, les rues se remplirent de bourgeois et d'artisans qui criaient : *Aux armes!*

A minuit, Anne d'Autriche fut avertie de ce mouvement ; elle était déjà couchée. Elle montra beaucoup de fermeté dans cette occasion, donna

> Tandis que te voyant si proche,
> On te pourra rôtir en broche.

> Sus, sus, François, réveillez-vous ;
> Qu'est devenu votre courroux ?
> Vous laissez sauver à la course
> Ce larron qui tient votre bourse,
> Sus, sus, enfants, que l'on le traque,
> Qu'on s'acharne sur sa casaque,
> Et qu'on mette sur un carcan
> Toutes ses pièces à l'encan.
> Si son avarice ne crève,
> Empoignez l'archet de la Grève,
> Et cherchez-moi dedans ses os
> L'or qu'il a fondu par lingots.

ordre de doubler les gardes et d'avertir les serviteurs du roi. Le bruit augmentait à tous moments dans les rues. Le duc d'Orléans (Gaston) envoya de Souches, un de ses familiers, à la reine pour la supplier de faire cesser le tumulte. Elle lui répondit avec humeur que « c'était le « duc d'Orléans qui avait fait prendre les armes « aux bourgeois, et que par conséquent il était « le seul qui pût faire taire le peuple ; qu'elle n'a- « vait point eu la pensée de partir ; que le roi et « Monsieur dormaient tous deux paisiblement, » et pour l'en convaincre, elle voulut qu'il allât voir le roi dans son lit. De Souches passa chez le roi et le trouva dans un profond sommeil. Il sortit du Palais-Royal entièrement persuadé que la reine n'avait nul désir de quitter Paris, et, en retournant au Luxembourg, il fit ce qu'il put pour apaiser les Parisiens. « Ils répondirent qu'ils « voulaient eux-mêmes voir le roi. Il y en eut « donc qui entrèrent jusque dans le Palais-Royal, « criant qu'on leur montrât le roi, et qu'ils le « voulaient voir. La reine, le sachant, comman- « da aussitôt qu'on ouvrît toutes les portes, et « qu'on les menât dans la chambre du Roi. Ravis « de cette franchise, ils se mirent tous auprès du « lit du roi, dont on avait ouvert les rideaux ; « et reprenant alors un esprit d'amour, lui don- « nèrent mille bénédictions. Ils le regardèrent

« long-temps dormir et ne pouvaient assez l'ad-
« mirer. Cette vue leur donna du respect pour
« lui : ils désirèrent davantage de ne pas perdre
« sa présence ; mais ce fut par des sentimens de
« fidélité qu'ils le témoignèrent. Leur emporte-
« ment cessa, et au lieu qu'ils étaient entrés
« comme des gens remplis de furie, ils en sor-
« tirent comme des sujets remplis de douceur,
« qui demandaient à Dieu de tout leur cœur
« qu'il lui plût leur conserver leur jeune roi, dont
« la présence avait eu le pouvoir de les char-
« mer [1]. »

Cependant Mazarin avait cru devoir se retirer à Sedan, bien persuadé que le peuple de la Fronde était trop frivole pour bouder longtemps le pouvoir, et que celui qui chante dans l'esclavage, est fait pour porter des fers. Dans son exil, il gouvernait encore et la reine et l'État. Le peuple avait mis quelque espoir dans Gaston, duc d'Orléans, mais ce prince aimable, instruit, éloquent, était sans constance et sans fermeté. Pendant la Fronde, on le retrouve dans toutes les intrigues de la cour, des princes et du parlement, tantôt du parti de la reine, tantôt opposé à la cour ; un jour l'ami de Condé, le lendemain son adversaire. Toujours envieux de l'autorité, et avide

---

[1] Mémoires de madame de Motteville.

de s'en saisir sans jamais en avoir ni le talent ni le courage, Gaston se complaisait dans ce grand commérage politique ; mais il était dans sa destinée comme dans son caractère de ne jamais être qu'un illustre brouillon [1].

Abandonnés ainsi par ceux qui avaient promis de défendre leurs intérêts, les partisans de la Fronde voyant que le gouvernement du roi prenait de jour en jour plus d'ascendant, passèrent sous ses bannières après les siéges d'Orléans et d'Étampes, et le combat de la porte St-Antoine, où mademoiselle de Montpensier, la grande Mademoiselle, fit tirer, de la Bastille sur l'armée royale, ce coup de canon qui tua *son mariage avec Louis XIV*.

Tous les jours on adressait au roi des suppliques en vers et en prose pour presser son retour :

> « Satisfais donc, Louis, à mon impatience,
> « Comble-moy de plaisirs par ta chère présence :
> « Retourne dans ton Louvre et dans ce beau séjour :
> « Rameine avecque toy les graces et l'amour :
> « En un mot viens par tout restablir l'allégresse,
> « Qui depuis ton départ fait place à la tristesse.

[1] Il existe dans les pièces de la Fronde une chanson spirituelle où Gaston, à toutes les instances du peuple, répond toujours : « Je dors ! »

« Tes sujets transportez d'aise de te revoir,
« Iront tous à l'envi te rendre leur devoir :
« Tu n'entendras que cris, non tels que ma misère
« Leur en a fait pousser vers le ciel en colère;
« Mais bien des cris de joye et de félicité,
« Accompagnez de vœux pour ta prospérité.
« Tu ne verras que pleurs, non pareils à ces larmes
« Qu'ont tiré de leurs yeux mes pressantes alarmes;
« Mais de fidèles pleurs que l'extase et l'amour
« Répandront en faveur de ton heureux retour :
« Et leurs cœurs aux soupirs feront aussi passage,
« Mais comme à des parfums exhalez par hommage.
« Enfin à ce grand jour, jour benist à jamais,
« Auquel tu reviendras sur le char de la paix,
« Tu ne trouveras rien qu'une loüable envie
« De te sacrifier nos biens et nostre vie [1]. »

Le roi se rendit à ces vœux; il revint enfin de Saint-Germain à Paris, le 21 octobre 1652, au milieu des acclamations du peuple, et le même jour il abandonna la résidence du Palais-Royal pour aller habiter le Louvre.

[1] Deuil de Paris. Pièce de la Fronde.

CHAPITRE III.

Le Palais-Royal habité par Henriette-Marie, reine d'Angleterre.

1652—1662.

HENRIETTE-MARIE de France, fille de Henri IV, était devenue reine d'Angleterre par son mariage avec Charles, prince de Galles, depuis Charles Ier. Les troubles politiques et religieux dont ce royaume devint le théâtre, forcèrent cette princesse, en 1644, à venir chercher un asile en France. Elle débarqua à Brest et se rendit d'abord à Bourbon, dont les eaux lui étaient prescrites. « Quand on sut qu'elle devait arriver (dit
« mademoiselle de Montpensier dans ses Mémoi-
« res), je fus envoyée au-devant d'elle dans un

« carrosse du roi, comme c'est la coutume, jus-
« qu'au Bourg-de-la-Reine, où je la trouvai avec
« Monsieur, qui y était allé avant moi..... Elle
« était en toute manière en un état si déplorable
« que tout le monde en avait pitié. On la fit lo-
« ger au Louvre, où le lendemain elle reçut tous
« les honneurs dus à une reine, et à une reine
« fille de France. Elle parut durant quelques
« mois en équipage de reine; elle avait avec elle
« beaucoup de dames de qualité, des filles
« d'honneur, des carrosses, des gardes, des valets
« de pied. Cela diminua petit à petit, et peu de
« temps après, rien ne fut plus éloigné de sa di-
« gnité que son train et son ordinaire. »

En effet, pendant les troubles de la Fronde
cette princesse se vit réduite, comme elle le disait
elle-même, *à demander une aumône au parlement
pour subsister* [1].

---

[1] « Cinq ou six jours avant que le roi sortît de Paris, dit
le cardinal de Retz, j'allai chez la reine d'Angleterre, que
je trouvai dans la chambre de mademoiselle sa fille, qui a
été depuis madame d'Orléans. Elle me dit d'abord : « Vous
voyez, je viens tenir compagnie à Henriette; la pauvre
enfant n'a pu se lever aujourd'hui, faute de feu..... » J'exa-
gérai encore cet abandonnement, et le gouvernement envoya
40,000 livres à la reine d'Angleterre. La postérité aura
peine à croire qu'une reine, fille de Henri le Grand, ait
manqué d'un fagot pour se lever au mois de janvier dans le

Cependant, un plus grand malheur la menaçait encore. Charles Ier fut décapité le 9 février 1649, sur la place de Whitehall[1]. On essaya de cacher à la reine d'Angleterre la mort tragique de son époux; mais dès qu'elle en eut acquis la certitude, elle se livra au plus violent désespoir. « J'ai perdu, disait-elle, *un roi, un mari et un « ami.* »

En 1652, après les troubles de la Fronde, Louis XIV ayant transporté sa résidence au Louvre, et le duc d'Anjou, son frère, ayant occupé aux Tuileries le logement que le roi venait d'ôter à mademoiselle de Montpensier, le Palais-Royal fut assigné à la reine d'Angleterre pour son habitation. Mais, depuis la mort du roi son époux, elle passait la plus grande partie de son temps dans le couvent de Chaillot. Lorsque Charles II,

---

Louvre et sous les yeux d'une cour de France !... Les exemples du passé touchent sans comparaison plus les hommes que les exemples de leur siècle. Je ne sais si le consulat du cheval de Caligula nous aurait autant surpris que nous nous l'imaginons. »

(Mémoires du cardinal de Retz, tome Ier.)

[1] Voir les détails très-curieux sur les derniers moments de cet infortuné monarque dans madame de Motteville, t. V, *et dans la relation générale et véritable du procès du roi de la Grande-Bretagne* dans le recueil des pièces, journaux et pamphlets de la Fronde.

son fils, remonta sur le trône d'Angleterre, en 1660, Anne d'Autriche lui demanda la main de sa fille Henriette pour son second fils Philippe de France, alors duc d'Anjou, et depuis duc d'Orléans. Le vœu de la reine mère fut accompli, et le mariage fut célébré dans la chapelle du Palais-Royal, le 31 mars 1661, en présence du roi Louis XIV, de la reine Marie-Thérèse, de la reine mère Anne d'Autriche, de la reine d'Angleterre, de mademoiselle de Montpensier, de mesdemoiselles d'Orléans, filles de Gaston, ses sœurs, du prince et de la princesse de Condé, et de plusieurs autres princes et princesses, seigneurs et dames de la cour [1].

Si les espérances de la reine d'Angleterre et les projets d'Anne d'Autriche et de Mazarin s'étaient réalisés, cette chapelle aurait été témoin, quelques années plus tôt, d'une union non moins illustre, dont la pensée avait été l'occasion de plusieurs fêtes données au Palais-Royal, notamment dans l'hiver de 1646. Le prince de Galles, depuis Charles II, roi d'Angleterre, venait d'arriver à Paris, et Mazarin méditait de le marier à mademoiselle de Montpensier. Malheureusement les vues politiques du ministre français ne s'accordaient pas avec les idées de grandeur de la fille

---

[1] Voir à la fin du volume les pièces justificatives, lettre B.

de Gaston. L'Angleterre était alors bouleversée par Cromwel : une couronne chancelante devait être sans prestige pour une princesse nourrie dans l'espérance d'épouser Louis XIV, et qui voyait alors deux rois veufs assis sur des trônes bien affermis [1]. Cependant elle accueillait les hommages du fils de Charles Ier; elle avait du plaisir (c'est elle-même qui le dit) à le rencontrer dans les bals du Palais-Royal, à danser avec lui, et à voir les yeux de ce jeune homme aux cheveux noirs, au teint brun, se fixer tendrement sur elle. Quoiqu'elle fût décidée alors à ne point répondre aux désirs de la cour et aux vœux du prince de Galles, Mademoiselle ne fit aucune difficulté d'accepter le rôle de reine de la fête que l'on allait célébrer; tant sa vanité aimait à concentrer sur elle tous les regards, en s'entourant de l'éclat d'une pompe royale. Écoutons-la parler d'elle avec cette complaisance d'amour-propre qui est le caractère distinctif de ses Mémoires :

« La galanterie du prince de Galles fut poussée
« si ouvertement, qu'elle fit grand bruit dans le
« monde. Tout l'hiver elle dura de même force;
« elle parut encore plus fortement à une fête cé-

---

[1] Ferdinand III, empereur d'Allemagne, et Philippe IV, roi d'Espagne.

« lèbre qu'il y eut au Palais-Royal, sur la fin de
« l'hiver, où il y eut une magnifique comédie
« italienne à machines et à musique, avec un
« bal ensuite, pour lequel la reine me voulut pa-
« rer; l'on fut trois jours entiers à accommoder
« ma parure : ma robe était toute chamarrée de
« diamants avec des houppes incarnat et noir ;
« j'avais sur moi toutes les pierreries de la cou-
« ronne et de la reine d'Angleterre, qui en avait
« encore eu ce temps-là quelques-unes de reste.
« L'on ne peut rien voir de mieux et de plus ma-
« gnifiquement paré que je l'étais ce jour-là ; et
« je ne manquai pas de trouver beaucoup de
« gens qui surent me dire *assez à propos*, que
« ma belle taille, ma bonne mine, ma blancheur
« et l'éclat de mes cheveux blonds, ne me pa-
« raient pas moins que toutes les richesses qui
« brillaient sur ma personne. Tout contribua ce
« jour-là à me faire paraître, parce que l'on dan-
« sa sur un grand théâtre accommodé tout ex-
« près pour ce sujet, orné et éclairé de flambeaux
« autant qu'il le pouvait être ; il y avait au milieu
« du fond de ce théâtre un trône élevé de trois
« marches, couvert d'un dais, et tout autour du
« théâtre des bancs pour les dames qui devaient
« danser, au pied desquelles étaient les danseurs ;
« le reste de la salle était en amphithéâtre qui
« nous avait pour perspective. Le roi ni le prince

« de Galles ne se voulurent point mettre sur ce
« trône, j'y demeurai seule : de sorte que je
« vis à mes pieds ces deux princes et ce
« qu'il y avait de princesses à la cour. Je ne me
« sentis point gênée en cette place, et ceux qui
« m'avaient flattée lorsque j'allai au bal, trou-
« vèrent encore matière le lendemain de le faire.
« Tout le monde ne manqua pas de me dire
« que je n'avais jamais paru moins contrainte que
« sur ce trône, et que, comme j'étais de race à
« l'occuper, lorsque je serai en possession d'un
« où j'aurai à demeurer plus longtemps qu'au bal,
« j'y aurai encore plus de liberté qu'en celui-là.
« Pendant que j'y étais et que le prince de Galles
« était à mes pieds, mon cœur le regardait du
« haut en bas, aussi bien que mes yeux ; *j'avais
« alors dans l'esprit d'épouser l'empereur.* »

En effet, l'ambition lui avait fait essayer et peser tour à tour presque toutes les couronnes de l'Europe.... L'amour la fit descendre à Lauzun.

Au retour du voyage de Fontainebleau, Monsieur, devenu duc d'Orléans, s'établit, en 1661, au Palais-Royal avec *Madame* Henriette, qu'il venait d'épouser.

La reine d'Angleterre se retira dans une maison de campagne, à Colombe, où elle mourut le 10 septembre 1669.

Le temps de son habitation au Palais-Royal ne fut marqué par aucune construction dont l'édifice ait conservé des traces.

CHAPITRE IV.

Le Palais-Royal sous Philippe de France, duc d'Orléans (Monsieur), frère de Louis XIV.

1661—1701.

Monsieur, frère de Louis XIV, habitait le Palais-Royal depuis 1661 ; mais il n'en était point propriétaire. Ce ne fut qu'au mois de février 1692, après le mariage de son fils Philippe d'Orléans, alors duc de Chartres, et depuis régent de France, avec Marie-Françoise de Bourbon, fille légitimée de Louis XIV, que ce monarque rendit les lettres patentes [1] qui constituaient la propriété de cette résidence à son frère, à titre d'apanage [2].

[1] Voir à la fin du volume, pièces justificatives, lettre C.
[2] « L'apanage des enfants puînés de la maison de France, « disent les lettres patentes du 7 décembre 1666, a toujours

Il convient de placer à l'époque qui suivit le mariage de *Monsieur* avec Henriette-Anne d'Angleterre, les augmentations qu'on peut reconnaître en comparant le plan de 1748 avec celui de 1679[1]. Louis XIV acheta alors des sieurs Flacourt, Lépine et Boileau, divers terrains sur la rue de

« été considéré comme représentant le partage de la monar-
« chie qui a subsisté pendant les deux premières races. Si
« les inconvénients de ce partage destructif de la souveraineté
« par les jalousies et les rivalités des princes, par l'affaiblis-
« sement des forces et de l'autorité, ont persuadé au com-
« mencement de la troisième race que la couronne, le plus
« éminent de tous les fiefs, devait être indivisible, ainsi que
« les fiefs que les maximes du gouvernement féodal, alors
« en vigueur, déféraient en entier à l'aîné des mâles, la na-
« ture, qui ne parle pas moins au cœur des rois qu'à leurs
« sujets, leur a inspiré de doter leurs enfants puînés et de
« leur procurer une subsistance proportionnée à la splendeur
« de leur origine, et propre à les dédommager de la perte de
« la souveraineté dont ils étaient privés. Enfants de l'État, ils
« ont pris dans les fonds de l'État même, par les mains des
« rois nos prédécesseurs, les parts et les portions qui leur
« ont été assignées. Le vœu de la nature a été rempli et le
« royaume a acquitté ses obligations. La loi de l'apanage
« constitue le prince qui le possède vrai seigneur et proprié-
« taire ; lui transmet les titres d'honneur et de dignité, et
« tous les droits et prérogatives attachés aux domaines qui
« lui ont été concédés. »

[1] Voir les plans recueillis par M. Fontaine, premier architecte du roi.

Richelieu, ainsi que l'hôtel de Brion, qui appartenait au duc de Damville, et dans lequel les académies de peinture et d'architecture tinrent leurs premières séances. Ce fut sur l'emplacement de ces acquisitions que Jules Hardouin Mansard éleva la galerie que Coypel a décorée, et dans laquelle ce peintre avait représenté en quatorze tableaux les principaux sujets de l'*Énéide*. Les premiers embellissements du Palais-Royal, auxquels *Monsieur* ajouta un grand appartement dans l'aile du côté de la rue de Richelieu, firent de cette résidence un lieu plus digne de la grandeur du frère de Louis XIV et de ses descendants.

Le Palais-Royal devint le séjour d'une cour brillante, dont Henriette-Anne d'Angleterre, première femme de *Monsieur*, faisait le charme et l'ornement. « La princesse d'Angleterre, dit
« madame de Motteville, était assez grande.
« Sa beauté n'était pas des plus parfaites; mais
« toute sa personne, quoiqu'elle ne fût pas
« bien faite, était néanmoins, par ses manières
« et ses agréments, tout à fait aimable. Elle avait
« le teint fort délicat et blanc; il était mêlé d'un
« incarnat naturel, comparable à la rose et au
« jasmin. Ses yeux étaient petits, mais doux et
« brillants; son nez n'était pas laid; sa bouche
« était vermeille, et ses dents avaient toute la
« blancheur et la finesse qu'on pouvait leur sou-

« haiter; mais son visage, trop long et trop mai-
« gre, semblait menacer sa beauté d'une prompte
« fin. Elle s'habillait et se coiffait d'un air qui
« convenait à toute personne, et comme il y avait
« en elle de quoi se faire aimer, on pouvait croire
« qu'elle y devait aisément réussir, et qu'elle ne
« serait point fâchée de plaire. Elle n'avait pu
« être reine, et pour réparer ce chagrin, elle vou-
« lait régner dans les cœurs et trouver de la
« gloire dans le monde par ses charmes et par la
« beauté de son esprit. On voyait déjà en elle
« beaucoup de lumières et de raison, et au tra-
« vers de sa jeunesse, il était aisé de juger que,
« lorsqu'elle se verrait sur le théâtre de la cour
« de France, elle y ferait un des principaux
« rôles [1]. »

En effet, cette princesse ne tarda pas à attirer tous les hommages; le roi lui-même se mit au nombre de ses admirateurs; mais on dit que la politique eut plus de part que la galanterie dans les soins dont il se plaisait à l'entourer.

Louis XIV, désirant rompre la ligue que les Hollandais avaient faite avec l'empereur et le roi

---

[1] On trouve dans le huitième volume des mémoires de mademoiselle de Montpensier, un portrait d'Henriette d'Angleterre, sous le nom de la princesse Cléopâtre, qui s'accorde avec la séduisante image tracée par madame de Motteville.

d'Espagne, songea à s'assurer de l'alliance du roi d'Angleterre. Il confia ce secret à Madame et la chargea de cette négociation. Pour cacher le véritable but du voyage de la princesse en Angleterre, le roi alla visiter ses conquêtes des Pays-Bas, accompagné de toute sa cour. La duchesse d'Orléans prit alors le prétexte du voisinage pour aller jouir à Londres du plaisir de voir son frère rétabli sur le trône. Elle agit si bien qu'elle parvint à le détacher de la triple alliance [1]. Madame revint en France avec tout l'éclat que peut donner un heureux succès. Louis XIV fêta sa gloire, et Henriette vit la cour à ses pieds..... « Tout à coup, ô nuit désastreuse!
« ô nuit effroyable! où retentit comme un éclat
« de tonnerre cette étonnante nouvelle: *Madame*
« *se meurt! Madame est morte!* Au premier
« bruit d'un mal si étrange, on accourt à Saint-
« Cloud de toutes parts; on trouve tout consterné, excepté le cœur de cette princesse; partout
« on entend des cris; partout on voit la douleur
« et le désespoir, et l'image de la mort. Le roi,
« la reine, Monsieur, tout est abattu, tout est
« désespéré, et il me semble que je vois l'accom-

---

[1] Mademoiselle de Keroual, remarquable par sa beauté, avait accompagné Madame..... Cette charmante auxiliaire devint duchesse de Portsmouth.

« plissement de cette parole du prophète : Le roi
« pleurera, le prince sera désolé, et les mains
« tomberont au peuple, de douleur et d'étonne-
« ment [1]. » Cette mort si rapide, arrivée en moins
de huit heures, le 30 juin 1670, dix-huit jours
après son retour d'Angleterre, fit dire que la
princesse avait été empoisonnée [2]. Son corps fut
porté à Saint-Denis, le 4 juillet suivant, et le
21 août ses funérailles y furent faites avec beaucoup de magnificence. Son cœur avait été déposé
dans l'église du Val-de-Grâce.

Henriette avait donné quatre enfants à *Monsieur* : une princesse était morte en naissant, sans
avoir été nommée; Philippe-Charles d'Orléans,
duc de Valois, né le 16 juillet 1664, ne vécut
que deux ans. Marie-Louise, Mademoiselle d'Orléans, née au Palais-Royal, le 27 mars 1662,
épousa dans la chapelle de Fontainebleau, le

[1] Oraison funèbre de Bossuet.

[2] Les mémoires du temps ne s'accordent pas tous à cet égard, mais la plupart laissent croire à l'empoisonnement. (Consulter les mémoires de mademoiselle de Montpensier; les souvenirs de Charlotte de Bavière, seconde femme de *Monsieur*, duc d'Orléans; les mémoires de Saint-Simon, la correspondance de Grouvelle, le *sentiment du docteur Vallot*, Voltaire, le procès-verbal de la visite du curé de Saint-Cloud, et la notice d'Henriette d'Angleterre dans la *galerie du château d'Eu*.)

31 août 1679, Charles II, roi d'Espagne. Elle mourut sans enfants à Madrid, après dix ans de mariage, et fut inhumée à l'Escurial, dans la sépulture des rois. Anne-Marie d'Orléans, Mademoiselle de Valois, née à St-Cloud le 27 août 1669, et baptisée dans la chapelle du Palais-Royal, fut mariée à Versailles, le 10 avril 1684, à Victor-Amédée, duc de Savoie et prince de Piémont. C'est par Marie-Louise d'Orléans, reine d'Espagne, que Louis XIV apprit que Charles II ne pouvait pas avoir d'héritier, et il fonda sur cet avis le projet de placer Philippe V sur le trône d'Espagne [1].

Quinze mois après la mort de *Madame* Hen-

---

[1] Les mémoires du temps, madame de la Fayette, Saint-Simon, font entendre que cette reine mourut empoisonnée par la comtesse de Soissons. D'autres documents particuliers donneraient à penser qu'elle périt victime d'une singulière intrigue de cour. Dans la crainte de voir la couronne d'Espagne passer sur une tête étrangère, des personnes qui étaient dans le secret de l'impuissance de Charles II, avaient, dit-on, osé conseiller à Marie-Louise d'admettre secrètement un autre que son mari dans la couche royale : elle repoussa ce conseil avec une vertueuse indignation ; mais de ce moment, pressentant les dangers dont elle était menacée, elle écrivit à son père, Monsieur, frère de Louis XIV, pour lui demander du contre-poison. La réponse arriva trop tard ; la main de la comtesse de Soissons avait été plus prompte.

riette d'Angleterre, Louis XIV demanda en mariage pour son frère Élisabeth-Charlotte de Bavière, fille de Charles-Louis, électeur Palatin, et de Charlotte de Hesse.

Cette princesse, qui était protestante, fit abjuration à Metz, le 15 novembre 1671, entre les mains de l'évêque George d'Aubusson, et le lendemain le mariage eut lieu [1]. Après les cérémonies nuptiales, qui furent célébrées à Châlons le 21 novembre, *Monsieur* conduisit sa femme à Villers-Cotterets, où le roi les attendait. Dans ses Souvenirs, Élisabeth a tracé son portrait d'un style aussi original que pittoresque; nous ne pouvons mieux faire que de le reproduire ici :

« Je suis née à Heidelberg, dit-elle; ma mère
« ne m'a portée que sept mois. Si feu mon père
« m'avait aimée autant que je l'aimais, moi, il ne
« m'aurait jamais exposée aux inquiétudes et aux
« dangers qui m'ont assiégée depuis si long-temps.
« Je ne suis venue en France que par pure obéis-
« sance. Dans ma première jeunesse, j'ai beaucoup
« mieux aimé m'amuser avec des armes, telles que
« des fusils, des épées, des pistolets, qu'avec des
« chiffons et des poupées. Je ne désirais rien tant
« que de pouvoir être garçon; et ce désir a failli

---

[1] Le mariage se fit à Metz par procureur. Ce fut le maréchal Duplessis qui représenta *Monsieur*.

« me coûter la vie : car, ayant entendu conter
« que Marie Germain était devenue garçon à
« force de sauter, je me mis à sauter d'une telle
« façon que c'est un vrai miracle que je ne me
« sois pas cassé la tête cent fois pour une. A mon
« arrivée à Saint-Germain, j'y étais comme tom-
« bée des nues : la princesse Palatine m'y laissa
« toute seule, et s'en alla à Paris. Je vis bien que
« je déplaisais à *Monsieur*, mon époux, ce que je
« ne dois pas trouver merveilleux, laide autant
« que je le suis; mais je pris dès ce moment la
« ferme résolution de vivre avec lui de telle fa-
« çon qu'il s'accoutumât à ma laideur; ce à quoi
« j'ai enfin réussi.

« Dans les trois dernières années de mon ma-
« riage, j'avais entièrement gagné *Monsieur*, mon
« époux; je riais avec lui de ses petites faiblesses;
« il en badinait avec moi sans colère, sans la
« moindre aigreur; il ne souffrait plus qu'on me
« calomniât auprès de lui. Il avait en moi une
« parfaite confiance et prenait toujours mon parti.
« J'étais précisément en train d'être la personne
« du monde la plus heureuse lorsque Dieu m'a
« séparée de ce bon prince. Au moment de sa
« mort je vis s'évanouir sans retour la récom-
« pense de trente ans de peines.

« Je n'aime pas le lit : pour peu que je puisse
« me traîner, il faut que je sorte.

« Je déjeune rarement; mais si je le fais, c'est
« avec une *beurrée*. Toutes ces drogues étrangè-
« res, je ne puis ni les souffrir ni les supporter;
« mon goût et mon tempérament s'en accom-
« modent aussi peu l'un que l'autre. Je ne prends
« jamais ni chocolat, ni café, ni thé. Pour la
« table, je suis toujours bonne Allemande et de
« la vieille roche; j'aime tout ce qui est simple
« et sain.

« Mon douaire est le château de Montargis; à
« Orléans il n'y a point de maison, et Saint-Cloud
« ne fait point apanage; c'est une propriété que
« *Monsieur* a acquise de son argent. On me nom-
« mait autrefois ici *sœur pacifique*, parce que je
« faisais toujours mon possible pour rétablir ou
« maintenir l'union entre mon époux, sa cousine
« la grande *Mademoiselle* et la pauvre duchesse,
« qui se querellaient à tout bout de champ pour
« des minuties, pour de véritables bagatelles.

« J'ai été obligée d'abandonner mes bijoux à
« mon fils; sans cela je n'aurais pas eu assez
« pour entretenir ma maison, qui est très-nom-
« breuse. Il m'a paru plus raisonnable et plus
« honnête de ne pas ôter le pain à bien des per-
« sonnes, pour le plaisir d'avoir une vieille et
« laide figure couverte de diamants.

« Je n'ai jamais eu l'air d'une Française, et je
« n'ai voulu ni pu en prendre les manières. Ja-

« mais je n'eus honte de faire voir que j'étais Al-
« lemande, ce qui ne plaît pas à tout le monde ici.

« Si quelqu'un s'avisait de juger par mes yeux
« si j'ai de l'esprit, il faudrait qu'il prît un mi-
« croscope ou de bonnes lunettes, ou plutôt il
« devrait être sorcier pour en juger ainsi. Je n'ai
« jamais aimé qu'on me regardât; aussi n'aimé-
« je point la parure, car beaucoup de diamants
« attirent les yeux. C'était un bonheur pour moi
« que je fusse de cette humeur, car *Monsieur* ai-
« mait si excessivement les diamants et la parure,
« que nous aurions eu mille disputes à qui au-
« rait mis les plus belles pierreries. On ne m'a
« jamais parée de diamants que *Monsieur* n'assis-
« tât à ma toilette; il me mettait lui-même du
« rouge.

« J'ai toujours aimé notre roi, et quand il me
« donnait de petits désagréments, c'était pour
« plaire à son frère, dont les favoris me haïs-
« saient. Mais lorsque *Monsieur* fut dissuadé et
« se repentit d'avoir eu pour moi de si injustes
« préventions, il le dit au roi, qui me rendit son
« amitié, et me l'a conservée malgré les sugges-
« tions de la vieille [1]. Ma belle-fille, la reine de
« Sicile, me demandait un jour dans ses lettres
« si je n'étais plus des promenades du roi, comme

[1] Madame de Maintenon.

« de son temps : je lui répondis par ces vers de
« Racine :

> « Cet heureux temps n'est plus, tout a changé de face,
> « Depuis que sur ces bords les dieux ont amené
> « La fille de Minos et de Pasiphaé. »

« Le roi aurait été mon propre père que je
« n'aurais pu l'aimer davantage, et je me plaisais
« beaucoup à être dans sa compagnie.

« Madame de Montespan me reprochait sou-
« vent mon éloignement pour les affaires. « Ce
« n'est point mon inclination, lui répondis-je :
« je regarde toute ambition comme vanité pure.
« Laissez-moi jouir de ma chère tranquillité. »

« Le roi disait toujours : « Madame ne peut
« souffrir les mésalliances. » A Marly le roi ne
« voulait pas la moindre cérémonie. Il était per-
« mis à tout le monde de s'asseoir dans le salon :
« c'est ce qui fait que je ne m'y tenais presque
« jamais.

« Dès qu'on parle d'incendie les cheveux me
« dressent. Je sais comme on en a usé à l'égard
« de ce pauvre Palatinat. Pendant plus de trois
« mois, dans mes rêves, je voyais toujours Heidel-
« berg en flammes. Cela a manqué à me faire tom-
« ber malade.

« Je n'ai pas plus de quatre cent mille livres,
« et je dépense si bien cela qu'il ne m'en reste

« rien au bout de l'année. Ma maison me coûte
« 298,758 livres.

« Quoique Versailles soit très-beau, personne
« ne s'y promenait que moi, en carrosse ou à
« pied. Le roi me disait toujours : « Il n'y a que
« vous qui jouissiez des beautés de Versailles [1]. »

« Le roi me parlait toujours à table, parce que
« j'étais la première à lui adresser la parole. Les
« autres ne lui disaient pas un mot, excepté feu
« *Monsieur*, qui l'entreprenait aussi. J'ai profité
« de cet exemple. Pour divertir le roi je disais
« tout ce qui me venait à l'esprit ; il riait alors de
« bien bon cœur. Madame la dauphine (de Ba-
« vière) me disait : « Ma pauvre chère maman
« c'est ainsi qu'elle m'appelait), où prends-tu
« toutes les sottises que tu fais ? »

« Après la mort de *Monsieur*, le roi me fit de-
« mander où je me proposais de vivre. Je répondis
« qu'ayant l'honneur d'être de la famille royale,
« je ne pouvais ni ne voulais avoir d'autre de-
« meure que là où était le roi. Le roi vint me

---

[1] Cette princesse avait acheté le marquisat de Livry, dont le château était le Raincy. Elle aimait à s'y promener ; mais le régent, qui ne s'y plaisait pas, le vendit après la mort de sa mère. Cette terre fut rachetée en 1767 par Louis Philippe, duc d'Orléans, et, après plusieurs vicissitudes, elle appartient aujourd'hui à la maison d'Orléans.

« voir le lendemain. « Je sais, me dit-il, que vous
« haïssez la Maintenon. » Je répondis : « Il est vrai,
« sire, je la hais de tout mon cœur, mais unique-
« ment parce que je vous aime, et parce que
« cette personne me rend de mauvais offices au-
« près de vous. » Le roi fit venir la vieille et lui
« dit : « Approchez : *Madame* veut se réconcilier
« avec vous, » et nous approchant l'une de l'autre,
« il nous obligea de nous embrasser. Telle fut la
« fin de la scène. »

Élisabeth avait reçu une éducation forte; Philippe avait été élevé dans la mollesse [1]; elle s'habillait en homme, montait à cheval, allait à la chasse; il aimait le jeu, la danse, la table, et fuyait les exercices violents; une vie simple convenait à la princesse; le prince se plaisait au milieu du faste des assemblées et des cérémonies [2], des spectacles et des fêtes. *Madame* s'oc-

---

[1] Le duc d'Anjou avait traduit, non sans élégance, l'histoire romaine de Florus. « De quoi vous avisez-vous, » dit Mazarin à Lamothe Levayer, précepteur du jeune prince, « de faire « un habile homme du frère du roi ? S'il devenait plus savant « que le roi, il ne saurait plus ce que c'est que d'obéir. » Plus tard, le cardinal donna l'ordre à Levayer de cesser toutes ses leçons : il voyait que le duc d'Anjou montrait beaucoup plus d'aptitude pour apprendre et beaucoup plus de vivacité que le roi.

[2] Son goût pour les cérémonies s'étendait jusqu'aux cé-

cupait très-peu de sa toilette : ses habitudes et son extérieur étaient presque virils. *Monsieur* avait un soin particulier de son teint, qui était très-blanc, et de ses mains qui étaient fort belles; sa passion pour la parure et pour les pierreries était excessive; en un mot, il recherchait tout ce que préfèrent les femmes, dont il avait la délicatesse et la beauté. De cette éducation si différente, de cette dissemblance de goûts, naissaient des oppositions continuelles, qui expliquent l'éloignement que Philippe manifestait souvent pour sa femme. Ces mésintelligences étaient entretenues avec art par le chevalier de Lorraine et par les autres favoris du prince, qui redoutaient la clairvoyance et la franchise de Charlotte de Bavière. *Monsieur* était très-bon, mais malheureusement trop accessible à toutes les impressions. Aussi cherchait-il ailleurs des distractions et des plaisirs qu'il croyait ne pouvoir trouver chez lui. Cette conduite blessait vivement le cœur de Madame, car elle aimait son mari. Elle souffrait sans se plaindre, et parfois même elle avait le courage de rire avec lui de

rémonies funèbres. A propos du second mariage du prince, madame de Sévigné écrivait : « Vous comprenez bien la joie « qu'aura *Monsieur* de se marier en cérémonie, et quelle joie « encore d'avoir une femme qui n'entend pas le français. »

ses petites faiblesses. Sa résignation fut noble et longue : peu d'années seulement avant la mort de *Monsieur*, elle goûta ce bonheur intime qu'elle devait à sa vertueuse persévérance.

A la mort de Gaston son oncle, arrivée en 1660, Philippe de France avait quitté le titre de duc d'Anjou pour prendre celui de duc d'Orléans. Il fit ses premières armes aux conquêtes de la Flandre et de la Franche-Comté. A la tête de l'une des armées destinées à soumettre la Hollande, il s'empara, en 1672, d'Orsoy, de Zutphen et de plusieurs autres places. Il combattit devant Maëstricht en 1673, et les années suivantes, aux siéges de Besançon, de Dôle, de Limbourg et de Condé. En 1676, il força Bouchain à se ranger sous l'obéissance du roi.

Jusqu'à cette époque, les succès du duc d'Orléans n'avaient porté aucun ombrage à l'orgueil de Louis XIV, qui se regardait comme le rival heureux de Condé et de Turenne. Le monarque vit même avec satisfaction son frère ramasser quelques lauriers que lui-même dédaignait de cueillir. L'année 1677 changea ces bons sentiments du roi. Il voulait bien que le duc d'Orléans fût près de lui un astre secondaire, mais il ne lui permettait pas de prétendre à éclipser sa gloire.

Monsieur assiégeait St-Omer ; il apprend que le prince d'Orange vient avec une armée de trente mille hommes pour secourir cette place ; il marche à sa rencontre, surprend un faux mouvement de son adversaire, en profite avec habileté, engage brusquement l'action, et avec des forces inférieures remporte, le 11 avril 1677, la victoire la plus complète. C'est la victoire de Cassel. Dans cette journée célèbre, on aime à voir un prince, que la politique avait condamné à une vie molle et efféminée, se révéler tout à coup général, se montrer soldat intrépide, rallier ses troupes, les haranguer sous le feu, charger plusieurs fois à leur tête, et décider par son exemple et son courage le sort de la bataille [1]. Le 20 avril

[1] « Son altesse royale mena les bataillons à la charge, posta les troupes qui n'avoient pas combattu en la place de celles qui avoient été rompues ; elle connut et fit cesser le désordre ; et s'exposant au grand feu et aux derniers efforts des ennemis que l'espérance avoit animez, elle eut deux coups dans ses armes. Le chevalier de Lorraine fut blessé, le chevalier de Silly fut tué ; le marquis d'Effiat, le chevalier de Nantouillet, le marquis de Pluvaux, le sieur de Purnon, le sieur de Mérille, le chevalier de Tillecour, aide de camp de Monsieur, eurent des chevaux blessez et plusieurs coups dans leurs habits. Un porte-manteau et un valet de chambre furent dangereusement blessez près de la personne de son altesse royale, dont les ordres et l'exemple donnèrent tant de courage aux troupes, que dans le même endroit où elles avoient cédé à la force, elles renversèrent les bataillons et les escadrons des ennemis sur les troupes qui les soutenoient.

« Treize pièces de canon, deux mortiers, 16 mille mous-

suivant, St-Omer ouvrit ses portes au vainqueur de Cassel.

Philippe d'Orléans revint à Paris et descendit au Palais-Royal au milieu de l'allégresse et des acclamations du peuple. La cour et la ville vinrent lui offrir leurs félicitations. Le 5 mai, le nonce du pape et les ministres étrangers lui furent présentés par M. de Saint-Laurent, introducteur des ambassadeurs auprès de son altesse royale. Toutes les villes de l'apanage du prince lui envoyèrent des députations. Il y eut des réjouissances publiques : soixante drapeaux pris à la journée de Cassel furent portés en pompe à l'église Notre-Dame par les Suisses du roi, et placés au pied du maître-autel, où l'archevêque vint les recevoir, revêtu de ses habits pontificaux et suivi de son clergé. Après cette cérémonie, un *Te Deum* so-

quets ou piques, dix-huit estendarts, quarante-quatre drapeaux, tous les bagages de l'armée, même ceux du prince d'Orange, et 3,500 prisonniers tombèrent au pouvoir du vainqueur. 6,000 morts ou mourants restèrent sur le champ de bataille. Depuis trois heures du matin jusqu'à sept heures du soir, le prince n'étoit descendu de cheval que pour en changer, le sien ayant été blessé mortellement. » (Extrait de relations contemporaines sur la bataille de Cassel. 1677.)

« Monsieur donna dans cette occasion de grandes preuves de bravoure et d'intrépidité. Il eut un cheval tué sous lui, et un coup de mousquet dans ses armes. Quelques officiers qui l'entouraient furent tués ou blessés. » (Victoires et conquêtes.)

lennel fut chanté au milieu d'un grand appareil militaire. Le soir, un feu d'artifice fut tiré devant le Palais-Royal, et des feux de joie furent allumés dans toutes les rues. *Monsieur* était plus aimé à Paris que le roi, à cause de sa bienfaisance et de ses manières affables. Sa popularité s'accrut encore en 1693 [1]. Son intrépidité lui avait gagné le cœur des soldats. On disait à l'armée : « *Mon-sieur* craint plus que le soleil ne le hâle, qu'il ne craint la poudre et les coups de mousquet. » Louis XIV fut jaloux de la gloire de son frère, et ne lui donna plus d'armée à commander [2].

[1] Il faut remarquer que cette année (1693) il y eut en France une grande disette de blé, qui, jointe à l'avarice de ceux qui en avoient provision, causa une espèce de famine, et le pain monta jusqu'à sept sous la livre. *Monsieur* répandit de l'argent dans tous les chemins, depuis Paris jusqu'à Pontorson, en Bretagne. M. le chevalier de Lorraine, le marquis d'Effiat et moi, qui étions avec lui dans son carrosse, avions chacun un sac de mille livres en pièces de trente sous ou en écus, dont il n'en restoit aucun à la fin de la journée ; cela acquit fort le cœur des peuples à ce prince, qui d'ailleurs étoit très-affable. (Le marquis de la Fare.)

[2] Après la bataille de Cassel, le roi fit à son aise le siége de la ville et de la citadelle de Cambrai, et s'en retourna glorieusement à Versailles, non sans mal au cœur de ce que *Monsieur* avait par-dessus lui une bataille gagnée. On remarqua qu'après la prise de Cambrai, étant venu voir Saint-Omer, et *Monsieur* qui y était, il fut fort peu question

« La foule étoit toujours au Palais-Royal où
« la nombreuse maison de Monsieur se ras-
« sembloit. Les plaisirs étoient de toutes sortes.
« Les jeux, la beauté singulière du lieu, la mu-
« sique, la bonne chère en faisoient une maison
« de délices avec beaucoup de grandeur et de
« magnificence [1]. »

Ce prince mourut à St-Cloud, d'une attaque
d'apoplexie, le 9 juin 1701. La douleur de M. le
duc de Chartres, depuis régent de France, fut
extrême : le père et le fils s'aimaient tendrement.

La fortune de Monsieur était considérable ;
lorsqu'il avait épousé Henriette d'Angleterre,
Louis XIV avait rendu un édit portant « don
« par S. M. à Monsieur, Philippe, fils de France,
« duc d'Orléans, son frère unique, et à ses en-
« fants mâles, des duchés d'Orléans, Valois et
« Chartres, et seigneurie de Montargis, et ce
« à titre d'apanage. » Le 24 avril 1672, une nouvelle déclaration du roi avait concédé à *Monsieur*,
à titre de supplément d'apanage, les duché de

---

de cette bataille dans leur conversation ; qu'il n'eut pas la
curiosité d'aller voir le lieu du combat, et ne fut apparem-
ment pas trop content de ce que les peuples sur son chemin
criaient : « Vivent le roi et Monsieur qui a gagné la bataille ! »
(Le marquis de la Fare.)

[1] Mémoires de Saint-Simon.

Nemours, comté de Dourdan et Romorantin, et marquisats de Coucy et Folembray. Les lettres patentes de 1692 ajoutèrent le Palais-Royal à ces superbes dotations; enfin mademoiselle de Montpensier, morte en 1693, l'avait institué son légataire universel.

Ce prince est le chef de la maison d'Orléans, qui est aujourd'hui sur le trône.

Élisabeth - Charlotte de Bavière survécut à son époux. Atteinte d'une hydropisie, le 5 décembre 1722, elle fut enlevée le 8 du même mois aux larmes de sa famille, qui environna son lit de mort de la douleur la plus respectueuse et la plus vraie. Madame avait défendu qu'on l'enterrât avec pompe et qu'on ouvrît son corps. C'était, dit Saint-Simon, une princesse de l'ancien temps attachée à l'honneur et à la vertu.

Le régent, son fils, exécuta pieusement ses dernières volontés. Le 10 décembre, vers dix heures du soir, on porta de Saint-Cloud à Saint-Denis la dépouille mortelle d'Élisabeth-Charlotte de Bavière.

Elle avait eu trois enfants de *Monsieur* : Alexandre-Louis d'Orléans, duc de Valois, né le 2 juin 1673: il mourut au Palais-Royal dans la nuit du 15 au 16 mars 1676; Philippe d'Orléans, qui fut régent de France; et Élisabeth-Charlotte

d'Orléans, mademoiselle de Chartres, née le 13 septembre 1676. Cette princesse fut mariée le 13 octobre 1698, à Léopold-Charles, duc de Lorraine et de Bar. Ses hautes qualités et l'amour de ses sujets l'appelèrent à la régence après la mort de son mari : elle fut la mère de François Ier, empereur d'Allemagne et époux de Marie-Thérèse.

On trouve dans l'inventaire du Palais-Royal dressé en 1701 [1], après la mort de *Monsieur*, une désignation sommaire des principaux appartements tel qu'ils existaient pendant la possession du frère de Louis XIV. Cet inventaire nous révèle le goût d'alors pour les meubles précieux et les riches étoffes; mais ce palais déjà si somptueux allait bientôt recevoir un nouvel éclat du prince qui gouverna la France.

[1] Voir les pièces justificatives, lettre D.

CHAPITRE V.

Le Palais-Royal sous Philippe, duc d'Orléans, régent.

1701—1723.

Avant la mort de son père, Philippe d'Orléans, qui portait le titre de duc de Chartres, s'était distingué dès l'âge de dix-huit ans, dans la campagne de Flandre en 1691, au siége de Mons et au combat de Leuze. Après cette campagne, il revint à Versailles, où il épousa, le 18 février 1692, Françoise-Marie de Bourbon, dite Mademoiselle de Blois, fille légitimée de Louis XIV. Après son mariage, le duc de Chartres retourna à l'armée, se trouva à la prise de Namur, fut blessé au combat de Steinkerque, et commanda avec honneur la cavalerie française à la bataille de Nerwinde le 27 juillet 1693 [1].

---

[1] M. le duc de Chartres avoit chargé à la tête de la

Devenu, en 1701, l'héritier du nom, des titres et de la fortune de son père, il porta dans les embellissemens intérieurs du Palais-Royal la passion qu'il avait pour les arts. Oppenort passait à cette époque pour le plus habile architecte : le duc d'Orléans le choisit pour directeur général de ses bâtimens et jardins. Un des premiers travaux qu'il lui confia fut le grand salon qui servait d'entrée à la vaste galerie construite par Mansard [1]. Ce salon, qui prit le nom d'Oppenort, était surchargé d'ornemens, dont le bon goût n'avouait pas toujours la hardiesse ou la bizarrerie; car selon M. Fontaine, « les archi-« tectes d'alors semblaient avoir pris le caprice

maison du roy. Il avoit tout animé par sa présence et par son exemple, et estoit demeuré cinq fois seul au milieu des ennemis. Le sieur du Roché, l'un de ses escuyers, l'empescha d'estre pris, et tua deux hommes auprès de luy, qui avoient tiré chacun un coup de pistolet sur ce prince, qui en receut quatre dans ses habits et dans ses armes; un de ses gentilshommes fust tué auprès de luy. M. le marquis d'Arcy, qui avoit perdu le duc de Chartres dans la mêlée, receut plus tard et à ses côtés quatre coups dans ses habits, et le prince eut un cheval tué sous luy. (Extrait d'une relation de la bataille de Nerwinde, par Devizé, 1693.)

[1] Ces bâtimens qui s'étendaient jusqu'à la rue de Richelieu, ont été démolis, lorsqu'on a construit la salle du Théâtre-Français.

« pour guide, la singularité pour maxime, et
« l'afféterie pour but. »

La guerre enleva bientôt le duc d'Orléans à ces tranquilles occupations. En 1706, le duc de Vendôme ayant quitté l'armée d'Italie, pour venir prendre le commandement de l'armée de Flandre, le roi le remplaça par le duc d'Orléans ; c'est à cette occasion que furent publiées ces lettres patentes : « Ayant jugé à propos de choi-
« sir un chef pour prendre le commandement
« général de nos armées d'Italie, nous avons ré-
« solu d'envoyer notre très aimé neveu le duc
« d'Orléans, tant pour répondre à l'ardent désir
« qu'il témoigne depuis longtemps de se voir à la
« tête de nos troupes, et de pouvoir, en signalant
« sa valeur, se rendre utile à notre gloire et au
« bien général de l'État, que parce que nous re-
« connaissons qu'outre l'élévation d'esprit et les
« sentiments qu'il a dignes de sa grandeur et de
« sa naissance, il a par ses soins et son applica-
« tion acquis de bonne heure l'expérience et les
« talents nécessaires pour le commandement des
« troupes, ainsi qu'il l'a fait assez paraître dans
« celui de notre cavalerie, qu'il a exercé avec
« toute l'habileté d'un grand capitaine. » Jeune, avide de gloire, fier d'avoir à se mesurer avec le prince Eugène et le duc de Savoie, le duc d'Orléans brûlait de donner la bataille sous

les murs de Turin. Le conseil de guerre partageait son impatience, lorsque le maréchal de Marsin, qui était d'un avis contraire, exhiba l'ordre secret du Roi, qui défendait de tenter le combat. Le moment favorable au succès fut perdu; le lendemain, le prince Eugène attaqua l'armée française, et la mit en déroute : le maréchal de Marsin fut tué; le duc d'Orléans blessé. On déplora l'impérieuse nécessité qui avait enchaîné son courage, et lorsque après avoir mis le reste de ses troupes en quartiers d'hiver, il reparut à la cour, Louis XIV, écoutant l'opinion publique, fit un accueil gracieux au guerrier qu'il avait empêché de vaincre, et lui donna le commandement de l'armée d'Espagne.

« Le duc d'Orléans, impatient d'effacer la honte
« du désastre de Turin, avoit demandé à servir en
« Espagne. Il devoit commander les troupes qu'on
« y envoyoit et se joindre à Berwick. Devançant
« son armée, le prince accouroit au camp avec
« l'espérance de combattre; il n'arriva que le lendemain de la bataille d'Almanza (25 avril 1707).
« S'il dut ressentir quelque chagrin, ce ne fut pas
« du moins au désavantage du général victorieux.

« Je ne puis m'empêcher de dire à Votre Majesté, marquoit-il à Louis XIV, que si la gloire
« de M. de Berwick est grande, sa modestie ne l'est
« pas moins, ni sa politesse qui l'engageoit quasi

« à vouloir s'excuser sur l'attaque des ennemis,
« d'avoir remporté une victoire aussi complète [1]. »

Le duc d'Orléans signala bientôt sa présence à l'armée par d'importantes conquêtes : elles forcèrent les royaumes de Valence, d'Aragon et une partie de la Catalogne, de rentrer sous l'obéissance de Philippe V.

« Requena se soumit au prince le 3 mai 1707,
« et Valence le 8 du même mois; les autres villes
« de ce royaume suivirent l'exemple de la capi-
« tale. Le duc d'Orléans marcha sur l'Aragon,
« dont la capitale lui ouvrit ses portes. Il entre-
« prit ensuite le siége de Lérida, place devant
« laquelle avait échoué le grand Condé en 1647 [2].
« Elle capitula le 13 octobre, après onze jours de
« tranchée ouverte [3]. »

La prise de Tortose vint, en 1708, ajouter à la gloire du prince. Le bruit de ces éclatants succès devait réveiller l'envie. De nouvelles intrigues se formèrent à Versailles et à Madrid. La

---

[1] Mémoires de Noailles.

[2] Depuis cette époque, Lérida était regardée comme l'écueil des plus grands capitaines, et comme une place imprenable; le duc d'Orléans l'assiégea, malgré l'avis et la résistance du duc de Berwick. Cette conquête le couvrit de gloire, dit le maréchal de Noailles.

[3] Victoires et conquêtes.

princesse des Ursins, dévouée à madame de Maintenon, l'ennemie du duc d'Orléans, parvint à persuader au trop crédule Philippe V que ce prince aspirait à sa couronne. D'odieux soupçons furent le prix des services du vainqueur de Tortose et de Lérida. Un ordre de Louis XIV lui enleva le commandement de l'armée.

Ces symptômes de défaveur et de jalousie, ou au moins cette crainte que le duc d'Orléans n'acquît trop de gloire, ne pouvaient échapper à la perspicacité des courtisans. Aussi, à son retour en France, on vit un grand nombre d'entre eux s'éloigner de ce prince ou le poursuivre des plus odieuses calomnies; mais dans ces pénibles circonstances le duc d'Orléans fut vivement défendu par le duc de Bourgogne, dont l'âme généreuse était supérieure à l'envie et à la défiance qu'on avait cherché vainement à lui inspirer. Louis XIV lui-même repoussa avec noblesse les accusations dirigées contre son neveu.

« Jamais peut-être, dit le cardinal de Beausset,
« ce monarque n'a mieux montré la grandeur de
« son caractère que dans ces affreux moments.
« Seul, il opposa la conviction de son âme aux
« injustes clameurs de la calomnie; il ne chan-
« gea rien à son accueil et à ses bontés pour son
« neveu, en présence de sa cour ni dans l'inté-
« rieur de sa société. Son exemple avertit la cour

« de se taire et détrompa la prévention popu-
« laire. La postérité équitable a confirmé le juge-
« ment de Louis XIV. » On pourrait ajouter que
c'est Louis XV qui a fait le jugement de la postérité, lorsqu'il a dit : « Ce qui prouve le mieux
« l'innocence du duc d'Orléans, c'est que j'existe.»

Cependant Louis XIV touchait à ses derniers
moments, et il ne restait de la branche aînée de
la famille royale qu'un enfant incapable de supporter le fardeau de son vaste héritage. Aussi les
courtisans qui avaient fui le duc d'Orléans, éloigné du pouvoir, se rapprochèrent insensiblement
de lui lorsqu'ils aperçurent que le droit de sa naissance allait l'appeler à la régence du royaume. Le
duc d'Orléans, rendu à la tranquillité et à la douceur naturelle de son caractère, dédaigna ces
oscillations de la cour, et accueillit avec sa grâce
ordinaire ce reflux d'hommages et d'adulations.
Cependant les mêmes personnes dont la haine
l'avait si odieusement calomnié, veillaient encore auprès du lit de mort de Louis XIV, et là,
elles ne cessaient de solliciter le roi d'exclure le
duc d'Orléans de la régence. Le monarque ne
céda point entièrement à ces nouvelles attaques;
mais l'obsession incessante de madame de Maintenon lui arracha un testament qui remettait no-
minalement la régence ainsi que la tutelle du
jeune roi à un conseil, dont il entendait, à la

vérité, que le duc d'Orléans serait le chef, mais sans autorité personnelle, et sans autre prérogative que la prépondérance de sa voix, en cas de partage. Quant à la personne du roi, elle était confiée au duc du Maine, comme surintendant de l'éducation, et, à ce titre, la maison du roi, tant civile que militaire, devait lui obéir, et n'obéir qu'à lui. Si le duc du Maine venait à manquer, le comte de Toulouse devait prendre sa place.

Louis XIV n'avait pas dissimulé que ce testament n'était pas toute sa volonté : « J'ai fait « mon testament, disait-il à la reine d'Angle- « terre; on m'a tourmenté, on ne m'a donné « ni paix ni repos qu'il ne fût fait; mais il n'en « sera ni plus ni moins après ma mort [1]; » et en disant ces mots, ses yeux avaient passé sur madame de Maintenon. Après avoir reçu les sacrements, le 24 août 1715, il fit appeler le duc d'Orléans, l'embrassa deux fois, l'assura qu'il l'avait toujours aimé, et que dans son testament *il ne lui avait fait aucun tort.* « Je vous recom- « mande, ajouta-t-il, le dauphin; servez-le comme « vous m'avez servi. S'il vient à manquer, vous « serez le maître, et la couronne vous appar- « tient. » On sent que Louis XIV, juste apprécia-

---

[1] Mémoires de Berwick.

teur des hautes qualités du duc d'Orléans, avait voulu, par ces paroles et par ces témoignages d'affection, imprimer un désaveu solennel aux calomnies dont ce prince avait été l'objet, et à son propre testament qui n'était pas l'expression réelle de ses dernières volontés.

Cette scène attendrissante et remarquable eut une grande influence sur l'opinion publique dans tous les rangs de la société. Comme le testament ne devait être ouvert qu'après la mort du roi, la cour s'imagina que la régence était dévolue au duc d'Orléans, et elle vint au Palais-Royal adorer le soleil levant.

Le parlement, fatigué des querelles théologiques et du joug de Rome que Louis XIV avait voulu lui imposer, désirait un prince connu pour n'avoir point un respect aveugle pour toutes les prétentions du saint-siége, et se décida avec joie à lui décerner la régence. Aussi, lorsque, le 2 septembre 1715, le lendemain de la mort du roi, le duc d'Orléans se présenta au parlement, les chambres assemblées, il y fut accueilli avec la plus grande faveur. Il s'éleva avec autant d'adresse que de fermeté contre les dispositions du testament de Louis XIV; il rappela avec éloquence les paroles de ce monarque expirant : « A quel-
« que titre, ajouta-t-il, que j'aie droit à la ré-
« gence, j'ose vous assurer, Messieurs, que je la

« mériterai par mon zèle pour le service du roi,
« et par mon amour pour le bien public, sur-
« tout aidé par vos conseils et par vos sages re-
« montrances; je vous les demande d'avance, en
« protestant devant cette auguste assemblée que
« je n'aurai jamais d'autre dessein que de soula-
« ger les peuples, de rétablir le bon ordre dans
« les finances, de retrancher les dépenses super-
« flues, d'entretenir la paix au dedans et au de-
« hors du royaume, de rétablir surtout l'union
« et la tranquillité de l'Église et de travailler enfin
« avec toute l'application qui me sera possible à
« tout ce qui peut rendre un État heureux et flo-
« rissant [1]. »

Ces paroles, suivies d'un discours de l'avocat général Joly de Fleury, qui soutint éloquemment les droits du duc d'Orléans, produisirent un grand effet. « Les gens du roi retirés au parquet, la ma-
« tière mise en délibération, M. le duc d'Orléans
« fut déclaré régent en France, pour avoir l'ad-
« ministration du royaume, pendant la minorité
« du roi. » Le duc d'Orléans, après avoir remercié la compagnie du titre qu'elle venait de lui défé-

[1] « Le duc du Maine voulut parler : comme il se découvrait, M. le duc d'Orléans avança la tête par-devant M. le duc, et dit au duc du Maine d'un ton sec : « Monsieur, vous
« parlerez à votre tour. »
(Mémoires du duc de Saint-Simon, tome XIII.)

rer, demanda que, malgré la clause du testament qui portait que le duc de Bourbon n'aurait entrée au conseil de régence qu'à vingt-quatre ans accomplis, ce prince, qui avait vingt-trois ans, y fût admis sur-le-champ. Le parlement s'empressa de sanctionner par un arrêt cette proposition; il déclara également que les troupes de la maison du roi, même celles employées à la garde de sa personne, dont le commandement avait été destiné, par le testament de Louis XIV, au duc du Maine, ne reconnaîtraient que l'autorité et le commandement du duc d'Orléans régent. Le duc du Maine fut nommé *surintendant de l'éducation du roi.*

Après avoir communiqué au parlement le nouveau plan qu'il se proposait de suivre pour l'administration du royaume, le régent sortit du palais de justice, au milieu des acclamations du peuple, et s'en retourna comme en triomphe au Palais-Royal.

L'acte qui venait de conférer la régence au duc d'Orléans devait être publié le 7 septembre 1715, dans un lit de justice tenu par le jeune roi :

« Les chambres assemblées, les conseillers et
« présidents en robes rouges, et la plupart des
« pairs ayant pris place, vint sur les dix heures
« du matin le secrétaire de M. le chancelier, qui

« dit à la Cour que M. le duc d'Orléans luy avait
« ordonné de luy venir dire qu'il venait d'ap-
« prendre que le roy avait eu la nuit dernière
« une légère indisposition qui l'empêchait de
« venir ce jour d'huy tenir son lit de justice ; qu'il
« priait M. le premier président et le procureur
« général du roy de venir au Palais-Royal, où
« était M. le chancelier, pour aviser ce qu'il con-
« viendrait de faire, et le rapporter à la compa-
« gnie. M. le premier président et le procureur
« général du roy partirent aussitost, et environ
« une heure après ils revinrent, et M. le premier
« président dit qu'encore que l'indisposition du
« roy fût très-légère, même qu'elle fût finie dès
« le matin, néanmoins sa santé était si précieuse,
« qu'on avait jugé à propos de ne la point ha-
« sarder ; que M. le duc d'Orléans s'en allait à
« Versailles, et que demain il ferait savoir à la
« compagnie la résolution qui aurait été prise
« pour la tenue du lit de justice [1]. »

Le même jour il se fit présenter la liste de
toutes les lettres de cachet et fit rendre la liberté
à tous les prisonniers qui n'étaient pas retenus
pour un crime réel. « Presque tous, dit Duclos,
« étaient les victimes des ministres et du père
« Tellier. » Ce premier acte de justice lui valut

[1] Extrait des registres du parlement.

les bénédictions du peuple. Ce n'était que le prélude d'un acte de clémence où éclata mieux encore la magnanimité de ce prince.

Philippe V, sous l'inspiration d'Alberoni, regrettait du haut du trône d'Espagne d'avoir renoncé à la couronne de France [1], dont il n'était plus séparé que par la vie d'un faible enfant. Des communications secrètes furent établies entre les ennemis du duc d'Orléans, à la tête desquels était la duchesse du Maine ; et on organisa une conspiration qui avait pour but de s'emparer de la personne du duc d'Orléans, de déclarer Philippe V régent du royaume à sa place, mais de ne lui en laisser que le titre et d'en attribuer les fonctions au duc du Maine ; on devait en outre révoquer l'arrêt du conseil de régence du 2 juillet 1717, qui, annulant l'édit de 1714 et la déclaration de 1715, *déclarait* le duc du Maine et le comte de Toulouse inhabiles à succéder à la couronne.

C'était le prince de Cellamare, ambassadeur d'Espagne à Paris, qui dirigeait les fils du complot. Alberoni, pressé de satisfaire le roi son maître, que de sombres vapeurs faisaient alternativement passer de l'espérance au découragement, écrivit à Cellamare : *Mettez le feu aux*

---

[1] Pièces justificatives, lettre E.

mines! Il était impatient d'avoir les manifestes qu'on avait rédigés à Paris et que la cour d'Espagne devait publier au moment où la conspiration éclaterait. Pour lui faire cet envoi, l'ambassadeur choisit l'abbé Porto-Carrero; il fit arranger pour lui une chaise à double fond, et employa ses secrétaires à copier les papiers qu'Alberoni voulait connaître.

Dubois, instruit de tous ces détails par sa police secrète, « fit partir sur-le-champ Maroy, « son valet de chambre, accompagné de deux « officiers, pour arrêter l'abbé Porto-Carrero qui « se rendait en Espagne avec un banquier espa- « gnol. Les voyageurs furent rejoints à Poitiers. « On fouilla la chaise de poste; on y trouva les « papiers et les lettres; on arrêta le banquier; « on permit à l'abbé de continuer sa route, et « Maroy rapporta à Dubois les trophées de « son expédition[1]. »

Maître des secrets de la conspiration formée contre ses jours et contre le pouvoir dont il était dépositaire, le régent, dit M. Lacretelle, « n'eut que les mouvements de la plus belle

---

[1] Extrait de la *Conspiration de Cellamare*. Cet ouvrage étant du même auteur, on comprendra pourquoi on ne donne pas ici d'autres développements à l'un des événements les plus remarquables de la régence.

« âme; ce fut alors que l'on put comprendre
« combien le crime était étranger à un homme
« qui voyait à regret l'occasion d'une juste ven-
« geance. Jamais il ne s'exprima avec plus de
« noblesse et moins de passion que lorsqu'il eut
« à rendre compte au conseil de régence d'un
« complot qui appelait en France la guerre civile
« et la guerre étrangère. Il était impatient de faire
« grâce et de produire aux yeux des Français toute
« la bonté de son caractère : il traita comme une
« intrigue ce que des hommes d'État, moins hu-
« mains et moins habiles, auraient puni comme
« une conspiration; il fit remettre en liberté
« le duc du Maine, ainsi que les autres prisonniers,
« et, heureux de se voir justifier par la voix du
« peuple de toutes les calomnies que l'Espagne
« alors s'efforçait de faire répéter contre lui, il
« chantait avec complaisance et en riant aux éclats
« une chanson où il était désigné sous le nom de
« *Philippe le débonnaire.* »

Cette levée de boucliers de l'Espagne contre la France, le soin injurieux qu'Alberoni prit de récompenser Cellamare, en le nommant vice-roi de Navarre à son retour à Madrid, la hauteur et les intrigues de ce ministre audacieux, ne causèrent de véritable chagrin au duc d'Orléans, que celui de le mettre dans la nécessité de déclarer la guerre à Philippe V. En vain le duc de Saint-

Simon, un des confidents du prince, s'opposa-t-il avec éloquence à cette résolution : une quadruple alliance se forma entre la France, l'Angleterre, la Hollande et l'Autriche, et la guerre fut déclarée le 2 janvier 1718. Fontenelle en rédigea le manifeste, et Berwick passa les Pyrénées à la tête de l'armée française. Philippe V prit lui-même le commandement de l'armée espagnole, mais cette guerre fut de courte durée, et Alberoni, qui avait flatté son roi d'espérances chimériques, ayant été sacrifié, Philippe V accéda au traité de Londres, et la paix fut rétablie entre la France et l'Espagne.

Le régent profita de ce repos pour achever d'embellir son palais. Ami des lettres et des beaux-arts, il y avait rassemblé, à grands frais, une collection de tableaux de toutes les écoles, qui acquit en Europe une si juste célébrité. Cette collection, malheureusement dispersée et perdue pour la France, était très-considérable : il serait donc beaucoup trop long d'en présenter le catalogue, qui est à peu près le seul souvenir qui en reste au Palais-Royal. Un ouvrage intitulé *Galerie du Palais-Royal*, où ces travaux étaient gravés successivement, avait été entrepris quelque temps avant la révolution, par Coucher : interrompu par les événements, il est resté incomplet.

Le régent avait commencé sa collection en

achetant celle que Christine, reine de Suède, avait formée en Italie. Piganiol de La Force raconte (tome II, p. 329) que plusieurs des tableaux du Corrége, qui faisaient partie de cette collection, avaient servi de paravents dans une écurie du palais de Stockholm, jusqu'à ce que Sébastien Bourdon, l'élève du Poussin, que la reine Christine avait attiré en Suède, crut apercevoir des compositions remarquables à travers la fange dont ces paravents étaient couverts. Il eut la curiosité et la patience de les nettoyer; et quelle fut sa joie, lorsqu'il reconnut que c'étaient des chefs-d'œuvre! En effet, ces tableaux étaient *la Danaé* (devenue si célèbre), *l'Amour qui tend son arc*, *l'Éducation de l'Amour*, *la Léda*, *l'Enlèvement d'Io*, un *Noli me tangere*, une *Sainte Famille*, le *Portrait de César Borgia, duc de Valentinois*, et enfin ce mulet, dit *le Mulet du Corrége*, qu'il avait fait pour l'enseigne d'un cabaret où il n'avait pas de quoi payer son écot.

On remarquait encore dans l'ancienne collection du Palais-Royal *la Descente de Croix*, d'Annibal Carrache, qui est connue en Angleterre sous le nom des Trois Maries, et qui passe pour être le plus beau tableau de ce peintre; *les Sept Sacrements*, du Poussin, *le Frappement du Rocher*, et *la Naissance de Bacchus*, du même maître, ainsi que plusieurs autres de ses compositions ; beaucoup de tableaux de Raphaël, du Guide, du Dominiquin, de Paul Véronèse, du Titien, du Tintoret, du Guerchin, de Pietro de Cortone, de l'Albane, de Jules Romain, de l'Espagnolet, et enfin de Rubens, de Van-Dyck, de Lesueur et de Lebrun, sans parler des Téniers, des Ostades, des Wouvermans, des Claude Lorrains, et autres peintres flamands et allemands. Au nombre des Raphaëls, on remarquait une Sainte Famille qui était échue à deux sœurs ; elles voulurent en conserver chacune une moitié, et comme le tableau était peint sur bois, elles le firent scier en deux parties égales : d'un côté se trouvait saint Joseph, de l'autre la Vierge, avec la moitié du corps de l'enfant Jésus. Lorsque le régent en eût acheté une moitié, il eut beaucoup de peine à se procurer la seconde ; cependant on finit par la retrouver, et ce prince la fit rejoindre très-adroitement à la première. Ce beau tableau est en Angleterre.

La princesse Palatine Élisabeth-Charlotte avait apporté en France un grand nombre de médailles d'or et de pierres gravées : le régent, son fils, en augmenta beaucoup la collection. Non-seulement il l'enrichit par de nouvelles acquisitions, mais il la doubla en quelque sorte par les empreintes en pâte de verre qu'il tirait lui-même des plus belles pierres [1].

Ce fut avec ses propres deniers que le régent acquitta toutes ces dépenses, car ce prince, qui mettait autant de générosité que de bonne grâce dans tout ce qu'il faisait, ne voulut rien prélever pour lui sur les revenus de l'État, ni sous la forme de liste civile, ni autrement, pendant tout le temps de sa régence.

Ce fut aussi pendant la régence que le corps de garde des gardes du cardinal fut remplacé par le Château-d'Eau. Cet édifice fut construit par ordre du régent, tel qu'il existe encore aujourd'hui, sur les dessins de Robert de Cotte, architecte du roi. L'emplacement qu'il occupe avait été spécialement excepté de la donation de 1692, comme compris dans le plan de la réunion du Louvre et des Tuileries, et par conséquent depuis cette époque, comme auparavant, le Château-d'Eau n'a jamais fait partie des dépendances du Palais-Royal.

[1] Le régent fit aussi, pour la couronne, l'acquisition du diamant le plus beau, sinon le plus gros, qui fût en Europe. Ce diamant est appelé le *Régent*, ou quelquefois le *Pitt*, du nom du vendeur, oncle du célèbre ministre anglais. Dans la révolution, il fut mis en gage chez des banquiers étrangers pour payer les remontes de la cavalerie. Bonaparte eut la vanité de le faire ajuster à son épée d'Austerlitz, qui n'avait pas besoin d'ornement.

Le Palais-Royal était le rendez-vous de tout ce que la cour et la ville avaient de plus illustre, de plus aimable et de plus brillant. Dans l'âge des plaisirs et condamné à l'oisiveté, Philippe avait admis dans son intimité cette jeunesse aux mœurs trop faciles, qu'il appelait lui-même en riant ses roués. Mais, parvenu au gouvernement de l'État, le régent s'entoura des Noailles, des Villars, des Berwick, et s'il conserva près de lui cet homme dont l'histoire a justement flétri les vices, c'est qu'il avait reconnu dans Dubois le génie des affaires et deviné le négociateur de la quadruple alliance. Le plus bel ornement de sa cour était sa charmante et nombreuse famille; cette duchesse de Berri, si jolie, si spirituelle, qui expia, par une mort prématurée, son penchant immodéré pour les plaisirs [1]; et Mademoiselle de Chartres, plus connue sous le nom d'abbesse de Chelles, qui, née avec tous les agréments, tous les charmes, toutes les grâces, préféra aux séductions du monde les austérités du cloître [2]; et Mademoiselle de Valois, au re-

---

[1] Marie-Louise-Élisabeth d'Orléans, femme de Charles de France, duc de Berri, morte à l'âge de 24 ans, en 1719.

[2] Louise-Adélaïde d'Orléans, devenue abbesse de Chelles; elle prit le nom de sœur Bathilde. Les exercices religieux n'occupaient point tous ses moments; elle avait conservé

gard si fin, au sourire si séduisant, qui vit dans Modène plutôt un exil qu'une seconde patrie [1];

dans le cloître quelques-uns des goûts qu'elle avait dans le monde ; elle se livra à l'étude de la chimie, de l'astronomie, de l'histoire naturelle, et composa un livre de dévotion. « Elle s'amusait en même temps avec de la poudre, faisait « des fusées, des feux d'artifice, avait une paire de pistolets, « et tirait au blanc. » Vers l'année 1731, elle se démit de la dignité d'abbesse de Chelles, et se retira à la Madeleine de Tresnel, rue Charonne, à Paris. C'est là que lui furent adressés ces vers manuscrits de Racine fils :

« Plaisirs, beauté, jeunesse, honneurs, gloire, puissance,
Ambitieux espoir que permet la naissance,
Tout aux pieds de l'agneau fut par elle immolé;
Elle s'immole encor dans sa retraite même.
Assise au premier rang, son cœur en est troublé;
De ce rang descendue, au seul objet qu'elle aime,
En silence attachée, elle embrasse sa croix,
Victime par l'amour devant Dieu consumée,
Vierge qui jour et nuit tient sa lampe allumée,
En attendant l'époux dont elle avait fait choix.
Dans notre siècle impie éclatantes merveilles!
Les princes sont changés en humbles pénitents,
Et voilà par quels coups, Dieu puissant, tu réveilles,
Même en ses derniers jours, la foi des premiers temps. »

Elle mourut dans sa retraite de Tresnel, le 9 février 1743.

[1] Charlotte-Aglaë d'Orléans, mariée à François-Marie d'Est, duc de Modène. Elle partit pour l'Italie le désespoir dans le cœur et les yeux remplis de larmes. A Modène, elle avait sans cesse la pensée tournée vers sa patrie, et s'écriait

et Mademoiselle de Beaujolois[1] et la princesse de Conti[2], qui toutes deux avaient les grâces et l'esprit de leur mère, et qui toutes deux ne brillèrent qu'un jour; enfin Mademoiselle de Montpensier qui monta sur le trône d'Espagne, et revint mourir à trente ans dans le palais du Luxembourg.

Le mariage de cette princesse avait été célébré au Palais-Royal par procuration en 1721.

« Le 30 septembre, écrivait Villars, je vis chez
« le roi le régent, qui vint à moi et me dit : M. le
« maréchal, vous ne venez ici que pour apprendre
« de grandes nouvelles : le roi d'Espagne me fait
« l'honneur de me demander ma fille pour le
« prince des Asturies. — Je lui répondis : C'est vé-
« ritablement une grande nouvelle ; j'ai l'honneur

à chaque instant : « Ah, que je m'ennuie ici, que je m'ennuie ! » Elle vint finir ses jours à Paris, et mourut au Luxembourg en 1761.

[1] Philippe-Élisabeth d'Orléans. Cette princesse avait été fiancée à l'infant don Carlos, troisième fils de Philippe V, depuis Charles III ; mais, lorsque la cour de France renvoya l'infante qui devait être unie à Louis XV, pour faire asseoir sur le trône Marie Leczinska, la cour d'Espagne fit par représailles renvoyer mademoiselle de Beaujolois. Elle mourut en 1734, dans sa vingtième année.

[2] Louise-Diane d'Orléans, mariée en 1732 à Louis-François de Bourbon, prince de Conti, et morte en 1736.

« d'en faire mon très-respectueux compliment à
« V. A. R. » Un moment après je le tirai par la
« manche et je lui dis : Monseigneur, permettez-
« moi de vous faire un autre compliment : c'est que
« je vous trouve le plus habile prince de la terre ;
« jamais les cardinaux de Richelieu et Mazarin, ces
« deux illustres politiques, n'ont rien imaginé de
« plus grand ; le prince des Asturies ayant qua-
« torze ans et mademoiselle de Montpensier de-
« vant en avoir eu douze le 10 mai 1721, promet-
« tent lignée beaucoup plus que nous n'en espé-
« rons de l'infante. » Il sourit et ne répondit pas. »

Un double mariage devait être le sceau de la réconciliation de la France et de l'Espagne.

L'infante, fille de Philippe V, âgée de quatre ans, avait été accordée à Louis XV, et allait être conduite en France pour y être élevée ; et mademoiselle de Montpensier, fille du régent, devait passer en Espagne pour épouser le prince des Asturies.

« Ce second mariage n'attestait pas une politique
« moins habile que celui de l'infante avec le roi. Le
« prince, âgé de quatorze ans et fils d'un père va-
« létudinaire, paraissait aussi voisin du trône que
« disposé à être dominé par sa femme. Jusqu'alors
« abandonné à des valets, et s'épuisant dans les
« forêts en exercices violents, cet héritier des
« Espagnes avait reçu l'éducation d'un Faune. La

« perspective de son mariage troubla ses sens au
« point qu'il fallut retirer de sa chambre le por-
« trait de mademoiselle de Montpensier : ne
« pouvant se représenter que sous les traits d'une
« grande chasseresse la femme dont on lui avait
« vanté les perfections, il fit secrètement fabri-
« quer pour elle deux fusils, dans le dessein de
« la surprendre par cet hommage délicat[1]. »

Le 21 novembre 1721, les articles du mariage de mademoiselle de Montpensier avec le prince des Asturies furent signés au Palais-Royal par le chancelier de France, le maréchal duc de Ville-roy, gouverneur du roi, et le sieur Pelletier de la Houssaye, conseiller d'État et contrôleur général des finances, nommés par S. M. à cet effet; et par le duc d'Ossune et le marquis don Patricio Laulès, ambassadeurs ordinaire et extraordinaire du roi d'Espagne.

Le lendemain, les envoyés de Philippe V furent conduits au palais des Tuileries dans les carrosses du roi et avec le cérémonial accoutumé. Ils étaient accompagnés du prince d'Elbeuf et du prince Charles de Lorraine; le chevalier de Sainctot et le sieur Rémond, introducteurs des ambassadeurs, les précédaient. Ils entrèrent dans le cabinet du roi, où le contrat de mariage

[1] Lemontey.

fut signé par S. M., par Madame, par le duc d'Orléans, par tous les princes et princesses de la maison royale, et par le duc d'Ossune et le marquis de Laulès.

Dans l'après-midi, le roi alla au Palais-Royal rendre visite à mademoiselle de Montpensier, qui reçut cet honneur étant à côté de sa mère. S. M. passa ensuite au théâtre, et, dans la loge du régent, il vit la représentation de Phaéton, tragédie lyrique de Lulli et de Quinault. C'est le premier opéra auquel Louis XV ait assisté. Madame était à sa droite, monsieur le duc d'Orléans à sa gauche, et les principaux officiers de S. M. derrière son fauteuil. Sur les dix heures, le roi honora de sa présence le bal que le régent avait fait préparer au Palais-Royal. S. M. le commença avec mademoiselle de Montpensier et dansa plusieurs fois avec une grâce parfaite. Avant de quitter le bal, Louis XV traversa huit salles décorées avec la plus grande magnificence et ornées de fleurs les plus rares et d'une foule de dames étincelantes de parure, de jeunesse et de beauté. Après le départ du roi, le duc de Chartres donna, dans la galerie de son appartement, un souper splendide aux ambassadeurs de Philippe V, à la noblesse espagnole et aux principaux seigneurs de la cour de France. Les danses reprirent ensuite et durèrent toute la nuit. Ce ne fut qu'au lever du soleil que cessèrent les enchantements de cette fête.

Le 28 novembre, après avoir reçu le compliment de S. M. par le maréchal duc de Villeroy, et les hommages et présents de la ville de Paris par le sieur de Chateauneuf, prévôt des marchands, mademoiselle de Montpensier partit du Palais-Royal dans un carrosse du roi, où étaient M. le duc d'Orléans, le duc de Chartres, la duchesse de Ventadour, la princesse de Soubise et la comtesse de Cheverny. Le cortége de la princesse se composait d'un détachement des gardes du corps et de dix-sept carrosses remplis d'officiers de la maison du roi, envoyés par S. M. pour conduire mademoiselle de Montpensier jusqu'à la frontière. La fille du régent quitta la France avec l'espoir de l'avenir le plus brillant; elle fut échangée dans l'île des Faisans avec l'infante d'Espagne. De ces deux princesses, l'une ne fut jamais reine, l'autre ne fit que passer sur le trône.

En 1721, le régent donna audience au Palais-Royal à Mehemet Effendi, ambassadeur turc, qui avait été déjà reçu par le roi aux Tuileries. Nous lisons dans Saint-Simon le récit de cette réception :

« Le Grand Seigneur, qui n'envoie jamais
« d'ambassadeurs aux premières puissances de

« l'Europe, sinon si rarement à Vienne, à
« quelque occasion de traité de paix, en résolut
« une, sans être sollicité, pour féliciter le roi
« sur son avénement à la couronne, et fit aus-
« sitôt partir Mehemet Effendi, Tefderdar, c'est-
« à-dire grand trésorier de l'empire, en qualité
« d'ambassadeur extraordinaire, avec une grande
« suite, qui s'embarquèrent sur des vaisseaux du
« roi, qui se trouvèrent fortuitement dans le
« port de Constantinople. Il débarqua au port
« de Cette en Languedoc. » (Arrivé à Paris, il fut
logé à l'hôtel des ambassadeurs extraordinaires,
rue de Tournon.)

« Le vendredi 21 du mois de mars, le prince
« de Lambesc et Remond, introducteurs des
« ambassadeurs, allèrent dans le carrosse du roi
« prendre l'ambassadeur à son hôtel; et aussitôt
« ils se mirent en marche pour aller à l'audience
« du roi : la compagnie de la police, avec ses
« timballes et ses trompettes, à cheval, le car-
« rosse de l'introducteur, celui du prince de
« Lambesc, entourés de leurs livrées, précédés
« de six chevaux de main et de huit gentils-
« hommes à cheval, trois escadrons d'Orléans,
« douze chevaux de main, menés par des pale-
« freniers du roi, à cheval, trente-quatre Turcs
« à cheval, deux à deux, sans armes, puis Merlin,
« aide-introducteur et huit des principaux Turcs

« à cheval, le fils de l'ambassadeur, à cheval,
« seul, portant sur ses mains la lettre du Grand
« Seigneur dans une étoffe de soie, six chevaux
« de main, harnachés à la turque, menés par six
« Turcs à cheval, quatre trompettes du roi, à
« cheval; l'ambassadeur suivoit entre le prince
« de Lambesc et l'introducteur, tous trois de
« front, à cheval, environnés de valets de pied
« turcs et de leurs livrées, cotoyés de vingt
« maîtres du régiment colonel-général, ce même
« régiment, précédé des grenadiers à cheval; puis
« le carrosse du roi et la connétablie. Les mêmes
« escouades et compagnies ci-devant nommées
« à l'entrée se trouvèrent postées dans les rues
« du passage, dans la rue Dauphine, sur le
« Pont-Neuf, dans les rues de la Monnoie et
« Saint-Honoré, à la place Vendôme, devant le
« Palais-Royal, à la porte Saint-Honoré, avec
« leurs trompettes et timballes; depuis cette
« porte en dehors jusqu'à l'Esplanade, le régi-
« ment d'infanterie du roi en haie des deux
« côtés, et dans l'Esplanade, les détachements
« des gardes-du-corps, des gendarmes des che-
« vau-légers, et les deux compagnies entières
« des mousquetaires. Arrivés en cet endroit, les
« troupes de la marche et les carrosses allèrent
« se ranger sur le quai, sous la terrasse des
« Tuilleries : l'ambassadeur avec tout ce qui l'ac-

« compagnoit et toute sa suite à cheval, entra
« par le Pont-Tournant dans le jardin des Tuil-
« leries, depuis lequel, jusqu'au palais des Tuil-
« leries, les régiments des gardes françoises et
« suisses étoient en haie des deux côtés, les tam-
« bours rappelant et les drapeaux déployés.
« L'ambassadeur et tout ce qui l'accompagnoit
« passa ainsi à cheval le long de la grande allée,
« et entre ces deux haies, jusqu'au pied de la
« terrasse, où il mit pied à terre, et fut conduit
« dans un appartement en bas, préparé pour l'y
« faire reposer, en attendant l'heure de l'au-
« dience. »

Le duc d'Orléans reçut aussi, en 1721, au Palais-Royal, M. de Kœnigseck, le premier ambassadeur d'Allemagne qui fût venu en France depuis Charles-Quint.

Quelques années auparavant, en 1717, ce palais avait accueilli un hôte bien autrement illustre, le czar Pierre Ier.

Lorsque ce monarque vint rendre visite au duc d'Orléans, S. A. R., accompagnée de ses principaux officiers, alla au-devant de S. M. à la descente du carrosse, et le conduisit dans les appartements, que le czar demanda à visiter sur-le-champ; la galerie et les tableaux du régent fixèrent son attention. Il passa ensuite chez Madame, qui s'avança jusqu'à la porte de son appartement et présenta ses enfants au czar. Le régent mena ensuite Pierre Ier au théâtre du Palais-Royal; ils virent l'opéra en grande loge, assis tous deux sur le même banc. Au milieu de la représentation le monarque russe demanda de la bière; le régent en fit apporter à l'instant, et, avec cette grâce qui lui était particulière, il voulut lui-même servir son hôte, qui le remercia par un sourire. Au quatrième acte, le czar sortit brusquement de la loge pour aller souper. Après avoir fait longtemps honneur au festin somptueux qui avait été préparé pour lui, Pierre Ier quitta le Palais-Royal, charmé des manières et de la réception du duc d'Orléans [1].

Il y eut encore, en 1722, de grandes fêtes dans cette résidence, à l'occasion de l'arrivée de l'infante. Les bals, les banquets que le duc d'Orléans donna, et le superbe feu d'artifice qu'il fit tirer sur la place de son palais, sont pompeusement rapportés par les relations contemporaines.

Mais les fêtes et les plaisirs ne détournaient point le régent des soins de l'administration du

---

[1] Le czar avait refusé d'habiter le Louvre dont les appartements lui avaient paru trop magnifiques. Conduit à l'hôtel de Lesdiguières, près l'Arsenal, il fit tirer d'un fourgon, qui le suivait dans son voyage, un lit de camp qu'il fit tendre dans une garde-robe. Il quitta Paris avec le titre d'académicien

royaume [1]. Louis XIV avait laissé pour plus de deux milliards de dettes. Tandis que le conseil cherchait en vain les moyens d'éviter une banqueroute, un aventurier écossais, nommé Law, arrive à Paris et offre son système comme la pierre philosophale qui doit mettre un terme à tous les embarras. Le début fut très-brillant : Paris fut séduit, tous les yeux furent fascinés; grands seigneurs, bourgeois, artisans, on courait à la banque de la rue Quincampoix pour y échanger de l'or contre des billets. Une sorte de démence financière s'était emparée de toutes les têtes; on se croyait au pays d'*Eldorado*; mais ces illusions ne durèrent qu'un jour : les émissions disproportionnées de ces effets les discréditèrent promptement; leur chute fut rapide et terrible, car elle entraîna la ruine d'une multitude de familles qui avaient embarqué leur fortune dans ces spéculations; et Law, nouveau Midas, que le peuple adorait, lorsqu'on croyait

---

[1] La régence fit exécuter de grands et utiles travaux, tels que les canaux de Montargis, de Loing et d'Orléans; le pont de Blois, l'église Saint-Roch, etc. Elle fit construire, en 1722, la première chaussée pavée de Paris à Reims, à l'occasion du sacre de Louis XV : c'est le début d'un système de grandes routes d'une magnificence inconnue jusqu'alors; elle s'honora par l'établissement de l'instruction gratuite dans l'Université de Paris.

qu'il changeait tout en or, fut assailli par l'indignation publique; contraint de s'enfuir, il alla cacher à Venise sa honte, sa misère et son tombeau.

Après la mort du cardinal Dubois, le jeune roi Louis XV, qui avait été sacré le 25 octobre 1722, pria le duc d'Orléans de se charger du ministère; et ce prince sentit qu'il devait à sa propre gloire et au bonheur de la France de consacrer de nouveau à l'administration du royaume ses soins et ses talents : il s'occupa des affaires avec une activité infatigable, et le monarque et la nation payèrent ses efforts de leur reconnaissance. Mais l'excès du travail ne lui avait pas fait renoncer entièrement à ses goûts; il exigea de la nature plus que les forces humaines ne pouvaient accorder, et il en fut victime. On prétend que son médecin l'ayant menacé d'une mort subite, il avait promis de se modérer, et qu'il mourut le jour où il devait adopter un nouveau régime. C'était le 2 décembre 1723; il dîna beaucoup, et, en attendant l'heure de son travail avec le roi, il s'enferma avec sa maîtresse, la duchesse de Phalaris; il était à peine auprès d'elle qu'un coup de sang le fit tomber sans connaissance et sans mouvement. La duchesse effrayée remplit l'air de ses cris; mais les secours, peut-être trop tardifs, furent inutiles : le duc d'Orléans expira. Il était âgé de quarante-neuf ans.

« Le duc d'Orléans, dit Duclos, était doué
« d'une pénétration et d'une sagacité rares; il
« s'exprimait avec vivacité et précision; ses re-
« parties étaient promptes, justes et gaies. Ses
« premiers jugements étaient les plus sûrs; la
« réflexion le rendait indécis. Des lectures ra-
« pides, aidées d'une mémoire heureuse, lui te-
« naient lieu d'une application suivie. Il semblait
« plutôt deviner qu'étudier les matières; il avait
« plus que des demi-connaissances en peinture,
« en musique, en chimie, en mécanique[1]. Avec
« une valeur brillante, modeste en parlant de
« lui et peu indulgent pour ceux qui lui étaient
« suspects sur le courage, il eût été général, si le
« roi lui eût permis de l'être; mais il fut toujours
« en sujétion à la cour et en tutelle à l'armée. Une
« familiarité noble le mettait au niveau de ceux
« qui l'approchaient; il sentait qu'une supério-
« rité personnelle le dispensait de se prévaloir de
« son rang : il ne gardait aucun ressentiment des

---

[1] Le régent s'occupa avec succès de presque tous les arts. Il est auteur de la musique de l'opéra de Panthée, dont Lafare avait fait les paroles, et qui fut représenté devant le roi. Élève d'Antoine Coypel, il dessina de charmantes vignettes pour une édition des Amours de Daphnis et Chloé, connue sous le nom d'édition du Régent; et, par-dessus tout, il eut la gloire de faire imprimer le Télémaque, proscrit par Louis XIV.

« torts qu'on avait eus avec lui, et en tirait avan-
« tage pour se comparer à Henri IV. »

Marmontel fait aussi le portrait du régent
en ces termes : « Le duc d'Orléans semblait né
« pour être, en se livrant à son naturel, ce que
« le duc de Bourgogne avait eu tant de peine à
« devenir en réprimant le sien. En lui brillaient
« tous les agréments de l'esprit et tous les char-
« mes du langage : une justesse, une précision,
« une clarté dans les idées, un don de les déve-
« lopper qui lui rendait tout facile et tout simple;
« une force de conception, une sûreté de mé-
« moire à laquelle rien n'échappait, et de là une
« multitude de connaissances acquises sans tra-
« vail et comme en se jouant; une éloquence na-
« turelle et une grâce plus séduisante, plus per-
« suasive que l'éloquence même ; une sagacité
« dans les détails, une rapidité de vues dans l'en-
« semble le plus compliqué des affaires, qui les
« saisissait du premier coup d'œil; une valeur
« franche et modeste, digne du sang de Henri IV,
« auquel il se flattait de ressembler dans ses
« vertus comme dans ses faiblesses, et dont il
« avait réellement la bonté, l'affabilité populaire,
« la gaieté vive, la douceur, l'excessive facilité
« d'oublier l'injure [1], et singulièrement les ta-

---

[1] La preuve la plus éclatante de sa magnanimité fut la

« lents de la guerre, pour laquelle il se sentait
« né; enfin toutes les qualités de l'homme ai-
« mable et tous les germes du grand homme. »

Enfin le nouvel historien de la régence a rendu ce juste hommage à la protection que ce prince accordait aux lettres :

« Tout conspirait alors à la prospérité des let-
« tres : les plus hautes dignités n'en étouffaient
« ni le goût, ni les jouissances. D'Aguesseau,
« d'Argenson, Polignac, Noailles, Tessé, Bouillé,
« Morville, étaient ornés d'une vaste littérature.
« Quatre courtisans fondaient les académies de
« Lyon, de Marseille, de Bordeaux et de Pau.
« Le duc de Bourbon lui-même protégeait les tra-
« vaux de l'esprit par une sorte de tradition de
« famille. Qui pourrait disputer à Philippe d'Or-
« léans d'avoir été le premier Mécène de son
« siècle? Quelle partie des sciences, des lettres
« et des arts n'a-t-il pas protégée avec la magni-
« ficence d'un roi, le discernement d'un con-
« naisseur, la noble familiarité d'un ami [1]?

grâce qu'il accorda à l'auteur des Philippiques, dont chaque strophe était un crime.

[1] Voilà ce que dit de ce prince le secrétaire de l'Académie des inscriptions : « M. le duc d'Antin se mit à la tête de la
« compagnie lorsqu'elle alla au Palais-Royal rendre les
« premiers hommages au duc d'Orléans. S. A. R. les reçut
« avec bonté, et, si on ose le dire, avec tendresse, et sem-

« Souvent il donna plus en un jour que Louis
« XIV en une année, et les dons d'un prince
« aussi éclairé avaient le charme de la gloire. Il
« savait parler à chaque homme de lettres son
« langage; plusieurs étaient logés dans son pa-
« lais ou dans celui de sa fille, et je citerai
« parmi eux Fontenelle, Vertot, Longepierre,
« Mairan, Mongault, Girard. Il tâcha de rendre
« à la patrie J. B. Rousseau, et ses bienfaits al-
« lèrent chercher, dans les rangs de ses ennemis,
« le génie naissant de Voltaire [1]. »

La duchesse d'Orléans, régente, était charmante; elle avait des yeux admirables, de
belles dents, la bouche jolie, et une cheve-

« blait faire accueil aux lettres mêmes. Instruit de toutes les
« occupations de l'Académie, il en parla d'une manière à
« exciter l'admiration des académiciens. Il connaissait non-
« seulement les principaux d'entre eux, mais encore ceux
« qui, le plus retirés du commerce du monde, se flattaient
« en secret d'une précieuse obscurité. La bonté du prince
« avait presque changé cette audience en un entretien fa-
« milier. » (Mémoires de l'Académie.)

[1] Voir aussi le portrait du régent par l'auteur, dans la
Conspiration de Cellamare. On y remarquera la lettre au-
tographe du régent, qui contient cette réponse toute française à l'ambassadeur d'Angleterre : « Il n'y a aucun prince
« en Europe qui puisse me donner la loi ou de qui je veuille
« la recevoir. Tels sont mes sentiments; vous pouvez en
« rendre compte à votre maître. »

lure superbe. On retrouvait en elle cette finesse d'esprit particulière à madame de Montespan. Elle avait de la vertu et une grande noblesse de caractère; mais ces éminentes qualités étaient un peu obscurcies par une fierté excessive. Elle ne voyait rien au-dessus de sa naissance, et croyait avoir honoré le duc de Chartres en lui accordant sa main. Fille légitimée de Louis XIV, on la comparait plaisamment à Minerve, qui, ne se reconnaissant pas de mère, se glorifiait d'être la fille du maître des dieux. Dans sa maison, ou plutôt dans sa cour, cette princesse affectait les grands airs du roi. Le duc d'Orléans riait des scènes de dignité dans lesquelles elle se complaisait. Il s'amusait à l'appeler madame *Lucifer*. Ce surnom, qui exprimait une idée de puissance, n'était pas désagréable à la duchesse. Elle était blessée des infidélités de son mari [1] ; mais son mécontentement n'éclatait pas en reproches, il se réfugiait dans une dédaigneuse froideur ou s'exhalait en épigrammes. D'ailleurs, le duc d'Orléans la traitait à merveille : il lui lais-

---

[1] Lorsqu'il fut question de son mariage avec le duc de Chartres, madame de Caylus vint lui dire *confidentiellement* que le prince était amoureux de la duchesse de Bourbon. Mademoiselle de Blois répondit nonchalamment : « Je ne me « soucie pas qu'il m'aime, je me soucie qu'il m'épouse. »

sait gouverner sa maison avec une autorité absolue, et lui assurait un revenu de quatre cent quatre-vingt mille livres. Naturellement indolente, la princesse passait au lit la plus grande partie de son temps. Cette habitude l'empêchait d'aller à la cour ; elle prenait ses repas à une petite table avec la fille de madame de Thiange, qui était son amie et sa favorite. La représentation lui était pénible ; elle vivait assez solitaire, se faisait faire des lectures jusqu'au dîner, s'occupait d'ouvrages le reste de la journée, et du monde depuis cinq heures du soir. Malgré les charmes de son esprit et l'éclat de sa maison, sa société n'était pas toujours amusante, parce que cette espèce de culte dont elle voulait sans cesse être entourée ne laissait personne à l'aise devant elle; et l'ennui suit de si près l'étiquette!

Cette princesse mourut le 1er février 1749.

CHAPITRE VI.

Le Palais-Royal sous Louis, duc d'Orléans, fils du régent.

1723-1752.

Louis, fils de Philippe, duc d'Orléans, régent, succéda à son père le 2 décembre 1723. Il trouva le Palais-Royal décoré et meublé avec tant de magnificence qu'il ne fit aucun changement dans l'intérieur des appartements. Seulement, pour en étendre les dépendances du côté du passage de l'Opéra, que l'on appelait alors *la cour aux Ris*, il acheta une maison appartenant à l'abbé Francière.

Élevé par le savant abbé Mongault, il avait puisé dans ses leçons une piété austère, et la rigueur de ses principes le porta à faire brûler sous ses yeux quarante tableaux des plus grands maîtres de l'école italienne qui faisaient partie de la collection du Palais-Royal [1]. Cette dévotion s'exalta encore par le chagrin que lui causa la mort de la duchesse d'Orléans, sa femme, Auguste-Marie-Jeanne de Baden-Baden, enlevée à la fleur de son âge. Cette princesse était fille de Louis-Guillaume de Baden-Baden, margrave de Bade, et de Françoise-Sybille de Saxe-Lawembourg; née le 10 novembre 1704, elle mourut au Palais-Royal, le 8 août 1726. « Les grandes « qualités du cœur et de l'esprit de cette prin- « cesse, dit le P. Anselme, lui méritèrent les « regrets universels de toute la France. »

Le duc d'Orléans, dans sa douleur, se détermina à quitter le monde, malgré les avantages

---

[1] Un garçon d'appartement sauva de ce pudique auto-dafé la *Léda* de Paul Véronèze et la *Vénus* de l'Albane. Les quarante tableaux brûlés par les ordres de Louis, duc d'Orléans, venaient du cabinet de la reine Christine. Le régent avait fait acheter cette collection à Rome, dans une vente publique. Les agents du pape s'opposèrent à la remise des tableaux, et l'un des prétextes qu'ils élevèrent fut que plusieurs de ces peintures blessaient la décence. « Est-ce pour ce motif que « Sa Sainteté veut les conserver ? » demanda Crozac, mandataire du régent. Cette saillie, qui divertit le sacré collége, leva tous les obstacles. Pendant la contestation, une sainte famille de Raphaël, enlevée par Crozac, avait été introduite en France sur le dos d'un Savoyard, à côté d'une marmotte.

de sa haute position [1], et il choisit l'abbaye de Sainte-Geneviève pour retraite. Là, il vivait tranquille, uniquement occupé de bonnes œuvres, d'études et d'exercices de piété. Il n'en sortit qu'une seule fois, en 1744, pour se rendre à Metz, où Louis XV était dangereusement malade. Personne n'avait encore osé faire connaître au roi le péril qui le menaçait. Le duc d'Orléans crut qu'il était de son devoir, comme premier prince du sang, de se charger, dans l'intérêt de l'État et de la religion, de cette mission délicate et pénible. Mais, lorsqu'il se présenta à la porte de l'appartement du roi, le duc de Richelieu, premier gentilhomme de la chambre de service, lui en refusa l'entrée. Justement indigné, le duc d'Orléans, mêlant les menaces aux propos les plus vifs, enfonça d'un coup de pied le battant de la porte, et pénétra dans l'appartement. Il eut avec Louis XV un entretien particulier, à la suite duquel le roi reçut les secours de la religion.

Le duc d'Orléans était très-savant : il entendait

[1] Le roi, par déclaration du 6 janvier 1724, avait accordé à Louis, duc d'Orléans, en qualité de premier prince du sang, une maison composée de deux cent soixante-six officiers. Cette déclaration attribuait à la maison du prince les mêmes priviléges qu'à la maison du roi.

le chaldéen, l'hébreu, le syriaque, le grec, et avait des connaissances profondes en théologie. Il a laissé en manuscrits des traductions, des commentaires de l'Écriture sainte, et plusieurs ouvrages de controverse. Ce genre d'occupations, et la tournure qu'elles donnaient à son esprit, mêlaient quelque chose de bizarre à la dignité de ses manières.

La reine, en apprenant la mort de ce prince, dit : « C'est un bienheureux qui laissera après lui « beaucoup de malheureux [1] ! » « En effet, ce qui « doit rendre son souvenir à jamais précieux fut « sa charité immense. De quelque âge, de quelque « condition que fussent les malheureux, ils étoient « assurés de trouver de la compassion dans le « cœur de ce prince et une ressource dans ses libé- « ralités. Lorsqu'il ne pouvoit les renvoyer tous « satisfaits, son cœur leur accordoit ce que la né- « cessité l'obligeoit de refuser. Quoiqu'il ait ré- « pandu des sommes immenses dans le royaume [2] « et dans les pays étrangers ; quoiqu'il n'eût

---

[1] Vie de Marie Leczinska.

[2] Chargé en 1725 des pouvoirs du roi pour épouser la reine Marie Leczinska, il donna une fête magnifique à Villers-Cotterets. Toute la suite de S. M. y fut traitée splendidement. On défraya même la foule de curieux qui étaient accourus à cette fête.

« souvent mis d'autres bornes à ses libéralités
« que celles des besoins du peuple, néanmoins
« il acquitta les dettes accumulées de sa maison,
« rétablit ses finances épuisées, augmenta consi-
« dérablement ses domaines, et laissa, en mourant,
« des monuments éternels de son zèle pour le
« bien public [1]. »

On doit lui savoir gré d'avoir fait replanter, sur un dessin nouveau, le jardin du Palais-Royal, sauf la grande allée du cardinal, qu'il conserva. Voici la description qu'en donne Saint-Victor :
« Deux belles pelouses, bordées d'ormes en
« boules, accompagnoient de chaque côté un
« grand bassin placé dans une demi-lune ornée
« de treillages et de statues en stuc, la plupart
« de la main de Laremberg. Au-dessus de cette
« demi-lune, régnoit un quinconce de tilleuls,
« dont l'ombrage étoit charmant. La grande allée
« surtout formoit un berceau délicieux et impé-
« nétrable au soleil. Toutes les charmilles étoient
« taillées en portiques. »

Louis, duc d'Orléans, mourut à Sainte-Geneviève, le 4 février 1752. Il légua sa bibliothèque et son cabinet de médailles à cette abbaye, dont

---

[1] Père Anselme.

les bâtiments sont occupés aujourd'hui par le collége de Henri IV, où ses arrière-petits-fils suivent le cours de leurs études et jouissent des bienfaits de l'éducation publique.

CHAPITRE VII.

Le Palais-Royal sous Louis-Philippe, duc d'Orléans.

1752-1780.

Tandis que, dans sa retraite de Sainte-Geneviève, Louis, duc d'Orléans, s'adonnait à l'étude des sciences et de la théologie, Louis-Philippe, son fils, alors duc de Chartres, faisait ses premières armes en Flandre sous le maréchal de Noailles. Dans la campagne de 1743, il se signala par sa valeur, et eut un cheval tué sous lui, à cette bataille de Dettingen, si fatale à l'armée française. Là, au moment du plus grand désordre et du plus extrême danger, il parcourait les rangs et soutenait le courage des soldats par sa présence d'esprit et son exemple.

A la fin de cette année, le 18 décembre, il

épousa Louise-Henriette de Bourbon-Conti, fille de Louis-Armand de Bourbon, prince de Conti, et de Louise-Élisabeth de Bourbon-Condé. Cette princesse, remarquable par sa beauté, par la noblesse avec laquelle elle tenait sa cour, et par la vivacité de son esprit, mourut au Palais-Royal, le 9 février 1759, dans la 43e année de son âge [1].

En 1747, le duc de Chartres fut nommé gouverneur du Dauphiné, et Louis, duc d'Orléans, son père, étant mort, il devint duc d'Orléans. Le roi lui conserva la maison qu'il avait accordée au prince son père.

Peu d'années après, le duc d'Orléans rendit le plus grand service à la France, en y popularisant l'inoculation. Le triomphe de cette importante découverte, dû à l'autorité d'un grand exemple, assure à ce prince le titre glorieux de bienfaiteur de son pays.

« C'est dans le mois d'avril 1756, dit un manuscrit contemporain, qu'ont été inoculés, au Palais-Royal, M. le duc de Chartres et made-

---

[1] La princesse touchait à sa dernière heure ; de son lit de mort, elle entendit le bruit du tournebroche de la cuisine de l'abbé Mongault, et elle dit en souriant : « Je peux mourir « tranquille, l'abbé Mongault n'en perdra pas un coup de « dent. »

moiselle de Montpensier sa sœur. Il a fallu du courage à M. le duc d'Orléans pour être le premier prince en France qui ait fait faire cette opération, et surtout sur son fils unique. Le roi ne l'avait ni approuvé ni désapprouvé : il lui avait seulement dit qu'il était le maître de ses enfants. Presque tous les courtisans de M. le duc d'Orléans n'étaient pas de son avis et avaient tâché de le détourner de cette entreprise qu'ils regardaient comme téméraire. La mort de la petite Chastelain, à la suite de l'inoculation, avait fait beaucoup de bruit et était une de leurs principales raisons; l'exemple était encore récent, et tout ce qu'on pouvait dire pour le combattre semblait ne rien prouver contre cette expérience et le préjugé. Ceux même qui étaient partisans de l'inoculation, n'osaient pas la conseiller, de peur qu'on n'en rejetât sur eux l'événement, s'il était malheureux. On m'a assuré que celui qui a donné le premier à M. le duc d'Orléans l'idée de faire inoculer ses enfants, est le chevalier de Jaucourt, connu par le Dictionnaire de l'Encyclopédie dont il a composé un grand nombre d'articles, et même trop, à ce que disent les savants.

« Quelques jours avant l'inoculation, madame la duchesse d'Orléans pleurait devant son mari, qui lui dit : « Madame, quoique mon parti soit

« bien pris, si ce n'est point de votre consen-
« tement que se fait cette inoculation, elle n'aura
« pas lieu : ce sont vos enfants comme les
« miens. » « Eh! Monsieur, répondit la princesse,
« qu'on les inocule, et laissez-moi pleurer. »
L'opération a parfaitement réussi; et la duchesse,
quand ses enfants ont été guéris, ayant paru
avec eux à l'Opéra, a été saluée par les acclamations de la salle entière. »

M. le duc d'Orléans avait pris les précautions
les plus sages : il avait fait venir de Genève,
M. Tronchin, fameux médecin, élève de Boërhaave,
qui passait pour le grand inoculateur de l'Europe.
M. Tronchin gagna dans ce pays un argent
immense. Jamais médecin n'eut une vogue pareille; c'était une fureur; il y entrait du fanatisme.
M. le duc d'Orléans lui donna dix mille écus argent comptant, outre des boîtes d'or et d'autres
bijoux dont la princesse lui fit présent.

La guerre s'étant rallumée en 1757, le prince
servit dans cette campagne sous le maréchal
d'Estrées, et il eut la gloire de contribuer à la
victoire d'Hastenbeck. On savait que le maréchal
d'Estrées voulait livrer bataille au duc de Cum-
berland; Paris était dans la plus vive attente.
Le premier courrier qui apporta la nouvelle
de la victoire d'Hastenbeck descendit au Palais-
Royal, et la duchesse d'Orléans, pour satisfaire

la curiosité publique, lut, du haut du balcon qui donnait sur le jardin, le bulletin de la bataille, aux acclamations de la foule rassemblée. Mais aussitôt que le maréchal de Richelieu remplaça le maréchal d'Estrées dans le commandement de l'armée, le duc d'Orléans revint à Paris. On regretta alors que ce prince, formé à l'école du maréchal de Saxe, fût éloigné de l'armée, qui l'aurait vu avec plaisir appelé à l'honneur de la commander.

Il est probable qu'à l'exemple de ses prédécesseurs, le duc d'Orléans aurait borné les embellissements de son palais à des décorations intérieures, si un événement imprévu, l'incendie de la salle de l'Opéra [1], ne fût venu consumer une

[1] C'était encore la salle que Richelieu avait fait bâtir. Sous ce cardinal, on y représentait principalement des tragédies ou des comédies héroïques ; sous la régence, on y joua des pièces à machines, mêlées de chants et de danses, dont le goût avait été importé par Mazarin : elles furent à la vérité les premiers essais de cette partie de l'art dramatique qui allait recevoir tant de développement et d'éclat. Mais la fondation de l'opéra en France est due à Louis XIV; elle ne date réellement que de son règne. Vingt-trois ans avant que le Palais-Royal devînt la propriété de Philippe duc d'Orléans, le 28 juin 1669, le roi accorda au sieur Perrin un privilége pour l'établissement dans le théâtre de ce palais d'une *académie en musique et en vers françois*. Nous reproduisons ici ce privilége :

« LOUIS, par la grâce de Dieu, Roy de France et de Na-

aile entière de l'édifice avec une grande partie du corps principal.

varre : à tous ceux qui ces présentes lettres verront, salut.

Notre bien amé et féal *Pierre Perrin*, Conseiller en notre Conseil et introducteur des ambassadeurs près la personne de feu notre très cher et bien amé oncle le duc d'Orléans, nous a très humblement fait remontrer que depuis quelques années, les Italiens ont établi diverses *Académies*, dans lesquelles il se fait *des représentations en musique* qu'on nomme Opéra; que ces *Académies* étant composées des plus excellens musiciens du pape et autres princes, même de personnes d'honnête famille, nobles et gentilshommes de naissance, très savans et expérimentés en l'art de musique, qui y vont chanter ; font à présent les plus beaux spectacles et les plus agréables divertissemens, non seulement des villes de Rome, Venise et autres cours d'Italie, mais encore ceux des villes et cours d'Allemagne et d'Angleterre, où lesdites *Académies* ont été pareillement établies à l'imitation des Italiens; que ceux qui font les frais nécessaires pour lesdites représentations, se remboursent de leurs avances sur ce qui se reprend du public à la porte des lieux où elles se font ; et enfin que s'il nous plaisoit de lui accorder la permission d'établir dans notre royaume de pareilles *Académies*, pour y faire chanter en public de pareils *opéra* ou *représentations en musique et en langue françoise*, il espère que non seulement ces choses contribueroient à notre divertissement et à celui du public, mais encore que nos sujets s'accoutumant au goût de la musique, se porteroient insensiblement à se perfectionner en cet art, l'un des plus nobles libéraux.

A ces causes, désirant contribuer à l'avancement des arts

L'incendie commença à huit heures du matin (6 avril 1763). Les uns l'attribuèrent à des ou-

dans notre royaume, et traiter favorablement ledit Exposant, tant en considération des services qu'il a rendus à notre très cher et bien amé oncle le duc d'Orléans, que de ceux qu'il nous rend depuis plusieurs années, en la composition des paroles de musique qui se chantent tant en notre Chapelle qu'en notre Chambre, nous avons audit Perrin accordé et octroyé, accordons et octroyons par ces présentes signées de notre main, la permission d'établir en notre bonne ville de Paris et autres de notre royaume, une *Académie* composée de tel nombre et qualité de personnes qu'il avisera, pour y représenter et chanter en public des *opéra et représentations en musique et en vers françois*, pareilles et semblables à celles d'Italie.

Et pour dédommager l'Exposant des grands frais qu'il conviendra faire pour lesdites représentations, tant pour les théâtres, machines, décorations, habits, qu'autres choses nécessaires, nous lui permettons de prendre du public telles sommes qu'il avisera ; et à cette fin d'établir des gardes et autres gens nécessaires à la porte des lieux où se feront lesdites représentations.

Faisant très expresses inhibitions et défenses à toutes personnes de quelque qualité et condition qu'elles soient, même aux officiers de notre *Maison*, d'y entrer sans payer, et de faire chanter de pareils *opéra* ou *représentations en musique et en vers françois*, dans toute l'étendue de notre royaume pendant douze années, sans le consentement et permission dudit Exposant, à peine de dix mille livres d'amende, confiscation de théâtres, machines et habits, ap-

vriers en décorations, qui, dans l'espoir de cacher leur faute, se déterminèrent trop tard à appeler du secours; d'autres prétendirent qu'il fallait en

plicables un tiers à nous, un tiers à l'Hôpital général, et l'autre tiers audit Exposant.

Et attendu que lesdits *opéra* et *représentations* sont des ouvrages de musique tout différens des *comédies récitées*, et que nous les exigeons par ces dites présentes sur le pied de celles des *Académies* d'Italie, où les gentilshommes chantent sans déroger; voulons et nous plaît que tous gentilshommes, damoiselles et autres personnes puissent chanter audit *Opéra*, sans que pour ce ils dérogent aux titres de noblesse ni à leurs priviléges, charges, droits et immunités.

Révoquant par ces présentes toutes *permissions* et *priviléges* que nous pourrions avoir cy-devant donnés et accordés, tant pour raison dudit *Opéra* que pour réciter des *comédies en musique*, sous quelque nom, qualité, condition et prétexte que ce puisse être.

Si donnons en mandement à nos amés et féaux Conseillers, les gens tenant notre Cour de parlement à Paris, et autres, nos justiciers et officiers, qu'il appartiendra, que ces présentes ils ayent à faire lire, publier et enregistrer : et du contenu en icelles faire jouir et user ledit Exposant pleinement et paisiblement, cessant et faisant cesser tous troubles et empêchemens au contraire; *car tel est notre plaisir*.

Donné à Saint-Germain-en-Laye, le vingt-huitième jour de juin, l'an de grâce mil six cent soixante-neuf, et de notre règne le vingt-septième.

Signé LOUIS,

Et sur le repli : *par le Roy*, COLBERT.

accuser le concierge des appartements du duc d'Orléans, qui avait laissé du feu dans un poêle destiné à sécher des peintures nouvelles dans la loge du prince. Quoi qu'il en soit, en moins de deux heures la salle était brûlée. Le feu était terrible ; la flamme se communiqua rapidement aux toits de l'aile mitoyenne du Palais-Royal, et gagna l'horloge. Elle allait atteindre la porte du côté de la place, lorsque l'on fit des coupures. Il était temps ; car un moment après, la coupole du grand escalier s'abîmait avec un bruit effroyable, et il eût été presque impossible alors d'arrêter les progrès d'un incendie qui menaçait d'envelopper l'édifice.

Forcé de rebâtir une partie considérable du Palais-Royal, le duc d'Orléans se détermina à ordonner une restauration générale. Lorsque la salle de spectacle du Palais-Royal élevée par le cardinal de Richelieu, devint la proie des flammes, elle servait aux représentations de l'Opéra, dont le privilége avait été cédé depuis 1749 par le duc d'Orléans à la ville de Paris. Ce prince, qui avait droit à des indemnités, exigea du prévôt des marchands et des échevins, que la salle et tous les bâtiments brûlés sous leur administration fussent rebâtis et restaurés aux frais de la ville. En même temps, pour que la nouvelle salle fût construite du même côté du palais, mais en dehors de l'aile dans laquelle se trouvait l'ancienne salle, le duc d'Orléans acheta et paya de ses deniers les cinq maisons voisines qui appartenaient aux sieurs Francière, Perreau, Aubouin, Eaubonne et Venet : ces propriétés, ainsi que trois autres maisons acquises aux frais de la ville, des sieurs Cadeau, Montgazon et Durand, donnèrent par leur démolition l'emplacement nécessaire à la construction du nouveau théâtre, tel qu'il est indiqué dans le plan de 1780[1].

« La ville de Paris, ayant à supporter la dépense qu'exigeait la réparation des désastres causés par l'incendie de 1763, crut avoir le droit de charger son architecte, M. Moreau, de la composition et de la direction de ce travail. De

---

[1] On lit dans les Mémoires secrets de Bachaumont : « 12 avril 1763, M. le duc d'Orléans a été hier à Versailles demander au roi que l'Opéra restât au Palais-Royal, offrant tout ce qui pouvait contribuer à l'agrément et à la sûreté de la salle. S. M. y a consenti. Ainsi, ce spectacle ne changera pas d'emplacement. On doit acheter toutes les maisons depuis le cul-de-sac jusqu'à la rue des Bons-Enfants. L'amphithéâtre sera adossé au Palais-Royal, et le théâtre répondra à la porte du cloître Saint-Honoré. Quatre issues faciliteront les débouchés des quatre côtés : deux par le Palais-Royal, la troisième par la rue des Bons-Enfants, et la quatrième par la rue Saint-Honoré. M. le duc d'Orléans, outre ces aisances qu'il doit procurer, donnera pour ses loges cent mille écus. »

son côté, le duc d'Orléans voulut que M. Contant d'Ivry, son architecte, fît tout ce qui le concernait dans le corps du palais. Ainsi, tandis que M. Moreau éleva la nouvelle salle et toute la façade du palais du côté de la rue Saint-Honoré, M. Contant construisait les vestibules, les appartements et le grand escalier, ouvrage du plus bel effet, l'un des plus remarquables que l'on connaisse, et d'autant plus digne d'éloges que l'espace dans lequel il a été bâti était très-resserré par l'emplacement réservé à la salle de l'Opéra. On demandait à M. Moreau une salle de spectacle plus vaste, plus magnifique que celle qui venait d'être brûlée, mais il lui était interdit d'en montrer l'apparence au dehors; d'autre part, M. Contant devait trouver des dispositions commodes, grandes, magnifiques, dans la partie que le théâtre n'occupait pas, sans toutefois qu'il pût disposer des façades sur lesquelles étaient percées les fenêtres qu'il était chargé de décorer.

« Les résultats de ce bizarre accouplement furent ce que l'on devait en attendre. Les deux architectes firent chacun preuve de talent, mais, ainsi qu'on aurait dû le prévoir, ils ne s'entendirent pas, et tout fut en désordre. Nous avons remarqué, par exemple, un mur de distribution qui se trouve au milieu d'une fenêtre dans l'aile gauche de la première cour. Nous pourrions citer encore un grand nombre d'irrégularités, de fautes, de bizarreries semblables, sans parler des erreurs de niveau et d'alignement que l'on rencontre à chaque pas dans le Palais-Royal, et qu'il a été impossible de faire disparaître[1]. »

En 1771, lors de la lutte qui éclata entre les parlements et la cour, le duc d'Orléans prit hautement la défense des parlements. Réuni de cœur et de principes au prince de Conti, son beau-frère, ce fut lui qui présenta au roi les protestations des princes du sang et leur adhésion à tous les arrêts des parlements dans les diverses affaires de Besançon, de Toulouse, de la Bretagne et de Paris. Louis XV aimait le duc d'Orléans autant par souvenir du régent que pour lui-même, et, sans les funestes influences dont il était entouré, peut-être le monarque eût-il écouté les sages conseils de ce prince, qui cherchait à lui démontrer tous les dangers que le trône avait à courir dans cette lutte impopulaire. Mais Louis XV, très-jaloux de son autorité, était, par caractère, opposé à toutes les mesures qui pouvaient la restreindre. Aussi le chancelier Maupeou et le duc d'Aiguillon, soutenus par le fatal ascendant de madame du Barry, l'entraînèrent facilement à prononcer la suppression des

[1] M. Fontaine.

parlements du royaume. Le duc d'Orléans protesta contre ce coup d'autorité, et tous les princes, hors le comte de la Marche, suivirent ce noble exemple. Le roi les exila tous de la cour, excepté ce même comte de la Marche [1]; mais cet exil ne fut pas de longue durée.

Quelque temps après son rappel à la cour, le duc d'Orléans obtint du roi Louis XV l'autorisation d'épouser secrètement madame de Montesson, et ce mariage fut célébré le 24 avril 1773 [2].

Madame de Montesson occupa d'abord la maison connue sous le nom d'hôtel de Châtillon, qui faisait alors partie du Palais-Royal [3], et qui

---

[1] Depuis prince de Conty, enfermé en 1793 dans la prison de Marseille, et mort à Barcelone en 1814.

[2] La bénédiction nuptiale leur fut donnée dans la chapelle de madame de Montesson, par le curé de Saint-Eustache ; il y avait été autorisé par l'archevêque de Paris sur le consentement du roi.

Grimm, dans sa correspondance (troisième partie, t. III, p. 459), au sujet de ce mariage, rapporte ce qui suit : « Par un édit de Louis XIII, il est défendu à tous les prélats du royaume de marier aucun prince du sang sans une lettre écrite de la propre main du roi ; celle de Louis XV ne contenait que ces mots : « Mons l'archevêque, vous croirez ce que « vous dira de ma part mon cousin le duc d'Orléans, et vous « passerez outre. »

[3] Des lettres patentes de l'année 1766 ratifièrent l'échange

était contiguë à l'appartement du duc d'Orléans. Rien n'était sans doute plus commode que cet arrangement ; on peut même dire plus convenable, puisque madame de Montesson était devenue la femme du duc d'Orléans. Mais, quoique mariée aux yeux de l'Église, elle n'était pas aux yeux du monde l'épouse du duc d'Orléans ; au moins, elle ne jouissait pas de l'avantage d'avoir le rang de son mari et de porter son nom. Il n'y avait pas de duchesse d'Orléans, mais il y avait une *duchesse de Chartres*, brillante de beauté, de vertu, de jeunesse, et qui était à juste titre l'objet d'une adoration générale, et c'était la duchesse de Chartres qui seule représentait au Palais-Royal et à Saint-Cloud ; mais il faut rendre à madame de Montesson cette justice qu'elle ne paraissait pas disputer cet honneur. Cependant, elle ne tarda pas à déterminer le duc d'Orléans à ne plus habiter le Palais-Royal, et à fixer sa résidence de Paris dans une maison qu'il avait fait bâtir rue de Provence. Cette maison communiquait avec celle qu'il avait donnée à madame de Montesson, et dont l'issue était dans la Chaussée-d'Antin, en sorte que ces

que le duc d'Orléans avait fait de cet hôtel contre quelques domaines du duché de Valois, et l'incorporèrent à l'apanage. Il a été depuis vendu nationalement, et n'a pas été racheté.

deux habitations, réunies en réalité, conservaient l'apparence d'être séparées. Une salle de spectacle y fut construite[1], et le prince y joua souvent lui-même la comédie[2].

Ce nouveau genre de vie acheva d'éloigner le

---

[1] « La salle de spectacle, fort simple, fort agréable, était
« de forme ovale. Un amphithéâtre venait par gradins jus-
« qu'à un rang de loges circulaires occupées par les dames
« de la maison du duc d'Orléans, qui, grâce aux marchands
« de couleur, étaient presque toutes jolies à la lumière,
« excepté la tête branlante de la maréchale de Mirepoix. Les
« deux personnes qui jouaient le mieux étaient madame de
« Montesson et le chevalier de Cossé. »
(Souvenirs de Stanislas Girardin, tome Ier.)

[2] On lit dans les mémoires de Bachaumont : « On a repré-
« senté, le 25 décembre 1762, chez M. le duc d'Orléans,
« une pièce de M. Collé, si connu par ses amphigouris. Elle
« a pour titre *le Roi et le Meunier*. Ce petit drame a eu le
« plus grand succès, et le mérite par la naïveté qui y règne.
« M. le duc d'Orléans jouait un des principaux rôles, *le meu-
« nier*; Granval faisait *Henri IV*. Cette pièce est devenue la
« *partie de chasse de Henri IV*, et le duc d'Orléans y joua
« souvent le rôle de Michaud. » Collé, que le prince avait
nommé son lecteur, dit dans son journal manuscrit : « Le
« 6 janvier 1763, je fis l'ouverture du théâtre du duc d'Or-
« léans, par l'Avocat patelin, et par la seconde représenta-
« tion de mon Henri IV. Le jeu et le succès ont dépassé
« mon attente. Personne ne savait son rôle l'avant-veille.
« Malgré cela, la pièce a été très-bien jouée, à l'exception
« pourtant de M. le vicomte de la Tour-du-Pin, qui n'a point

duc d'Orléans du Palais-Royal, et, en 1780, il se détermina à le transmettre par avancement d'hoirie à son fils, Louis-Philippe-Joseph, alors duc de Chartres, auquel il en fit la cession par un acte légal.

Cependant Saint-Cloud, l'autre résidence de la maison d'Orléans, déplaisait également à madame de Montesson à qui les usages du temps et la bienséance ne permettaient pas plus qu'au Palais-Royal de faire les honneurs de la cour du duc d'Orléans. Ce prince acheta le château de Sainte-Assise et le donna à madame de Montesson. Dès lors, le séjour de Sainte-Assise

« du tout rendu le personnage de Henri IV. Il en était à cent
« lieues : sans gaieté, sans noblesse, sans bonhomie, il a été
« le contraire de tout ce qu'il fallait être. M. de Barban-
« tane s'est fort mal tiré du rôle de Conchini; M. de Villeroy,
« de celui de Bellegarde; mais, hormis ces trois acteurs, les
« autres ont joué supérieurement; surtout M. le duc d'Or-
« léans; M. Danezan, qui faisait Sully, et mademoiselle
« Marquise. Laujon lui-même s'est surpassé; M. le vicomte
« de Polignac, madame Drouin, étaient bien dans leurs rôles
« et n'ont dérangé personne. Enfin, je puis dire cette fois-ci
« que la réussite a été complète. M. le prince de Condé a
« été, ainsi que tous les autres spectateurs, attendri jus-
« qu'aux larmes; ils en ont tous versé à chaque instant;
« les acteurs étaient obligés de s'interrompre à cause des
« applaudissements redoublés qui se succédaient continuel-
« lement. »

remplaça celui de Saint-Cloud dans la belle saison. Malheureusement pour la famille d'Orléans, Saint-Cloud n'était pas inaliénable comme le Palais-Royal; c'était une propriété libre et patrimoniale que *Monsieur*, frère de Louis XIV, avait achetée et bâtie à ses frais. Le baron de Breteuil négocia facilement avec madame de Montesson le traité par lequel le duc d'Orléans vendit Saint-Cloud à la reine Marie-Antoinette pour le prix de six millions.

Le duc d'Orléans assista au sacre de Louis XVI, le 12 juin 1775, et y représenta le duc d'Aquitaine.

Il mourut à Sainte-Assise, le 18 novembre 1785, et fut enterré au Val-de-Grâce. Son cœur fut déposé dans l'église de Saint-Port, paroisse de Sainte-Assise, « pour y attendre, disait-il dans « son testament, celui de *la dame du lieu* [1]. »

Ce prince avait eu deux enfants de son mariage avec Louise-Henriette de Bourbon-Conti : Louis-Philippe-Joseph, duc d'Orléans, et Louise-

---

[1] C'est ainsi qu'il appelait madame de Montesson. Elle mourut à Paris dans sa maison, rue de la Chaussée-d'Antin, le 5 février 1806. Son corps fut transféré dans l'église de Saint-Port, conformément au vœu du duc d'Orléans.

Louis-Philippe Ier, roi des Français, a fait élever dans

Marie-Thérèse-Bathilde d'Orléans, mademoiselle de Montpensier ; elle fut mariée à l'âge de vingt ans (24 avril 1770) à Louis-Henri-Joseph de Bourbon, duc de Bourbon, prince de Condé ; elle mourut dans l'église de Sainte-Geneviève le 10 janvier 1822. C'est la mère du duc d'Enghien[1].

cette église un monument pour recevoir le cœur de son aïeul. Voici l'inscription placée sur ce monument :

Ici
est déposé le cœur
de Louis-Philippe d'Orléans,
mort à Sainte-Assise,
sur la paroisse de Saint-Port,
le 13 novembre 1785.
Louis-Philippe Ier, roi des Français,
son petit-fils,
a érigé ce monument
comme un témoignage d'attachement
à la mémoire de son aïeul,
et de respect filial
pour sa dernière volonté.
Année MDCCCXXXIV.

[1] La duchesse de Bourbon avait l'esprit cultivé ; elle aimait à écrire : on lui a attribué plusieurs opuscules qui ne manquent ni de grâce ni d'intérêt. Le dessin et la peinture furent pendant longtemps ses distractions favorites. Il y a, dans la galerie du Palais-Royal, un tableau de sa composition, qui représente la cour du fort Saint-Jean, à Marseille, où elle fut détenue en 1793, avec le duc d'Orléans, son frère, et avec ses neveux, le duc de Montpensier et le comte de Beaujolois.

Le duc Louis-Philippe d'Orléans était magnifique dans ses équipages, dans ses fêtes, dans ses actes de générosité. Un jour qu'il était à Villers-Cotterets, il convia vingt-deux paroisses à une fête dans son parc, et tous les habitants, qui s'y rendirent, furent traités splendidement [1].

Paris a longtemps retenti des fêtes qu'il donna à Christian VII, roi de Danemarck, lorsque ce monarque vint à Paris en 1768. Christian VII, après avoir été couronné en 1767, parcourut l'Allemagne, la Hollande, l'Angleterre et la France. Beau-frère du roi George III, il avait été reçu à Londres avec une froideur qui fit ressortir à ses yeux la brillante hospitalité de la France. La cour et la ville se disputèrent le plaisir de lui rendre hommage et de célébrer sa présence. Les beaux esprits du temps se mirent en frais pour le saluer de leurs petits vers, aux spectacles, aux académies, dans les musées, enfin partout. Le roi (Louis XV) l'accueillit avec grâce, et lui dit, en

[1] Philippe, duc d'Orléans, frère de Louis XIV, avait décidé qu'il ne serait fait aucune coupe dans la forêt de Villers-Cotterets avant cent ans. Ses héritiers respectèrent sa volonté, et ce ne fut qu'en 1768 que son arrière-petit-fils, Louis-Philippe, duc d'Orléans, fit faire dans cette forêt la première coupe de futaie. C'est à cette occasion qu'il donna cette grande fête.

parlant de la disproportion d'âge qui existait entre eux : « Je serais votre grand-père. — « C'est « ce qui manque à mon bonheur, » répondit avec effusion le jeune monarque.

Un jour qu'il revenait de Fontainebleau, le peuple le salua des cris de Vive le Roi! Christian repartit avec autant d'esprit que de convenance : « Mes amis, je viens de quitter Sa Ma« jesté, elle se porte à merveille! »

Le duc d'Orléans donna au roi de Danemarck une fête magnifique au Palais-Royal; la première noblesse de France y avait été conviée. Les feux de mille bougies, l'éclat et le parfum des fleurs, les sons d'une musique douce et harmonieuse, la richesse des costumes et des parures, la réunion des plus belles femmes de la cour, faisaient de la grande galerie de ce palais un séjour enchanté. Le souper fut servi à douze tables. A la première, se trouvaient S. M. danoise, le duc d'Orléans, mademoiselle de Montpensier, le prince de Condé, les ministres du roi et les principaux seigneurs; elle était de quatre-vingt-dix couverts. Le duc de Chartres fut chargé de faire les honneurs de la seconde table, composée de quatre-vingt-dix-neuf personnes choisies parmi la jeune noblesse. Les douze tables formaient six cent soixante-douze couverts; elles furent toutes servies en même temps, avec une célérité et une profusion remarquables, par les ordres du sieur Lepage, contrôleur de la bouche de Son Altesse. Le souper fut précédé d'un jeu et suivi d'un grand bal paré, où le roi de Danemarck prit un tel plaisir qu'il ne se retira qu'au point du jour. Ce fut en y dansant que le duc d'Orléans se cassa le tendon d'Achille dans le salon d'Oppenort.

A l'occasion de cette solennité, le prince avait fait dorer les grilles de l'escalier du Palais-Royal. Les jours suivants, le public se porta en foule pour admirer la beauté de la rampe et la richesse du travail [1].

---

[1] Extrait d'une satire inédite, intitulée *les Adieux d'un Danois aux Français* ; elle parut après le départ du roi de Danemarck, et fut attribuée à Poinsinet, quoique l'auteur du *Cercle* y soit fort mal traité.

> Peuple gentil, peuple folâtre,
> Français charmants, hôtes facétieux,
> Jolis auteurs du plus joli théâtre,
> D'un bon Danois recevez les adieux.
>
> J'ai vu le Louvre et son enceinte immense,
> Vaste palais qui, depuis deux cents ans,
> Toujours s'achève et toujours se commence ;
> Deux ouvriers, manœuvres fainéants,
> Hâtent très-lentement ces riches bâtiments,
> Et sont payés quand on y pense.

Toutes les célébrités du temps se plaisaient à rendre hommage au duc d'Orléans. Les États-Unis de l'Amérique septentrionale ayant proclamé leur indépendance le 4 juin 1775, le célèbre Franklin vint à Paris, précédé par la nouvelle de la victoire de Saratoga, où la division anglaise du général Burgoyne avait mis bas les armes devant la division américaine du

J'ai vu ce squelette fameux,
Autrement appelé Sorbonne ;
Je l'ai vu cet antre poudreux,
Où par système on déraisonne.
Le pesant Ribeiller, Cogé l'aliboron,
Chamarraient de latin leurs détestables phrases,
Et faisaient succéder à leurs lourdes extases
De sots fragments imprimés sous leur nom.
Le beau sénat, la plaisante assemblée !
Ah ! quel plaisir de voir maint athlète divin
Chercher, dans sa tête pelée,
Pour ergoter quelque texte latin,
Puis échauffer sa cervelle fêlée
A damner saint Trajan d'après saint Augustin.

J'ai vu ce superbe Opéra,
Qu'ont embelli les arts et la luxure ;
La triste et froide Alcimadure
Pour nous enchanter chevrotta.
Que de mots ! que de sons frivoles !
Mirtil chanta du nez : tels sujets, telles voix ;
Pardonnez, j'ai cru qu'un Danois,
Mauvais puriste, avait fait les paroles.

général Gates. Tout Paris se précipitait sur les pas de Franklin, et manifestait ses vœux pour la cause des colonies insurgées. Franklin fut bientôt autorisé à déployer le caractère de ministre plénipotentiaire des États-Unis. Il parut à Versailles, fut reçu à la cour avec ses cheveux sans poudre et dans la simplicité du costume américain, et, le 6 février 1778, il signa deux traités qui furent conclus entre le roi de France

J'ai vu le Théâtre-Français :
Barthe et Rochon de l'antique Molière
Heureusement ont obtenu les droits.
 Plus de pièces à caractère :
On a fait succéder à de trop grands tableaux
 De charmantes caricatures :
 Tels spectateurs et tels pinceaux,
 C'est le siècle des miniatures.

 J'ai vu le traducteur Saurin,
Ses scènes à la glace, et ses vers à la toise,
Et son drame bavard, enfant adultérin
 D'une Melpomène bourgeoise.

 J'ai vu cet Opéra bouffon,
 Où Monsigny, Philidor et Sedaine,
 Maîtres du goût, rois de la scène,
En vers, en prose, en chants, habillent la raison.
 On nous donna les heureux drames
 Qu'entre deux vins composa Poinsinet,
 Charmant Polichinelle, Alexandre des femmes,
 Et leur fléau non moins que leur jouet.

et les États-Unis, l'un de commerce et d'amitié, l'autre d'alliance.

Après avoir été reçu à Versailles, Franklin fut présenté au Palais-Royal au duc d'Orléans (Louis-Philippe, aïeul du roi des Français), ainsi qu'au prince son fils, alors duc de Chartres, à madame la duchesse de Chartres et à leurs enfants.

Nous ne passerons pas non plus sous silence la visite que Voltaire fit au Palais-Royal, dans cette même année 1778, lorsqu'il vint à Paris jouir de son dernier triomphe, et recevoir à la représentation d'Irène, l'hommage de la reconnaissance de tout un peuple [1]. Il demanda au

[1] « Taisons-nous le beau jour où Paris dans l'ivresse,
« D'un triomphe paisible honorait ta vieillesse?
« Qu'on étale avec pompe aux yeux des conquérants
« Des gardes, des vaisseaux, des étendards sanglants,
« Le glaive humide encore et fumant de carnage,
« Ou le profane encens vendu par l'esclavage :
« Ta garde était un peuple accouru sur tes pas ;
« Il bénissait ton nom, te portait dans ses bras ;
« Des pleurs de la tendresse il ranimait ta vie;
« A vanter un grand homme il condamnait l'envie ;
« Admirait les éclairs qui brillaient dans tes yeux,
« Contemplait de ton front les sillons radieux,
« Creusés par soixante ans de travaux et de gloire,
« Et qui d'un siècle entier semblaient tracer l'histoire. »
(Chénier, Épître à Voltaire.)

docteur Tronchin, premier médecin du duc d'Orléans, qui logeait au Palais-Royal, à voir les petits-enfants de Louis-Philippe, duc d'Orléans. « Je voudrais, disait-il, voir, avant de mourir, « cette jolie petite Bourbonnaille ! » et quand il remonta dans son grand carrosse bleu de ciel parsemé d'étoiles, il fut salué par les acclamations de la foule rassemblée dans les cours du palais.

Le duc d'Orléans fit de ses richesses le plus noble usage. A l'exemple de ses aïeux, il répandit ses bienfaits sur les sciences et les lettres. Louis d'Orléans avait encouragé le naturaliste Guettard, élève du célèbre Jussieu ; Louis-Philippe, son fils, honora ce savant de sa protection particulière. Il le nomma conservateur de son cabinet d'histoire naturelle, lui assigna une pension, le logea au Palais-Royal ; et Guettard, se livrant avec ardeur, sous cet auguste patronage, à ses utiles travaux, devint l'un des premiers minéralogistes de l'Europe ; et, après avoir enrichi la science par d'importantes découvertes, il alla prendre place au milieu des illustrations de l'Académie.

La main du duc d'Orléans ne fut pas moins secourable aux gens de lettres : Carmontel, Collé, Lefèvre, Saurin et beaucoup d'autres durent à sa générosité leur existence et leurs succès.

Ses nombreuses charités étaient moins connues. Elles ne furent révélées qu'à sa mort, par les regrets et les larmes des malheureux. Ce prince, respecté de la cour, avait reçu du peuple qui le chérissait, le nom de *Roi de Paris*. Il eut le bonheur de vivre en des temps paisibles.

CHAPITRE VIII.

Le Palais-Royal, sous Louis-Philippe-Joseph, duc d'Orléans.

1780—1793.

Louis-Philippe-Joseph habitait le Palais-Royal depuis 1780, lorsqu'il partit en qualité de lieutenant général des armées navales pour aller à Brest inspecter les trois escadres réunies dans ce port, et le roi lui ayant confié le commandement de l'escadre bleue, il arbora son pavillon sur le *Saint-Esprit*, de 80 canons. L'armée navale, sous les ordres du vice-amiral comte d'Orvilliers, sortit de la rade de Brest le 2 juillet : le 23, on découvrit la flotte anglaise commandée par l'amiral Keppel, et le 27, par la hauteur d'Ouessant, le comte d'Orvilliers lui livra combat. L'ennemi était instruit qu'un prince du sang royal de France commandait l'escadre bleue, qui formait avant le combat l'arrière-garde de la flotte française. L'amiral Keppel, manœuvrant dans l'intention de couper cette division du reste de l'armée navale, le comte d'Orvilliers fit virer de bord, et l'escadre bleue se trouva former l'avant-garde. Le *Saint-Esprit* fut exposé à demi-portée de canon au premier feu des Anglais. Voici les termes dans lesquels s'est expliqué le ministre de la marine sur ce combat, en écrivant au duc de Penthièvre, amiral de France, beau-père du duc de Chartres : « M. d'Orvilliers a donné des preuves de la plus « grande habileté ; M. le duc de Chartres d'un « courage froid et tranquille et d'une présence « d'esprit étonnante... Sept gros vaisseaux, dont « un à trois ponts, ont successivement combattu « celui de M. le duc de Chartres, qui a répondu « avec la plus grande vigueur, quoique privé de « sa batterie basse ; un vaisseau de notre armée « a dégagé le *Saint-Esprit* dans le moment le plus « vif et a essuyé un feu si terrible, qu'il a été « absolument désemparé et obligé de se retirer. » L'armée navale étant rentrée à Brest, le duc de Chartres revint à Paris le 2 août, et descendit au Palais-Royal.

« Tous les appartements étaient remplis [1] de

---

[1] Vie privée du sérénissime prince monseigneur le duc de Chartres, imprimée en 1784.

courtisans qui l'attendaient. Les escaliers mêmes étaient si pleins de monde, qu'il eut peine à monter dans ses appartements. L'abbé Delaunay lui avait présenté, à la descente de son carrosse, une pièce de vers, intitulée *Bulletin du Parnasse*, qu'il ne se donna pas le temps de lire; et nous nous faisons un vrai plaisir de publier ici qu'il sacrifia quelques instants entre les embrassements de sa digne épouse et de ses charmants enfants, avant de voler à son cher Opéra. Là, il s'attendait bien à recueillir de nouvelles acclamations, qui mettraient le comble à sa gloire et à sa satisfaction. Il parut d'abord sur son balcon avec madame la duchesse; le peuple, en les voyant, exprima, par des cris de joie, le plaisir que cette scène lui causait. Le prince se rendit ensuite à l'Opéra. Tous les spectateurs se levèrent, et l'applaudirent pendant plus d'une demi-heure. »

Devenu propriétaire du Palais-Royal, le duc de Chartres forma le projet de l'agrandir et de l'embellir : parmi les plans qui lui furent présentés, il donna la préférence à ceux de M. Louis, son architecte, qui déjà s'était fait une grande réputation par la construction de la salle de spectacle de Bordeaux. « On a pu reprocher à cet
« architecte des écarts de goût, des défauts de
« correction, mais il faut convenir qu'il conçut

« pour le Palais-Royal un projet vaste, ingénieux,
« qui fut généralement admiré, et que le prince
« eut raison d'approuver [1]. »

La forme désagréable, l'irrégularité des habitations qui bordaient le jardin en trois sens, les inconvénients continuels auxquels donnaient lieu les concessions et les priviléges dont chaque propriétaire jouissait, firent naître l'idée d'isoler la promenade et de l'entourer de portiques surmontés de bâtiments dont la décoration et l'ordonnance devaient s'accorder avec celles de la grande façade du Palais. Les critiques furent nombreuses, les oppositions ne le furent pas moins. Les propriétaires des maisons qui environnaient le jardin du Palais-Royal et qui avaient tous des vues, des terrasses, des portes, des escaliers sur ce jardin, crièrent *à la violation des droits acquis,* et se réunirent pour contester au duc de Chartres le droit de faire des rues et de construire dans sa propriété. Ils le citèrent devant le parlement de Paris, qui jugea le procès contre eux. Le duc de Chartres obtint des lettres patentes, enregistrées le 26 août 1784, qui lui permettaient d'accenser[2] les terrains des maisons bâties et à bâtir

---

[1] Voir les plans de 1781.

[2] L'accensement d'un terrain était une aliénation à perpétuité, moyennant un cens annuel et non rachetable.

au pourtour du jardin, à raison de vingt sous par toise : le tout formant 3,500 toises [1]. Les clauses et conditions sont, outre la redevance de l'accensement, « de rembourser les prix des « constructions à ceux qui les auraient avancés, « d'entretenir à perpétuité et de reconstruire les « bâtiments dans le même état de solidité, forme, « dimension et décoration; enfin de réserver pour « le service du Palais les galeries de circuit au- « tour du jardin [2]. »

Pour l'exécution du plan de M. Louis, approuvé par le prince le 12 juin 1781, il fallut abattre *la grande allée,* au regret de tous les vieux habitués du Palais-Royal, de tous les promeneurs de Paris et de tous les politiques *en plein vent* qui, la canne à la main, corrigeaient sur le sable les fautes de nos grands capitaines, et gagnaient des batailles sans se déranger. Cette allée était composée de marronniers d'une grosseur et d'une

---

[1] On rapporte, pour exemples de concessions pareilles, les terrains de la place Dauphine, sous Henri IV, et ceux du palais des Tournelles, sous Charles IX.

[2] C'est en vertu de ces droits que, sous les auspices de M. de Belleyme, préfet de police, les galeries du Palais-Royal, rendues à leur largeur primitive, ont été débarrassées de tous les étalages, de toutes les superfétations qui gênaient la voie publique, et sont redevenues l'une des plus agréables promenades de Paris.

hauteur extraordinaires ; ils avaient été plantés par le cardinal de Richelieu, et ce souvenir ajoutait encore à l'effet qu'ils produisaient. Cependant la plupart des arbres étaient couronnés, presque tous se trouvèrent pourris dans le cœur, et il fut reconnu qu'ils n'auraient pas survécu longtemps si on ne les avait pas abattus à cette époque. Parmi ces beaux marronniers, il y en avait un remarquable par l'étendue de son feuillage : on l'avait surnommé *l'arbre de Cracovie*, parce que lors des premières tentatives de la Russie pour subjuguer la Pologne, on prenait à Paris un grand intérêt aux efforts des Polonais pour défendre leurs droits politiques et leur indépendance nationale. On se réunissait autour de cet arbre pour entendre la lecture des nouvelles : le Courrier de l'Europe et la Gazette de Leyde étaient presque les seuls journaux de ce temps. Parmi les habitués de *l'arbre de Cracovie*, on distinguait M. Métra, qui en était en quelque sorte le chef, et dont le nez était devenu célèbre par ses dimensions extraordinaires, et par la famille des petits nez dont le nez principal était couvert.

Pendant que M. Louis préludait à ses travaux, l'Opéra brûla une seconde fois. Le 8 juin 1781, après une représentation d'Orphée, le public était déjà sorti de la salle, mais il y avait encore beaucoup de monde sur le théâtre, dans les loges des acteurs et surtout des actrices : le feu prit à une bande d'air qu'on coupa aussitôt, mais malheureusement du seul côté où elle était enflammée ; il gagna les coulisses, et le théâtre fut bientôt en combustion. Les issues des loges des acteurs furent promptement obstruées par les flammes, et les loges elles-mêmes remplies de fumée : ce qui y fit périr beaucoup de monde. Un danseur nommé Huart sauta par la fenêtre du second étage sur le toit d'une boutique, glissa dans la Cour des Fontaines et ne se tua pas : mais un petit laquais qui le servait, n'ayant pu se déterminer à en faire autant, resta dans la loge et périt.

Le feu ayant promptement envahi toutes les parties de la salle, le comble tomba en masse avec un fracas épouvantable, et sa chute fit jaillir une gerbe de feu semblable à l'éruption d'un volcan. L'alarme fut générale dans Paris ; le tocsin sonna, une portion considérable de la population de cette grande cité accourut au Palais-Royal, où se portèrent en même temps les gardes françaises et les gardes suisses, le guet à pied et le guet à cheval, commandés par le chevalier Dubois ; les capucins, les récollets et les cordeliers y vinrent également, selon l'usage du temps, sous la conduite de leurs supérieurs religieux. Les pompiers de Paris, commandés par

M. Morat, rendirent les plus grands services et furent habilement secondés par les gens de la maison d'Orléans, sous les ordres de M. Lebrun, inspecteur du Palais-Royal. On parvint à retirer des flammes plusieurs personnes, au nombre desquelles se trouvaient quelques danseuses qui auraient péri sans le courage de ceux qui les sauvèrent. Enfin, plus heureux qu'en 1763, où presque tout le Palais-Royal fut brûlé, à la suite de l'incendie de l'ancienne salle de l'Opéra, on se rendit maître du feu, sans qu'aucune partie du Palais, même la Cour des Fontaines, devînt la proie des flammes. Cependant la salle et ses dépendances furent entièrement consumées. Il n'y avait point alors d'assurances contre les incendies, et la perte fut immense [1].

Cet incendie servit de prétexte pour enlever

---

[1] Le lendemain, le peuple consterné contemplait en silence les ravages du feu, lorsqu'une voiture chargée de costumes échappés aux flammes, traversa la place du Palais-Royal. Un crocheteur, monté sur cette charrette, s'avisa de placer sur sa tête un casque qu'il trouva sous sa main; puis, s'affublant d'un manteau royal, et debout comme un vainqueur qui fait son entrée sur un char de triomphe, il attira les regards de la foule, dont la tristesse se changea tout à coup en longs éclats de rire. Quelques jours après, la couleur des étoffes à la mode était *flamme d'opéra*.

l'Opéra au Palais-Royal, malgré les réclamations du duc de Chartres et du prince son père. L'administration de la ville de Paris, qui, en 1763, avait accordé quatre années pour remplacer la salle de spectacle du cardinal, se montra cette fois plus avare de temps. L'Opéra, au comble de sa gloire, était devenu indispensable aux plaisirs des Parisiens; on craignit les lenteurs que devait nécessairement entraîner l'examen des nombreux projets qui furent présentés pour donner à la capitale un théâtre digne d'elle, et, après diverses hésitations, on finit par recourir au provisoire.

On adopta le plan de M. Lenoir, qui s'engagea à bâtir en six semaines, dans un terrain acheté par la ville de Paris, sur le boulevard, la salle qui subsiste encore sous le nom de théâtre de la Porte Saint-Martin. Les travaux commencèrent le 22 juillet 1781, et l'ouverture du théâtre eut lieu le 5 octobre suivant.

« La salle que M. Lenoir a bâtie était moins
« magnifique, mais plus grande, d'une meilleure
« coupe, et plus commode que celle qui venait
« d'être brûlée au Palais-Royal : on en blâma le
« goût, mais on ne peut s'empêcher de vanter
« l'adresse et l'habileté avec lesquelles, en moins
« de deux mois, cette grande entreprise avait été
« terminée comme par enchantement [1]. »

[1] M. Fontaine.

Le plan de 1781 conservait la cour avec la même décoration du côté de la place du Palais-Royal; il divisait l'espace opposé, du côté du jardin, en deux autres cours avec des colonnades à jour et des appartements au-dessus. Mais la translation de l'Opéra à la Porte Saint-Martin détermina le prince et M. Louis, son architecte, à faire des changements et des modifications au plan précité. Après avoir achevé les bâtiments sur les trois côtés du jardin, on avait fondé la colonnade qui devait les séparer des cours du Palais : elle s'élevait lentement, et les colonnes n'étaient encore qu'à quelques pieds hors de terre, lorsque le prince, dans le chimérique espoir de ramener un jour l'Opéra au Palais-Royal, ordonna de quitter ce travail en 1786, pour commencer à construire, dans le jardin des princes, la salle actuelle du Théâtre-Français; mais à peine les voûtes des caves de cet édifice furent-elles terminées, que ces fondations furent à leur tour abandonnées; et on démolit successivement en 1787 et 1788 le grand corps de logis du Palais qui fermait le jardin des princes du côté du sud; l'aile où se trouvait le salon d'Oppenort ainsi que la grande galerie de Coypel qui séparait ce jardin de la rue de Richelieu, enfin l'aile dite *l'aile de la Chapelle* qui le séparait de la seconde cour.

Pendant ces démolitions, l'intérieur du Palais-Royal avait subi de grands changements. Le duc Louis-Philippe était mort à Sainte-Assise le 18 novembre 1785; le duc Louis-Philippe-Joseph et la duchesse d'Orléans avaient cédé à leurs enfants les appartements qu'ils occupaient, étant duc et duchesse de Chartres, dans les ailes latérales de la première cour; ils s'étaient établis dans les grands appartements qui s'étendent dans l'aile latérale de la seconde cour, depuis le grand escalier jusqu'au jardin, sur lequel le duc d'Orléans habitait constamment les trois arcades 178, 179, 180, réservées à l'apanage par les lettres patentes de 1784, et qui communiquaient de plain-pied avec l'appartement de la duchesse d'Orléans sur la cour et sur la rue de Valois.

La question du théâtre n'avait pas été résolue par le plan de 1781, puisque l'Opéra subsistait encore lorsque ce plan avait été dressé. Le plan de 1786 [1] indique la disposition de la nouvelle salle de spectacle confiée aux talents de M. Louis. C'est alors qu'au lieu de trois cours, selon les premiers projets, on prit le parti de n'en faire que deux. La plus grande, celle sur le jardin, que l'on nomma la *cour d'honneur*, devait avoir la même

---

[1] Voir le plan de 1786.

étendue qu'aujourd'hui, en y ajoutant celle des trois colonnades latérales qui n'appartiennent pas à ce projet. Le second grand escalier qui en faisait partie, mais qui n'a pas été construit, était destiné à desservir les nouveaux appartements de l'aile projetée entre le théâtre et les arcades sur le jardin. Cet escalier se trouvait placé par le second projet, comme par le premier, dans la partie qui devait être bâtie en prolongation du second vestibule sur la gauche. Ce second projet, préférable au premier, aurait encore présenté de grandes difficultés, mais on n'en a exécuté qu'une faible partie, savoir : le mur de face du pavillon répétant celui de M. Contant sur la façade qui regarde le nord; le vestibule en colonnes; le commencement de l'escalier, et la façade en retour adossée au théâtre, avec quelques distributions accessoires.

Cependant, le nouveau théâtre s'élevait bien lentement, et le duc d'Orléans, désabusé, par le refus de la cour, de l'espérance qu'il avait conçue de faire revenir l'Opéra au Palais-Royal, consentit à passer, le 6 février 1787, avec Gaillard et Dorfeuille un bail pour la location de la salle que construisait M. Louis; mais en attendant qu'elle fût achevée, il leur permit d'élever à leurs frais une salle provisoire bâtie en charpente sur le terrain du jardin des princes. Ils y amenèrent la troupe qui jouait sur le boulevard au théâtre *des Variétés amusantes*, dont ils étaient directeurs; et, pendant trois ans, les *Beaulieu*, les *Bordier*, les *Barotheau*, furent applaudis tous les soirs au Palais-Royal par de nombreux spectateurs.

Outre la salle de bois provisoire des Variétés, il y avait encore dans le Palais-Royal un second petit théâtre situé à l'extrémité de l'aile des arcades sur le jardin, du même côté. Ce petit théâtre fut occupé d'abord par ce qu'on appelait *les petits comédiens du comte de Beaujolais*. La salle, construite aux frais du prince, en 1783, sur les dessins de M. Louis, subsiste encore, mais avec de grands changements dans la décoration. Louée d'abord par bail du 30 août 1683, à *Gardeur*, pour la somme de 15,000 fr., elle fut vendue, le 24 juin 1787, à Desmarêts qui la céda à mademoiselle Montansier pour la somme de 570,000 fr.; revendue, en 1814, par expropriation forcée, elle devint un café à spectacles. C'est aujourd'hui le théâtre du Palais-Royal.

Pendant la révolution, le jardin du Palais-Royal était le rendez-vous de tous les étrangers, de tous les promeneurs. On y avait élevé, en 1786, un cirque artistement décoré en compartiments de treillage. Il offrait l'image d'un bosquet orné de fleurs et d'arbustes, et rafraîchi par des eaux qui s'élevaient et retombaient sur la terrasse, dont cette élégante construction était couronnée. La hauteur du bâtiment, pour ne pas obstruer la vue, se trouvait moitié au-dessus, moitié au-dessous du sol. On devait y arriver, des appartements, par une petite galerie à jour, et, des parties basses du Palais, par un couloir souterrain dont on retrouve encore quelques traces. Ce cirque fut d'abord destiné à des exercices d'équitation qui n'eurent jamais lieu; plus tard on y donna des fêtes, des repas, des jeux, des bals, des représentations scéniques, qui augmentèrent encore la foule dont le Palais-Royal se remplissait tous les jours. Le cirque occupait entre les allées du Palais-Royal l'emplacement où se trouvent aujourd'hui le bassin et la plus grande partie des deux carrés de gazon. Loué d'abord à Rose, restaurateur, il servit dans la révolution à la réunion du club de *la Bouche de fer*. Ensuite, il fut loué à Gervais et à Desaudrais, et ce fut avant l'expiration de leur bail qu'il devint la proie des flammes, en 1799 (25 frimaire an VIII).

Le mouvement politique qui agitait toutes les têtes, et le défaut de journaux qui rendissent compte des opérations de l'assemblée, accrurent le désir des citoyens de se rapprocher et de communiquer leurs idées. Les réunions dans le jardin du Palais-Royal devenaient chaque jour plus nombreuses. On y accourait en foule de tous les quartiers de Paris, pour y chercher des nouvelles, et se mettre au courant de ce qu'on ne pouvait apprendre ailleurs. L'arrivée d'une personne qui venait de Versailles était un événement ; on l'entourait, on l'interrogeait, on l'écoutait avec avidité pour savoir à la fois ce que faisaient la cour, le ministère et les états généraux. Ces réunions journalières présentaient plus de danger pour la tranquillité que l'influence des journaux : elles rendaient la force populaire plus redoutable en la mettant à portée d'agir de concert, et l'opinion s'enflammait avec plus de rapidité. Ainsi, le 12 juillet 1789, après la nomination d'un nouveau ministère et le départ de M. Necker, qui avaient occasionné dans la capitale la plus vive effervescence, des groupes se formèrent dans divers lieux publics, notamment dans le jardin du Palais-Royal. Ce fut dans un de ces groupes qu'un jeune homme, inconnu jusqu'alors, proposa de prendre les armes et d'arborer une nouvelle cocarde comme signe de ralliement et de reconnaissance mutuelle : ce jeune homme était Camille Desmoulins. Voici comme il raconte lui-même cette scène remarquable, qui a eu de si grandes conséquences : « Il était deux heures et demie ; je « venais sonder le peuple. Ma colère était tour-

« née en désespoir. Je ne voyais pas les groupes,
« quoique vivement émus et consternés, assez
« disposés au soulèvement. Trois jeunes gens
« me parurent agités d'un plus véhément cou-
« rage; ils se tenaient par la main : je vis qu'ils
« étaient venus au Palais-Royal dans le même
« dessein que moi; quelques citoyens passifs les
« suivaient. » « Messieurs, leur dis-je, voici un
« commencement d'attroupement civique, il faut
« qu'un de nous se dévoue et monte sur une
« table pour haranguer le peuple. » — « Mon-
« tez-y. » — « J'y consens. » Aussitôt je fus plutôt
« porté sur la table que je n'y montai. A peine
« y étais-je que je me vis entouré d'une foule
« immense. Voici ma courte harangue, que je
« n'oublierai jamais :

« Citoyens, il n'y a pas un moment à perdre.
« J'arrive de Versailles, M. Necker est renvoyé :
« ce renvoi est le tocsin d'une Saint-Barthélemy
« de patriotes : ce soir tous les bataillons suisses
« et allemands sortiront du Champ-de-Mars pour
« nous égorger; il ne nous reste qu'une ressource,
« c'est de courir aux armes, et de prendre des
« cocardes pour nous reconnaître. » J'avais les
« larmes aux yeux, et je parlais avec une action
« que je ne pourrais ni retrouver ni peindre.
« Ma motion fut reçue avec des applaudisse-
« ments infinis. Je continuai : « Quelle couleur

« voulez-vous ? » Quelqu'un s'écria : « Choisissez. »
« — « Voulez-vous le vert, couleur de l'espé-
« rance, ou le bleu Cincinnatus, couleur de la
« liberté d'Amérique et de la démocratie? » Des
« voix s'élevèrent: « Le vert, couleur de l'espé-
« rance ! » Alors je m'écriai : « Amis ! le signal est
« donné. Voici les espions et les satellites de la
« police qui me regardent en face. Je ne tom-
« berai pas du moins vivant entre leurs mains. »
« Puis, tirant deux pistolets de ma poche, je dis :
« Que tous les citoyens m'imitent ! » Je descendis
« étouffé d'embrassements ; les uns me serraient
« contre leur cœur, d'autres me baignaient de
« leurs larmes : un citoyen de Toulouse, crai-
« gnant pour mes jours, ne voulut jamais m'a-
« bandonner. Cependant on m'avait apporté un
« ruban vert ; j'en mis le premier à mon cha-
« peau et j'en distribuai à ceux qui m'environ-
« naient. Mais, un préjugé populaire s'étant élevé
« contre la couleur verte, on lui substitua les
« trois couleurs, qui furent alors proclamées
« comme les couleurs nationales. »

Le duc d'Orléans siégea dans l'assemblée constituante jusqu'à l'époque de sa dissolution, le
30 septembre 1791, et continua à résider au
Palais-Royal.

La nouvelle salle du Palais-Royal, aujourd'hui
le Théâtre-Français, venait alors d'être terminée,

et, vers la fin de l'année 1790, cette salle, livrée à Gaillard et Dorfeuille [1], fut ouverte au public.

« M. Louis, dit M. Fontaine, fit preuve de la plus rare et de la plus haute intelligence dans la conception et l'exécution de toutes les parties de ce beau travail. Les murs de la salle et les escaliers furent construits en pierre de choix, taillées avec la plus grande habileté; la charpente de la couverture de l'édifice ainsi que les planchers, les plafonds et les supports des loges furent faits en fer, les interstices étant remplis par des pots de terre cuite, mode de construction jusqu'alors peu connu en France, et qui présentait le grand avantage de rendre l'édifice incombustible. Jamais dans un aussi petit espace on n'avait su trouver une salle de spectacle plus complétement, plus artistement ménagée : belle ouverture d'avant-scène, grandeur de théâtre suffisante, distribution de loges commode, corridors spacieux, dégagements nombreux, abords convenables, solidité à toute épreuve sans soutiens apparents ; tout était digne de remarque dans ce bel édifice. »

C'est par là que se terminèrent les construc-

[1] Le prix de la location annuelle, pour trente ans, était de 24,000 fr. : prix bien modique si l'on considère que la construction de ce théâtre avait coûté trois millions.

tions faites au Palais-Royal sous le duc d'Orléans (Louis-Philippe-Joseph).

La position de fortune où ce prince fut réduit par une foule de circonstances, les unes préexistantes ou étrangères à la révolution, les autres résultant des lois rendues par les assemblées, l'empêcha de mettre la dernière main aux grands travaux qu'il avait entrepris. Ne pouvant achever l'aile en colonnade à jour entre le jardin et la cour d'honneur, il avait permis d'élever au-dessus de ces constructions, qui n'étaient guère encore que des fondations, des hangars en planches qui formaient trois rangées de boutiques séparées les unes des autres par deux promenoirs couverts. Ces hangars, loués à Romain, en 1786, furent d'abord appelés *le camp des Tartares*[1], ensuite *les galeries de bois*. La dernière partie de ces misérables échoppes, qui tombaient en ruine, a été démolie après quarante-trois ans d'existence, au commencement de 1829, pour faire place à la galerie neuve dite *galerie d'Orléans*.

Lavoyepierre succéda à Romain, en 1789, dans le bail des galeries de bois, et en 1792, il obtint du prince un nouveau bail de douze ans, tant

[1] Ils durent ce nom à un épisode d'un roman alors très en vogue, et dont l'auteur (Louvet de Couvray) venait d'ouvrir, dans cette partie du Palais-Royal, un magasin de librairie à la tête duquel il avait placé sa femme, qu'il appelait sa *Lodoïska*.

de ces mêmes galeries que de celle qu'il s'obligea de construire à ses frais entre le théâtre et l'aile des arcades qui sépare la rue de Montpensier du jardin du Palais-Royal. Cette galerie, qu'on a appelée *la galerie vitrée*, lui fut louée avec *les galeries de bois*, pour le prix de cinquante-quatre mille livres par an. Ce bail, qui n'a expiré qu'en 1804, a eu l'avantage de rendre impossible l'aliénation de ces parties importantes du Palais-Royal, pendant l'époque où tout s'aliénait avec une déplorable facilité.

Les biens composant l'apanage du duc d'Orléans, dont le revenu brut s'élevait en 1789 à 4,822,607 [1], lui avaient été enlevés par un décret de l'assemblée nationale, et remplacés par une rente apanagère d'un million, dont aucun terme, ni aucun quartier n'a jamais été payé, non plus que le million annuel pendant vingt ans voté pareillement par l'assemblée constituante pour l'extinction des dettes de la maison d'Orléans.

Cependant l'invasion du territoire français devenait plus imminente de jour en jour. Les armées étrangères marchaient de toutes parts contre la France, et, le 11 juillet 1792, l'assemblée nationale législative déclara que *la patrie*

[1] Voyez le Moniteur de 1790, où se trouve l'état qui en a été fait par le comité des domaines de l'assemblée constituante.

était en danger. Cette déclaration, proclamée sur toutes les places publiques de Paris, le fut sur celle du *Palais-Royal* avec une pompe extraordinaire.

Voici la formule que le président avait prononcée au nom du corps législatif :

« Des troupes nombreuses s'avancent sur nos
« frontières : tous ceux qui ont horreur de la li-
« berté s'arment contre notre constitution.

Citoyens ! *la patrie est en danger !*

« Que tous ceux qui ont déjà eu le bonheur
« de prendre les armes pour la liberté, se sou-
« viennent qu'ils sont Français et libres : que
« leurs concitoyens maintiennent dans leurs
« foyers la sûreté des personnes et des pro-
« priétés, que les magistrats du peuple veillent,
« que tout reste dans le calme de la force, qu'ils
« attendent pour agir le signal de la loi, et la
« patrie est sauvée. »

Cette proclamation fut publiée avec un appareil et une solennité propres à en rehausser l'importance et à frapper plus fortement les esprits. Le bruit du canon l'annonça dès le matin, le 12 juillet : les officiers municipaux à cheval, et divisés en deux corps, sortirent à dix heures de l'hôtel de ville, faisant porter au milieu d'eux, par un garde national, une bannière tricolore où était écrit : *Citoyens, la patrie est en danger!* Devant et derrière eux marchaient plusieurs canons accompagnés de nombreux détachements de gardes nationaux. La bannière, signal du danger de la patrie, était ornée de quatre guidons sur chacun desquels était écrit l'un de ces mots : *Liberté, Égalité, Publicité, Responsabilité*. Une musique convenable à la circonstance se faisait entendre devant le corps municipal. C'est dans cet ordre que l'on parcourut les principales rues et places de Paris pour y faire la proclamation. De vastes amphithéâtres étaient dressés sur les places publiques : le fond en était fermé par une tente couverte de guirlandes de feuilles de chêne, chargée de couronnes civiques et flanquée de deux piques surmontées du bonnet de la liberté. Le drapeau de la section flottait sur le devant de l'amphithéâtre garni de deux pièces de canon, et le magistrat du peuple, revêtu de son écharpe, assis à une table posée sur deux tambours, recevait les noms des citoyens qui venaient se faire inscrire pour marcher aux frontières. C'est de là que sont partis les vainqueurs de Jemmapes, de Valmy, de Fleurus, des Pyramides, de Marengo et d'Austerlitz.

Après le 10 août 1792, lorsque l'invasion des armées prussiennes et autrichiennes, sous les ordres du duc de Brunswick, semblait devoir anéantir l'indépendance nationale, le duc d'Orléans fut élu député à la Convention. Bientôt ce prince, renié par les uns, poursuivi par les autres, fut persécuté par tous. Le comité de sûreté générale de la Convention ayant décerné des mandats d'arrestation contre les deux fils du duc d'Orléans, le duc de Chartres et le duc de Montpensier, qui servaient dans les armées françaises, l'un dans celle de la Belgique, et l'autre dans celle du Var, cette mesure fut bientôt suivie de l'arrestation du duc d'Orléans lui-même et de celle de tous les membres de sa famille qui n'avaient pas quitté la France. Il fut arrêté au Palais-Royal le 4 avril, avec son troisième fils le comte de Beaujolais, âgé seulement de treize ans et demi, au moment où ce jeune prince prenait une leçon, en présence de M. Lebrun, son gouverneur, dans la salle devenue la bibliothèque de M. le duc de Chartres, aujourd'hui duc d'Orléans : le duc de Montpensier fut arrêté à Nice ; mais le duc de Chartres, instruit du sort qu'on lui préparait par le général Dumouriez, qui lui remit lui-même l'original du décret rendu contre lui, quitta l'armée le 5 avril, et se réfugia en Suisse. Le duc d'Orléans fut d'abord gardé à vue dans ses appartements, puis conduit à la mairie, d'où il réclama inutilement, auprès de la Convention, l'inviolabilité de sa personne : en sa qualité de député, le prince ne pouvait être arrêté qu'en vertu d'un décret d'accusation rendu par la Convention elle-même. On répondit à sa réclamation, en passant à l'ordre du jour, et le duc d'Orléans ainsi que le comte de Beaujolais furent emprisonnés à l'Abbaye.

Ce fut dans cette prison que les quatre mandataires de ses créanciers lui déclarèrent que, comme son arrestation et sa prochaine translation dans les forts de Marseille le mettaient hors d'état de procéder lui-même aux ventes qu'il avait promis de faire, il était nécessaire qu'il leur donnât une procuration pour pouvoir vendre eux-mêmes ceux des biens désignés dans l'état dont la vente serait jugée utile à la liquidation. Le duc d'Orléans s'y résigna, et signa, *entre deux guichets, comme lieu de liberté,* une procuration qui devint la source de sa ruine. Tous les biens du duc d'Orléans furent frappés du séquestre au moment de son arrestation; mais les mandataires ayant obtenu de la Convention l'autorisation de faire les ventes désignées dans le concordat, sous la condition que les produits en seraient versés dans le trésor public, ils commencèrent leurs opérations; et tel était l'épouvantable chaos où étaient tombées les lois et les formes de la justice, que, sans égard pour les termes du mandat, pour ceux de la procuration et pour les termes même du décret de la Convention, tout fut mis en vente indistinctement, tant les biens désignés dans l'état du concordat, que les propriétés qui n'y étaient pas comprises; et on n'eut pas plus de scrupules pour celles que le duc d'Orléans lui-même n'aurait pas pu vendre, s'il l'avait voulu, telles que le Palais-Royal et ses dépendances, qui ne pouvaient pas légalement être aliénés puisqu'ils avaient été exceptés de la reprise des biens de l'apanage en 1791, et qu'aucune loi subséquente n'en avait permis ou prescrit la vente. Néanmoins, par leur acte du 30 juillet 1793, les mandataires se rendirent eux-mêmes acquéreurs d'une partie des bâtiments de la Cour des Fontaines, et vendirent le reste pour la somme de huit cent seize mille trois cents francs, en *assignats*. Les autres maisons dépendantes du Palais furent vendues de la même manière, et, le 22 octobre 1793, Gaillard et Dorfeuille furent déclarés adjudicataires pour la somme d'un million six cent mille francs, en assignats, non-seulement du théâtre dont ils étaient locataires, mais encore de la partie du Palais qui s'y trouvait adossée.

Gaillard et Dorfeuille avaient formé une association avec quelques comédiens français qui s'étaient séparés de leurs camarades de l'Odéon, alors *le théâtre de la Nation*, et ils exploitaient ensemble la salle du Palais-Royal, que l'on commença à appeler *le Théâtre de la République* à la fin de 1792. Mais dans l'impossibilité où ils se trouvèrent de payer le prix de leur acquisition, ils entrèrent en arrangement d'abord avec le sieur Prévost, puis avec M. Julien, qui, s'étant fait rétrocéder leur marché, se trouva, au même titre, en possession du théâtre.

Pendant qu'on se partageait ses dépouilles, le duc d'Orléans était retenu avec deux de ses fils (le duc de Montpensier et le comte de Beaujolais), sa sœur madame la duchesse de Bourbon, et le prince de Conti, dans les prisons de Marseille où il avait été transféré de l'Abbaye, par les ordres de la Convention. La duchesse d'Orléans, qui s'était retirée à Vernon auprès du duc de Penthièvre, son père, fut elle-même arrêtée peu de temps après la mort de ce prince, et conduite au Luxembourg, alors converti en prison. Le duc d'Orléans, conduit à Marseille, fut d'abord mis au fort Notre-Dame, et bientôt après on le transféra au fort Saint-Jean où ses deux plus jeunes fils sont restés enfermés pendant trois ans et demi. Le duc d'Orléans pouvait se croire oublié dans sa prison, lorsque, le 3 octobre, le député Amar parut à la tribune de la Convention nationale pour y faire un rapport au nom du comité de sûreté générale sur la prétendue conspiration des Girondins, à la suite duquel il proposa de mettre en accusation quarante-cinq membres de l'assemblée et d'ordonner qu'ils fussent jugés par le tribunal révolutionnaire. Ces quarante-cinq députés appartenaient au parti de la Gironde, auquel nous avons dit que le duc d'Orléans avait toujours été opposé. Cependant, après qu'on eut entendu le rapport d'Amar, Billaud-Varennes, un des députés de Paris qui passait pour avoir beaucoup d'influence dans le parti de la Montagne, proposa simplement, et sans motiver sa motion, que le duc d'Orléans fût ajouté à la liste des députés que la Convention allait mettre en jugement; et telle était la terreur qui régnait alors, que cette addition fut décrétée, sans qu'il s'élevât une seule voix pour s'y opposer, ni même pour en demander le motif. Des commissaires furent aussitôt chargés d'aller chercher le duc d'Orléans et de le conduire à Paris, où il arriva dans la nuit du 5 au 6 novembre. Traduit devant le tribunal révolutionnaire, il fut condamné à mort.

« Puisque vous étiez décidés à me faire périr,
« dit-il à ses juges, vous auriez dû au moins
« chercher des prétextes plus plausibles pour y

« parvenir, car vous ne persuaderez jamais à qui
« que ce soit que vous m'ayez cru coupable de
« tout ce dont vous venez de me déclarer con-
« vaincu, et vous moins que personne, vous
« qui me connaissez si bien (ajouta-t-il, en re-
« gardant Antonelle, chef du jury). Au reste,
« continua-t-il, puisque mon sort est décidé,
« je vous demande de ne pas me faire languir
« ici jusqu'à demain, et d'ordonner que je sois
« conduit à la mort sur-le-champ. » On lui accorda sans difficulté cette triste faveur. En traversant la place du Palais-Royal, la charrette qui le conduisait au supplice fut arrêtée quelques minutes, et, pendant ce temps, il promena ses regards avec le plus grand sang-froid sur la façade de son palais. Arrivé à la place Louis XV, il monta d'un pas ferme sur l'échafaud, et reçut le coup mortel le 6 novembre 1793, à 4 heures du soir.

Louis-Philippe-Joseph, duc d'Orléans, avait épousé Louise-Marie-Adélaïde de Bourbon, fille du duc de Penthièvre (5 avril 1769), dans la chapelle de Versailles. La beauté de cette princesse, la grâce de ses manières, sa bonté, son inépuisable charité, la rendaient un objet d'amour et de respect pour tout ce qui l'approchait. Tant de vertus ne la mirent pas à l'abri des persécutions révolutionnaires : arrêtée en 1793,

elle allait être transférée du Luxembourg à la Conciergerie; c'était le signal de sa mort.....
Le courage d'un homme obscur, de Benoit, concierge du Luxembourg, épargna du moins ce crime à la révolution; sous prétexte que la princesse était trop malade, il refusa de la remettre aux agents du comité de salut public, et ce généreux dévouement déroba cette illustre victime à la hache du bourreau!

D'autres infortunes attendaient la duchesse d'Orléans : déportée au 18 fructidor, elle se rendit d'abord à Barcelone, de là à Figuières, enfin ses enfants vinrent la chercher en 1809 à Port-Mahon, pour la conduire à Palerme, où le duc d'Orléans, son fils, allait épouser la princesse Amélie, fille du roi de Naples [1].

---

[1] Dans l'année 1776, étant duchesse de Chartres, cette princesse accompagna jusqu'à Toulon son époux, qui s'embarqua dans ce port, sur le vaisseau *la Provence*. De Toulon, la duchesse passa en Italie, et visita Turin, Gênes, Parme, Milan, Modène, Venise, Florence, Rome et Naples, où commença, entre elle et la reine Marie-Caroline, une liaison que déjà elles parlaient de cimenter un jour par un mariage entre leurs enfants. Ces deux mères, si heureuses alors, ne se doutaient guère que ce rêve, formé dans le sein des plaisirs et des grandeurs, ne se réaliserait que longtemps après sous les auspices de l'exil et de l'infortune.

Rentrée en France dans l'année 1814, elle n'a plus quitté son pays, qui réunissait toutes ses affections, et où elle trouva quelques jours de repos, après tant d'orages. Sa vie, toute de bienfaisance et de vertus, se termina au château d'Ivry, le 23 juin 1821. Le roi, son fils, lui a fait élever, selon son désir, une colonne monumentale dans le chœur de l'église d'Eu. Les dépouilles mortelles de cette princesse ont été transportées dans la chapelle de Dreux, qu'elle avait commencé à relever pour servir de sépulture à sa famille.

Après avoir pleuré deux de ses fils, le duc de Montpensier et le comte de Beaujolais, le ciel lui devait la consolation de voir son fils Louis-Philippe assis sur le trône de France!....

Dans la galerie des portraits du château d'Eu, nous avons tracé la notice historique du duc de Montpensier et du comte de Beaujolais, frères du roi; nous nous bornerons ici à en rappeler quelques traits : ami des arts, le duc de Montpensier cultivait la peinture avec succès; il a laissé plusieurs tableaux qui font partie de la collection du Palais-Royal; aide de camp du duc de Chartres, à la bataille de Valmy, il mérita les éloges publics du général en chef Kellermann; écrivain, il a raconté, dans un style plein de goût et de grâces naturelles, les détails de sa longue captivité dans les prisons de Marseille; après avoir accompagné ses frères dans leur exil et dans leurs voyages aventureux en Amérique, il est venu mourir à Twickenham le 18 mai 1807.

Le comte de Beaujolais était d'une charmante figure et d'un heureux naturel; il avait beaucoup de courage et quelque chose de cette étourderie entreprenante qui caractérise la nation française. Un jour, c'était à l'époque où Bonaparte, premier consul, méditait une descente en Angleterre, il lui prit fantaisie de visiter, d'aussi près que possible, le camp de Boulogne; malgré toutes les représentations de ses frères, il s'embarqua sur une corvette qui devait aller reconnaître les côtes, essuya le feu des batteries françaises, et revit ainsi pour un moment les rivages de cette patrie dans laquelle il n'a pas eu le bonheur de revenir. Le 30 mai 1808, il mourut à Malte, d'une maladie de poitrine, à l'âge de vingt-huit ans [1].

---

[1] Le comte de Beaujolais, à peine âgé de douze ans, fut enfermé, en 1793, dans un cachot du fort Saint-Jean avec son frère le duc de Montpensier. Un jour, il était parvenu à tromper la surveillance des gardes; mais, instruit que son frère, moins heureux que lui, s'était cassé la jambe en cherchant à s'évader par sa fenêtre, il vint reprendre

Le Palais-Royal, après la mort du duc d'Orléans (Louis-Philippe-Joseph), fut réuni au domaine de l'État.

ses fers, et dit au duc de Montpensier en l'embrassant : « Je « n'aurais pu jouir sans toi de ma liberté. »

CHAPITRE IX.

Le Palais-Royal depuis sa réunion au domaine de l'État.

1793—1814.

Lorsque le Palais-Royal, déjà mutilé par les ventes des mandataires, eut été réuni au domaine de l'État, on ne songea plus ni à l'achever, ni à l'entretenir, ni même à prendre les mesures nécessaires à sa conservation; on ne s'occupa qu'à en tirer des revenus et à en faire de l'argent. Les arcades sur le jardin que le duc d'Orléans avait conservées, furent vendues nationalement ainsi que les bâtiments de l'hôtel de Châtillon qui avaient échappé aux mandataires. Il y eut même des aliénations partielles faites dans le corps du Palais à des restaurateurs, que leur banqueroute a annulées. Des locations de toute espèce y furent établies par un entrepreneur principal, le sieur Provost, qui tenait la ferme des jeux, et ces locataires dégradèrent le Palais dans tous les sens, sans que personne s'occupât de les en empêcher. Les uns hachaient les murailles pour agrandir les fenêtres ou pour percer des portes, les autres coupaient des arcs pour établir des tuyaux de cheminées; on faisait des cuisines partout, et il est étonnant que l'édifice ait pu résister au traitement qu'on lui a fait subir.

La salle de spectacle du Palais-Royal, qu'on appelait alors *le Théâtre de la République*, continuait à être exploitée par une société composée de quelques comédiens français, dont la ruine, commencée par la dépréciation des assignats, fut achevée par la chute totale de ce papier-monnaie. Après eux, le sieur Sageret, qui était alors entrepreneur de plusieurs théâtres dans Paris, devint locataire de celui du Palais-Royal. Malheureusement, une clause de son bail, passé le 1er juillet 1797, l'autorisait à faire à la salle tous les changements, toutes les constructions, réparations et décorations qu'il jugerait à propos ; et, en vertu de cette clause, la salle, qui avait déjà été fortement ébranlée par le canon du 13 vendémiaire an IV (5 octobre 1795) [1], fut entiè-

---

[1] Lorsque les troupes des sections de Paris se retiraient

rement bouleversée. On voulait alors que tout fût grec ou romain. La décoration intérieure de la salle, telle que M. Louis l'avait faite, n'étant pas dans ce style, on la mutila impitoyablement; l'arrangement des loges, tout exécuté en fer et en pots, fut détruit pour être remplacé par une décoration en colonnes de charpente peintes en marbre jaune antique, posées en bascule sur la voûte du vestibule au rez-de-chaussée. On établit sur ces colonnes une voûte en bois qu'on plaça plus bas que l'ancien plafond de la salle construit en fer et en pots, lequel fut tranché en plusieurs endroits pour rattacher le nouveau plafond et les nouvelles colonnes à l'ancienne charpente en fer, à laquelle heureusement on n'osa pas toucher autrement. Il résulta de ces travaux qu'une salle très-commode, très-solide et incombustible, devint incommode, peu solide (au moins dans l'intérieur) et susceptible d'être incendiée; qu'au lieu d'être à son aise et de bien voir (à la vérité dans des loges découvertes, dont on ne voulait pas alors), le public se trouvait partout à l'étroit, et que les colonnes

en désordre par la rue de Richelieu, quelques coups de canon tirés par elles sur les vainqueurs mutilèrent les colonnes du péristyle. La façade du théâtre porte encore les traces de ces coups de canon.

des loges avec les cloisons des divisions cachaient la scène à une grande partie des spectateurs.

Cette entreprise fut malheureuse ; M. Sageret s'y ruina et disparut bientôt après avec son bail. Le Directoire s'attribua alors la direction du Théâtre-Français et en chargea M. Mahéraut, en qualité de commissaire du gouvernement, mais la salle resta dans l'état où M. Sageret l'avait mise.

Napoléon, ayant renversé le Directoire et s'étant emparé des rênes du gouvernement, donna le Palais-Royal au Tribunat pour en faire le lieu de ses séances. On commença par expulser des appartements du Palais les tripots, les maisons de jeu et les établissements de corruption qui l'avaient envahi. Mais il y manquait une grande salle d'assemblée ; on la voulait de dimensions à peu près semblables à celle du conseil des Cinq-Cents au Palais-Bourbon : M. Blève en conçut les premiers plans, et M. de Beaumont les termina.

« Il était sans doute difficile, dit M. Fontaine, en connaissant l'état de dégradation où le Palais-Royal était tombé, d'y trouver un emplacement convenable pour l'établissement de cette salle qui devait contenir une assemblée de deux cent cinquante membres avec des galeries pour les spectateurs. On se détermina à la placer dans le pavillon dont M. Louis n'avait construit que le rez-de-chaussée et le mur de face, et qui répétait le pavillon que M. Contant avait élevé antérieurement sur la façade de la grande cour. On détruisit quelques distributions intérieures au premier, et on prolongea le cercle de l'amphithéâtre jusqu'à la naissance de l'aile gauche de la cour d'entrée. On profita habilement du peu d'espace dont on pouvait disposer, et quoique cet ouvrage ait été fait à la hâte et construit d'une manière légère et peu solide, il faut rendre justice à l'auteur, et reconnaître qu'il a mérité des éloges pour la belle ordonnance de la composition et pour la recherche et le bon goût de toutes les parties de son ensemble. La salle du Tribunat, bâtie en 1801, a été démolie en 1827, pour la continuation des grands appartements, après avoir servi pendant treize ans de chapelle au palais. »

Mais Napoléon, devenu empereur, voyait d'un œil inquiet cet organe du pouvoir populaire, ce dernier asile des libertés nationales; il ne tarda pas à s'en débarrasser.

Dans la séance du 18 septembre 1807, sous la présidence de M. Fabre de l'Aude, MM. les conseillers d'État Pelet, Bérenger et Maret furent introduits pour faire une communication du gouvernement. M. Bérenger prit la parole, et, après un discours étudié, il donna lecture du sénatus-consulte du 19 août 1807 et du décret impérial du 29 du même mois, qui transféraient au corps législatif les attributions constitutionnelles du Tribunat. Après l'allocution respectueuse du président, M. Carrion de Nizas, tribun, proposa de voter une adresse à l'Empereur « pour frapper les peuples de cette idée que le « Tribunat a reçu l'acte du Sénat sans regret « pour ses fonctions, sans inquiétude pour la « patrie; et que les sentiments d'amour et de dé- « vouement au monarque qui ont animé le corps « vivront éternellement dans chacun de ses mem- « bres. » Cette proposition fut unanimement adoptée; le Tribunat ordonna l'impression de la motion, et arrêta qu'une commission, composée de MM. Fabre, président, Dacier et Delaitre, secrétaires, Carrion de Nizas, Perrié, Delpierre, Gillet et Fréville, serait chargée de la rédaction de l'adresse.

Après la dissolution du Tribunat, le Palais-Royal fut réuni au domaine extraordinaire de la couronne, dont il a fait partie jusqu'en 1814. Napoléon vint un jour le visiter, à cinq heures du matin, dans le mois d'août 1807, avec M. Fontaine, son architecte. L'apparition inattendue de M. Fabre de l'Aude, président du

Tribunat, contraria le désir qu'il avait d'être seul : il termina sa visite au second salon, sans vouloir même aller jusqu'à la salle des séances, et il remporta les préventions défavorables qu'il avait contre le Palais-Royal, et que rien dans la suite n'a pu détruire.

Cependant plusieurs projets furent présentés à Napoléon pour tirer parti de cet édifice et lui donner une destination quelconque. « Un de ces projets, dit M. Fontaine, consistait à y établir définitivement la bourse et le tribunal de commerce qui avaient été expulsés des Petits-Pères lorsque cette église fut rendue au culte catholique. On les avait transportés provisoirement au Palais-Royal, où ils occupaient le vestibule à colonnes de l'aile du milieu du rez-de-chaussée, sous la salle du Tribunat. Selon le projet dont nous parlons, la grande salle aurait occupé tout le premier de l'aile sur le jardin, avec deux grands escaliers à ses extrémités. Le rez-de-chaussée aurait été distribué en portiques à jour et en boutiques de marchands. Les bureaux, le tribunal et ses dépendances auraient rempli le reste du Palais-Royal. Mais ce projet ne reçut aucune exécution. On voulut ensuite en faire le chef-lieu de l'état-major de la place de Paris, pour y loger le gouverneur de la ville, puis encore en faire le palais des beaux-arts avec les écoles de peinture, de sculpture et d'architecture : rien de tout cela ne s'exécuta. Enfin, on imagina d'y reporter une autre fois, mais isolément et au milieu de la grande cour, le théâtre de l'Opéra, avec des salons et des appartements qui auraient servi à donner des fêtes publiques, mais ce projet fut repoussé comme les autres.

« Ce ne fut que lorsque, parvenu au sommet de sa puissance, Napoléon s'aperçut qu'il manquait de palais pour les rois qui venaient rendre hommage à sa gloire, qu'on lui proposa et qu'il parut agréer l'idée de comprendre le Palais-Royal dans le plan général de la réunion des palais du Louvre et des Tuileries, et de faire en sorte que par des arcs, des galeries et des colonnades, ces trois grands édifices réunis présentassent le plus vaste ensemble et la plus magnifique résidence de souverain qui eût été connue jusqu'alors. Néanmoins, il ne fut pas donné plus de suite à ce projet qu'aux précédents, et le Palais-Royal, qui n'avait été amélioré en rien par le séjour du Tribunat, resta tellement décrédité, après tant de dégradations, que dans les dernières années de l'empire on alla jusqu'à proposer de le mettre en vente pour en faire un objet de spéculation. » Mais cet édifice était destiné à reprendre bientôt son ancienne splendeur.

En 1814, un auguste exilé revient dans sa patrie; il se présente seul et sans se faire connaître au Palais-Royal. Le suisse, qui portait encore la livrée impériale, ne voulait point le laisser entrer; il insiste, il passe, il s'incline, il baise avec respect les marches du grand escalier....... C'était l'héritier des ducs d'Orléans qui rentrait dans le palais de ses pères.

CHAPITRE X.

Le Palais-Royal sous Louis-Philippe, duc d'Orléans.

1814—1830.

Avant de continuer l'histoire du Palais-Royal et d'arriver à l'époque de sa plus grande illustration, nous avons voulu, pour rehausser l'intérêt de notre ouvrage, raconter les antécédents d'une vie dont les longues vicissitudes devaient se terminer par une couronne; mais notre position particulière nous imposant une réserve qui sera appréciée par nos lecteurs, nous ne faisons que reproduire une notice imprimée en 1824, et nous nous bornerons à y ajouter quelques notes qu'une auguste bienveillance nous a permis de recueillir.

« Louis-Philippe, duc d'Orléans, porta d'abord

le titre de duc de Valois; il prit celui de duc de Chartres à l'époque où son père devint duc d'Orléans.

Dès l'âge de cinq ans, il fut remis aux soins de M. le chevalier de Bonnard [1]. En 1782, la direction de son éducation fut confiée à madame la comtesse de Genlis. Au respect de la religion, à l'amour de la vertu, à la culture des lettres et des arts, madame de Genlis crut devoir joindre pour son élève une gymnastique bien entendue, pensant avec raison que ce qui fortifie le corps dans la jeunesse fortifie aussi les facultés de l'âme [2].

En 1787, le duc et la duchesse d'Orléans ayant fait un voyage à Spa, madame de Genlis y conduisit leurs enfants; en revenant, le duc de Chartres, qui était dans sa quatorzième an-

[1] Le chevalier de Bonnard, né à Semur en Auxois, sous-gouverneur des princes de la maison d'Orléans, avait servi honorablement dans l'artillerie, et n'était pas moins distingué par les grâces de son esprit et l'aménité de son caractère.

[2] Se servir seul, travailler à la terre, courir, nager, coucher sur un lit de bois recouvert d'une simple natte de sparterie; braver le soleil, la pluie, le froid, la fatigue, tel était le régime auquel le prince était assujetti à Saint-Leu, comme à Saint-Cloud. Madame de Genlis semblait avoir pressenti les épreuves que la Providence réservait à son auguste élève.

née, s'arrêta à Givet pour voir le régiment de Chartres infanterie, dont il était colonel-propriétaire. L'année suivante, dans un voyage qu'il fit en Normandie, il visita le Mont-Saint-Michel, et y révéla la noblesse de son caractère, en faisant détruire la fameuse cage de fer où un gazetier de Hollande fut enfermé pendant dix-sept ans, pour avoir écrit contre Louis XIV... Cette cage servait encore de temps en temps à tourmenter les prisonniers [1].

Le duc de Chartres ne fut nommé chevalier de l'ordre du Saint-Esprit qu'au 1er janvier 1789, c'est-à-dire un an plus tard que les princes ne l'étaient ordinairement, par suite de l'éloignement du duc d'Orléans, qui avait été exilé pour sa courageuse protestation au parlement de Paris, le 19 novembre 1787.

La convocation des états généraux venait de seconder cet élan généreux qui devait porter la

---

[1] La même année, le dauphin, fils aîné de Louis XVI, étant mort, le duc de Chartres, en l'absence du duc d'Orléans, son père, fut chargé d'accompagner le cœur de ce jeune prince au Val-de-Grâce, et la supérieure, comme frappée d'une de ces révélations soudaines dont le secret est dans le ciel, lui dit : « Nous vous aurons aussi dans ce royal asile ; « mais il se prépare de bien mauvais jours, et ce ne sera « qu'après de longs orages que vous rentrerez en France. »

France à de plus heureuses destinées. Le duc de Chartres, sans regretter les sacrifices que le nouvel ordre de choses imposait à sa famille, embrassa avec ardeur les espérances d'une liberté sage et constitutionnelle que la révolution donnait à la France. Il aimait à suivre les débats de l'assemblée nationale, à entendre cette foule d'orateurs qui tout à coup, comme par enchantement, avaient transporté à la tribune française l'éloquence des beaux temps de la Grèce et de Rome [1].

Un décret de l'assemblée constituante ayant obligé les colonels-propriétaires de quitter la carrière militaire ou de prendre le commandement effectif de leurs régiments, le duc de Chartres, qui ambitionnait l'honneur de servir sa patrie, n'hésita pas à se mettre en personne à la tête du 14e régiment de dragons, qui portait

---

[1] Présent à la séance où l'assemblée raya de nos lois féodales la prérogative du droit d'aînesse, il revint au Palais-Royal pour en porter lui-même la nouvelle à ses frères. Le premier qu'il rencontra fut le duc de Montpensier; il l'embrassa en pleurant, lui raconta ce qu'il venait de voir. « Je « n'ai pas besoin d'ajouter, dit-il, combien cela me fait plai- « sir; mon frère sait bien que lors même que la loi eût tou- « jours existé, il n'y aurait pas eu pour cela de différence « entre nous : c'était une injustice, et moi le premier je ne « l'aurais pas soufferte. »

son nom et se trouvait alors en garnison à Vendôme. Le prince arriva dans cette ville le 15 juin 1791.

Là, il eut le bonheur de sauver, par son courage et sa présence d'esprit, un prêtre non assermenté, que la multitude voulait massacrer comme accusé d'avoir regardé avec mépris une procession conduite par un prêtre constitutionnel [1]. Quelque temps après, il donna un nouvel exemple d'humanité, en arrachant des flots un ingénieur près de périr. La ville de Vendôme décerna une couronne civique à l'auteur de ces actions honorables [2].

Le nouveau serment exigé des officiers venait d'être envoyé à tous les régiments. Sur les vingt-

---

[1] Le lendemain il vit arriver chez lui un homme portant un panier de fruits. « Pour qui ces fruits? demanda le prince. — Ce sont, reprit le paysan, les plus beaux de mon jardin, et je les ai cueillis pour vous les offrir par reconnaissance. — A moi ! qu'ai-je fait pour vous? — Je suis un de ceux qui voulaient hier tuer le prêtre que vous avez sauvé. Que voulez-vous, j'étais hors de moi, j'avais soif de sang; aujourd'hui que je suis calme, je viens vous remercier de m'avoir épargné un crime. »

[2] Cette couronne, retrouvée comme par miracle après une révolution qui en a brisé tant d'autres, a été offerte, en 1814, à la duchesse d'Orléans (aujourd'hui reine), qui l'a placée dans ses appartements.

huit officiers du 14ᵉ dragons, sept seulement le prêtèrent; mais, grâce au zèle du duc de Chartres, la discipline n'en souffrit pas. Au mois d'août 1791, il quitta Vendôme avec son régiment pour se rendre à Valenciennes, où il passa l'hiver, remplissant les fonctions de commandant de place comme le plus ancien colonel de la garnison. Son brevet de colonel était du 20 novembre 1785.

Les menaces dont la France était sans cesse l'objet avaient déterminé le gouvernement à diviser la frontière, depuis Huningue jusqu'à Dunkerque, en trois grands commandements confiés au maréchal Rochambeau[1], au maréchal Luckner, au général la Fayette. En 1792, lorsque Louis XVI eut déclaré la guerre à l'Autriche [2],

[1] La mère du maréchal Rochambeau avait été dame de la veuve du Régent, puis gouvernante de Louis-Philippe-Joseph, duc d'Orléans : le maréchal avait été aide de camp de Louis-Philippe d'Orléans pendant la guerre de sept ans; plus tard, il combattit vaillamment pour l'indépendance américaine.

[2] Lorsqu'à l'approche des hostilités Dumouriez prit le commandement de l'armée, le portefeuille de la guerre avait passé provisoirement dans les mains de M. de Graves, depuis écuyer du duc d'Orléans. Ce ministre crut devoir, sur la question de la guerre, consulter une dernière fois la reine Marie-Antoinette, sœur de l'empereur d'Autriche; n'ayant

au sein de l'assemblée législative, on se détermina à devancer par des hostilités immédiates celles que la coalition préparait contre la France. Le général Biron fut chargé du corps d'armée de Valenciennes et de Maubeuge ; c'est sous ses ordres que le duc de Chartres fit ses premières armes. Le 28 avril 1792, il prit part aux premières affaires de cette guerre, à Boussu et à Quaregnon. Le 3o, il contribua à arrêter les fuyards qui, frappés d'une terreur fausse ou concertée, couraient de Quiévrain sur Valenciennes sans être même poursuivis.

Nommé maréchal de camp par droit d'ancienneté, le 7 mai 1792, sous le ministère du comte de Graves, en même temps qu'Alexandre Berthier, depuis prince de Wagram, il commanda, en cette qualité, une brigade de dragons, sous les ordres du maréchal Luckner, qui était venu remplacer Rochambeau à l'armée du nord. L'avant-garde française ayant fait un mouvement sur Courtray, le duc de Chartres se trouva à la prise de cette ville ; mais la retraite opérée par le maréchal Luckner ne permit point de profiter de ce premier avantage.

pu la voir, il lui fit remettre un billet que la reine lui renvoya aussitôt avec ce mot écrit de sa main et au crayon : *la guerre !* Que ce mot disait de choses !....

Après ce mouvement rétrograde, l'armée de Luckner fut partagée en deux corps, dont l'un, commandé par le général de Harville, fut envoyé en Lorraine, tandis que l'autre, sous les ordres du général Dumouriez, qui venait de quitter le ministère, fut laissé en Flandre pour couvrir la frontière. Le duc de Chartres et sa brigade de dragons, composée des 14e et 17e, firent partie du corps du général de Harville, qui arriva vers la fin de juillet à Metz, où Luckner revint en prendre le commandement. Luckner fut lui-même remplacé, peu de temps après, par le général Kellermann, depuis maréchal duc de Valmy [1].

La France se trouvait alors dans la crise la plus effrayante : l'armée de la coalition, forte de cent dix mille hommes, et commandée par le duc de Brunswick [2], pénétrait sur le territoire

---

[1] Lorsque le duc de Chartres, qu'on appelait le général Philippe, se rendit au quartier général : « Corbleu ! dit Kellermann, je n'ai pas encore vu d'officier général aussi jeune. Comment diable avez-vous donc fait pour être déjà général ? — C'est que je suis le fils de celui qui vous a fait colonel. — Ah ! je suis enchanté, répondit le vieux général, de vous avoir sous mes ordres. »

[2] Ce prince avait lancé son fameux manifeste, auquel l'armée répondit par les terribles accents de la Marseillaise. Il ne s'agissait rien moins dans ce factum que

français. Nous n'avions à lui opposer que deux faibles armées, dont l'une, de treize à quatorze mille hommes, était campée près de Metz, sous les ordres de Kellermann, et l'autre, forte d'environ trente-trois mille hommes, était à Sedan, sous ceux du général Dumouriez, qui venait de remplacer le général la Fayette dans ce commandement. Le général la Fayette avait été enlevé par les Autrichiens au moment où, fuyant la proscription, il allait chercher un asile sur une terre étrangère.

Le 11 septembre 1792, le duc de Chartres fut nommé lieutenant général, et appelé au commandement de Strasbourg. « Je suis trop jeune, « répondit-il, pour m'enfermer dans une place, « et je demande à rester dans l'armée active. » Il n'alla point à Strasbourg, et Kellermann, dont

---

de punir comme rebelle tout garde national qui aurait combattu contre les deux cours coalisées, et qui serait pris les armes à la main.... Les habitants qui oseraient se défendre devaient être livrés sur-le-champ à toute la rigueur des tribunaux militaires..... En cas d'attaque contre le château des Tuileries de la part de quelques factieux, Paris devait être livré à une exécution, à une subversion totale, et les rebelles au supplice. Le roi de Prusse était en personne dans cette armée avec un grand nombre de princes, parmi lesquels on remarquait les deux frères de Louis XVI.

l'armée, renforcée par une division de l'armée du Rhin, était déjà forte de vingt-sept mille hommes, lui confia le commandement de sa seconde ligne, composée de douze bataillons d'infanterie et de six escadrons de cavalerie.

Ce fut à la tête de cette seconde ligne que le duc de Chartres combattit à Valmy[1], le 20 septembre 1792. Chargé de la défense du moulin sur lequel se dirigèrent constamment tous les efforts de l'ennemi et le feu de leurs batteries, il parvint à se maintenir jusqu'au soir dans cette importante position, et contribua puissamment au succès de cette mémorable journée, qui fit avorter les projets de la coalition[2].

[1] Telle était la présomption de l'étranger, que le lendemain de la bataille de Valmy, un voyageur fut conduit devant le duc de Chartres, qu'il ne connaissait pas ; ce voyageur était dans une complète ignorance de l'événement de la veille : « Je suis, lui dit-il, un officier allemand ; je viens en « France pour mon plaisir ; j'ai des lettres de recommanda- « tion pour plusieurs châteaux sur la route ; je compte m'y « reposer, et j'irai ensuite à Paris pour avoir le plaisir d'y « voir pendre M. de la Fayette. » Le duc de Chartres mit promptement fin à ces impertinences, en lui racontant ce qui venait de se passer à Valmy, et le héros à la suite crut prudent de rebrousser chemin.

[2] Le colonel Manstein, aide de camp du roi de Prusse, fit demander à Kellermann la faveur de se présenter à son

Le 26 septembre, le conseil exécutif nomma le duc de Chartres au commandement en second des troupes de nouvelle levée que le général Labourdonnaye était alors chargé de réunir à Douay; mais le prince ne fut pas plus séduit par cette seconde nomination qu'il ne l'avait été par la première. Il vint à Paris pour de-quartier général sous le patronage du baron de Leymann, qui, ayant pris du service en France dans les hussards, avait dû son avancement au duc d'Orléans. Kellermann y consentit. Aussitôt le baron fait demander le duc de Chartres : «Voulez-vous, lui dit-il, vous charger d'une lettre pour le prince votre père? — Très-volontiers, répondit le duc, si elle ne contient que des témoignages de votre attachement pour lui. — Ah ! si elle ne renfermait que cela, ce ne serait pas assez... Il dépend peut-être du duc d'Orléans d'arrêter les fléaux de la guerre. Je connais les intentions des souverains alliés; je sais que ce qu'ils désirent avant tout, c'est de préserver la France de l'anarchie ; et comme on a pensé que je vous verrais ici, j'ai été autorisé à faire savoir au prince votre père que l'on se rassurerait si on le voyait à la tête du gouvernement. — Bah ! dit le prince avec ironie, comment avez-vous pu croire que mon père ou moi nous écouterions de pareilles sornettes? » Le baron insista ; mais quand il vit que la résolution du duc de Chartres était inébranlable, il se borna à le prier de faire parvenir à son père une simple lettre de respect et d'attachement. Le duc d'Orléans la reçut sans l'ouvrir, et la Convention, sur le bureau de laquelle elle fut déposée, la fit brûler sans en avoir même pris lecture.

mander à rester dans la ligne, et dans l'armée de Kellermann; cependant, comme il y avait déjà été remplacé, on lui proposa, et il accepta, de passer dans celle du général Dumouriez, qui allait se porter sur la Flandre et tenter l'invasion de la Belgique.

Cette armée, après avoir suivi l'armée prussienne dans sa retraite jusqu'à Busancy, se dirigea sur Valenciennes en deux colonnes, dont la première était commandée par le général Beurnonville, et la seconde par le duc de Chartres. Le général Dumouriez y rejoignit son armée, et la trouva dans un état de dénûment presque absolu, manquant surtout de souliers et de vêtements. Néanmoins, l'impatience française n'attendit pas ce que la prudence eût paru exiger: un petit combat légèrement engagé, le 2 novembre, près le village de Thulin, décida Dumouriez à renforcer son avant-garde, sous les ordres du général Beurnonville, d'une partie de la division du duc de Chartres, qui, opérant sur la droite, attaqua l'ennemi le 3, emporta le moulin de Boussu, ainsi que la batterie qui le défendait, tandis que les généraux Dampierre, Beurnonville, Stengel et Frégeville, délogeaient les Autrichiens de poste en poste, et les repoussaient jusqu'à Saint-Ghislain. Le 4, le général Dumouriez, pour profiter de ces avantages, mit toute son armée en mouvement; le 5, elle bivouaqua en face du camp des Autrichiens, qui s'étaient retranchés sur les hauteurs de Jemmapes. Ils étaient commandés par Clerfayt, sous les ordres du duc Albert de Saxe-Teschen. La division du duc de Chartres, forte de vingt-quatre bataillons d'infanterie, bivouaqua en avant du village de Paturage. Le 6, l'armée française livra et gagna la célèbre bataille de Jemmapes. Dans cette journée, le duc de Chartres s'avança pour attaquer le bois de Frénu, qui couvrait le centre des Autrichiens; mais comme ils occupaient une position très-forte, défendue par des redoutes meurtrières, dont le feu, presqu'à bout portant, faisait un effroyable ravage dans les rangs français, le désordre se mit dans une partie de nos troupes : le jeune prince fit tous ses efforts pour arrêter les progrès de ce désordre; il parvint, non sans peine, à rallier les fuyards; mais dans l'impossibilité de reformer entièrement plusieurs bataillons qui s'étaient mêlés, il en fit une colonne, à laquelle il donna le nom de *Bataillon de Mons,* plaça au centre les cinq drapeaux qu'il avait arrêtés, fit de nouveau battre la charge, et, avec ces mêmes soldats, dont rien, quelques instants plus tôt, ne pouvait arrêter la fuite, il attaqua l'infanterie autrichienne qui remplissait les intervalles des redoutes, y pénétra la baïonnette en avant, et s'empara d'une partie de l'artillerie ennemie, que la cavalerie autrichienne s'efforçait vainement de faire rentrer dans Mons.

Après cette victoire, surprenante [1] autant que glorieuse pour une armée si jeune, si mal équipée, encore si inexpérimentée, il fallut deux jours pour rétablir l'ordre au milieu de l'inconcevable confusion que cette première bataille avait jetée parmi les corps de l'armée française. Puis, on se mit à la poursuite des Autrichiens. Les Français les rejoignirent, combattirent l'ennemi à Anderlecht le 13 novembre, à Tirlemont le 19, à Varroux le 27, et entrèrent dans Liége le 28.

A la suite de cette campagne, aussi honorable pour l'armée française que pour le général Dumouriez, qui la commandait, les troupes

---

[1] Louis XVIII ne pardonna jamais à Dumouriez la victoire de Jemmapes, qui renversa toutes les espérances des émigrés. En 1814, le duc d'Orléans proposa au roi de nommer son ancien général maréchal de France ; Louis XVIII répondit séchement : « Ce n'est qu'un général du second ordre. » Et lorsque le prince revit Dumouriez en Angleterre, et lui fit part de ses regrets : « *Ne voyez-vous pas*, s'écria « Dumouriez avec un sourire amer, *que j'ai là, sur le front,* « *écrit en lettres de feu, un mot qu'ils ne me pardonneront* « *jamais ; c'est le mot Champagne !* »

furent cantonnées et prirent leurs quartiers d'hiver.

Le duc de Chartres dut alors s'occuper du sort de sa sœur, qui, par suite de la prolongation du voyage qu'elle avait entrepris en Angleterre avec madame de Genlis, se trouvait comprise dans une des catégories des lois sur l'émigration. Obligé de la faire sortir de Paris en vingt-quatre heures, et de la France en trois jours, le duc d'Orléans écrivit au duc de Chartres de venir chercher sa sœur, et de la conduire en Belgique, ce qu'il fit. Ce fut à Tournay qu'il la plaça, et il y séjourna quelques semaines avec elle. Il était dans cette ville, lorsque la Convention rendit un décret prononçant le bannissement de tous les membres de la maison de Bourbon qui se trouvaient encore en France. Le duc de Chartres aurait voulu que son père partît avec lui et tous les siens pour les États-Unis d'Amérique, et qu'ils profitassent ainsi de cette circonstance qui, quoique malheureuse en elle-même, leur présentait un moyen de sortir de tous les embarras de leur position; mais son éloignement de Paris rendit nuls les efforts qu'il fit pour déterminer son père à prendre ce parti, et le décret était déjà révoqué avant que les lettres du duc de Chartres lui fussent parvenues.

Au mois de février 1793, le duc de Chartres

fut rappelé à l'armée pour y être employé au siége de Maëstricht, sous les ordres du général Miranda. Le 1ᵉʳ mars 1793, le prince de Cobourg, à la tête d'une armée autrichienne, ayant violé la neutralité du territoire Palatin, en traversant Juliers, força le général Lanoue, qui commandait les troupes françaises sur la Roër, à évacuer Aix-la-Chapelle et à se replier sur Liége. L'armée qui faisait le siége de Maëstricht fut pareillement obligée de se replier, et ces deux armées réunies prirent position devant Louvain, où le général Dumouriez, qui avait obtenu de brillants succès en Hollande, se hâta d'accourir pour réparer cet échec.

Arrivé le 15 mars, il reprit l'offensive le soir même, refoula l'avant-garde autrichienne de Tirlemont et de Goidsenhoven, jusque derrière la Gette, et profita de ces avantages pour livrer la bataille de Nerwinde, le 18 mars 1793.

Le centre de l'armée était commandé par le duc de Chartres, et composé de deux divisions, dont l'une était sous les ordres du général Dietman, et l'autre sous ceux du général Dampierre. Le prince devait soutenir l'attaque que l'aile droite était chargée de faire sur Nerwinde en même temps que sur les villages d'Oberwinde et de Middelwinde, tandis que l'aile gauche devait attaquer la droite des Autrichiens, en se prolongeant jusqu'au poste de Léau. Une division du général Valence, qui commandait la droite de l'armée, s'empara d'abord du village de Nerwinde, mais elle fut bientôt forcée de l'évacuer. Le duc de Chartres l'attaqua de nouveau à la tête de seize bataillons d'infanterie. Il délogeait les Autrichiens de haie en haie, lorsque la vue des nombreux renforts que l'ennemi recevait de la droite, répandit une terreur panique dans quelques bataillons de nouvelle levée. Les cris de *sauve qui peut!* se firent entendre, et les efforts du duc de Chartres ne purent prévenir le désordre. Il fallut de nouveau évacuer Nerwinde : le feu bien soutenu de quelques anciens bataillons, demeurés fermes sur la place de ce village, arrêta cependant l'ennemi assez longtemps pour l'empêcher de poursuivre la masse confuse qui en sortait. Ce revers de fortune était produit par les événements de l'aile gauche de l'armée française, que commandait le général Miranda : elle avait été dispersée, et avait même abandonné les ponts sur lesquels les Autrichiens auraient pu passer la Gette pendant la nuit, et couper toute retraite à l'armée française. Cependant elle bivouaqua sur le champ de bataille jusqu'à la pointe du jour, et ce fut alors seulement qu'elle commença sa retraite. Le duc de Chartres fit son mouvement rétrograde en même temps que le général Leveneur, qui commandait la droite, depuis la blessure du général Valence : il regagna Tirlemont, sans avoir été entamé, fit aussitôt fermer les portes de la ville, plaça les troupes sur les remparts, et par sa bonne contenance suspendit la marche victorieuse de l'ennemi.

Ce fut dans le cours de cette retraite que Dumouriez forma le projet de dissoudre la Convention nationale par la force des armes. L'entreprise échoua, et Dumouriez chercha son salut dans la fuite. Le duc de Chartres, qui avait manifesté avec plus de franchise que de prudence l'horreur que lui inspiraient les excès révolutionnaires dont la France était le théâtre, se vit aussi frappé d'un décret d'arrestation. Il prit alors la douloureuse résolution de quitter l'armée et de s'éloigner de sa patrie : il arriva, non sans danger, à Mons, où était le quartier général du prince de Cobourg. L'archiduc Charles, qui s'y trouvait, lui fit l'accueil le plus honorable, et lui offrit de prendre du service dans l'armée autrichienne, où il serait entré comme lieutenant général; mais le duc de Chartres était trop pénétré du sentiment de ses devoirs pour démentir ses premières armes : il se borna à demander des passe-ports, afin de se retirer en

Suisse, où il se flattait de trouver un asile paisible; ils lui furent accordés [1].

Ami sincère de l'indépendance de son pays, c'est dans les camps que le duc de Chartres avait servi cette noble cause; c'est à son épée seule qu'il devait sa première gloire. Mais, d'un côté, son nom était l'objet de la haine du parti anticonstitutionnel; de l'autre, la crainte de passer pour être du parti d'Orléans étouffait toutes les voix qui auraient pu s'élever en sa faveur; et l'importance de son rang le rendait un objet de crainte ou de jalousie pour tous les partis. Telle était sa destinée, que, proscrit en France par ceux qui dressaient des échafauds, il devait être proscrit au dehors comme un partisan de la révolution, dont il déplorait les excès.

Il part de Mons pour la Suisse le 12 avril 1793, sous le nom d'un voyageur anglais, avec César Ducrest, son aide de camp, n'emportant avec lui que de faibles ressources. Il traverse en fugitif ces mêmes contrées que peu de temps auparavant

---

[1] Ils étaient en blanc. Le prince y inscrivit les noms de Kemble et de Partney, pour lui et pour son aide de camp qui l'accompagnait, et le 12 avril 1793, il quitta Mons après avoir fait prévenir de son départ la duchesse d'Orléans, sa mère, qui était gardée à vue dans le château du duc de Penthièvre, à Vernon.

il avait parcourues en vainqueur avec l'armée française. Il apprend par une gazette l'arrestation de toute sa famille, arrive enfin à Bâle le 22 avril 1793. Il attendait mademoiselle d'Orléans, sa sœur, que les circonstances avaient placée sous sa protection : elle venait d'arriver à Schaffouse avec madame de Genlis, conduite par M. le comte Gustave de Montjoye, adjudant général dans l'armée française, et qui venait de sortir de France en même temps que le duc de Chartres. Le prince, pour la rejoindre, quitte la ville de Bâle[1]; il cherche vainement à s'établir, soit à Zurich, soit à Zug : partout il est repoussé, et partout il lui est notifié qu'il ne trouvera point d'asile en Suisse. Dans cette position terrible, il crut devoir avant tout s'occuper d'en trouver un pour sa sœur. Le comte de Montjoye imagina de consulter le général Montesquiou, membre de l'assemblée constituante, qui, décrété d'accusation pendant qu'il commandait l'armée des Alpes, était venu chercher un refuge en Suisse, et vi-

[1] Il avait été reconnu à Bâle par un capitaine de royal suédois; et quand il vint à Zurich, M. Ott, membre du grand conseil, lui dit : « Ne vous flattez pas de résider à Zurich, ni dans les grands cantons, ni même dans les petits, à moins de beaucoup d'argent..... » et le prince n'avait qu'une centaine de louis pour lui, sa sœur et les personnes qui les avaient suivis !....

vait retiré à Bremgarten, sous le nom du chevalier de Rionel. Le général témoigna aussitôt le plus vif intérêt pour ces illustres proscrits, et le plus grand désir de leur rendre service. Il parvint, non sans peine, à faire recevoir mademoiselle d'Orléans, et même madame de Genlis, au couvent de Bremgarten. Quant au duc de Chartres, « il n'y a, lui dit-il, d'autre parti à prendre
« pour vous que celui d'errer dans les montagnes,
« de ne séjourner nulle part, et de continuer
« cette triste manière de voyager jusqu'au moment
« où les circonstances se montreront plus favo-
« rables. Si la fortune vous redevient propice, ce
« sera pour vous une *Odyssée*[1] dont les détails
« seront un jour recueillis avec avidité. » Le duc

---

[1] M. de Montesquiou avait eu la même pensée que Dumouriez, qui lui-même, exilé à cette époque, écrivait à ce général : « Embrassez pour moi votre bon jeune homme ; ce que vous « faites pour lui est digne de vous ; qu'il profite de sa dis- « grâce pour s'instruire et se fortifier : ce vertige passera, et « alors il trouvera sa place. Invitez-le à faire un journal cir- « constancié de son voyage ; outre qu'il sera assez piquant de « voir un journal d'un Bourbon qui roule sur autre chose « que sur la chasse, les femmes et la table, je suis bien aise « que cet ouvrage, qu'il pourra donner un jour, lui serve « de certificat de vie, soit quand il rentrera, soit pour le « faire rentrer. Les princes doivent produire des *Odyssées* « plutôt que des pastorales. »

de Chartres, content d'avoir mis sa sœur à l'abri de l'orage, suivit ce sage conseil. Il se sépara d'elle le 20 juin 1793... Il ne devait la revoir que quinze ans plus tard !..... Et seul, à pied, presque sans argent, il commença ses voyages dans l'intérieur de la Suisse et dans les Alpes[1].

Si les bornes que nous impose cette simple notice nous permettaient de retracer ici les nombreux incidents que nous avons recueillis de ces courses aventureuses, nous aimerions à suivre l'illustre voyageur, soit aux bords des lacs de Genève et de Neuchâtel, admirant les beaux lieux immortalisés par le génie de J. J. Rousseau; soit à Steinen[2], à Bruylen, au Grütli, à la chapelle

---

[1] Son domestique Beaudoin, quoique malade, voulut l'accompagner; au commencement de son voyage, le prince avait encore un cheval que plus tard la nécessité l'obligea de vendre. Il dit à Beaudoin : « Tu es souffrant et moi je me « porte bien, monte sur le cheval, j'irai à pied. » Ce fut là le début de ce périlleux voyage.

[2] Au village de Steinen, une vieille femme qui montrait la chaumière de Werner-Stauffacher, l'un des trois libérateurs de la Suisse, mettait dans son récit tant d'action et de chaleur, qu'elle semblait raconter un événement de la veille : tant il est vrai que les souvenirs de gloire ne vieillissent pas quand ils se rattachent à la liberté !....

Telle est l'exaltation de ce sentiment pour la mémoire de Guillaume-Tell, qu'un écrivain ayant fait un livre pour

de Tellen-Blatt, recueillant avec joie de vieux souvenirs de gloire et de liberté ; soit au Mont-Saint-Gothard, implorant vainement un asile des religieux de l'hospice[1]; partout on le verrait luttant avec courage contre la fatigue et la pau-

prouver que ce courageux citoyen n'avait jamais existé, le conseil suprême décida que le livre, sur son titre seul et sans être lu, serait brûlé par la main du bourreau sur la place publique.

[1] A Gordona, dans le pays des Grisons, il demanda l'hospitalité comme au Saint-Gothard : là, comme chez les moines, il paraît que son costume et son bagage étaient peu de nature à inspirer la confiance, car une vieille femme lui fit d'abord la même réponse que le vieux capucin. Cependant il était presque nuit, le temps était mauvais, et par humanité elle se décida à donner asile au voyageur ; elle lui offrit un lit de paille dans une grange. Le prince était fatigué, il accepta avec joie et dormit d'un excellent sommeil jusqu'au point du jour, où il s'éveilla au bruit monotone de la marche régulière d'un homme qui passait et repassait devant lui. Il ouvre les yeux, et aperçoit non sans surprise un grand gaillard qui, armé d'un fusil, montait la garde à ses côtés. Le prince lui en demanda la raison : « C'est ma tante, répondit le jeune paysan, qui m'a mis là, avec la consigne de vous tuer s'il vous prenait envie de vous relever pour nous voler ; c'est que, voyez-vous, elle est un peu avare et méfiante, ma tante ! »

Le duc de Chartres sourit du soupçon, licencia, en se levant, son garde du corps qui en fut enchanté, paya honnêtement son modeste écot, et poursuivit sa route.

vreté. Mais une nouvelle scène non moins digne d'intérêt va s'ouvrir pour le duc de Chartres. Ses ressources étaient totalement épuisées. Rappelé à Bremgarten par une lettre de M. de Montesquiou, ce général lui fait part de l'idée qu'il a conçue de le placer comme professeur au collége de Reichenau, dont il connaissait un des propriétaires, M. Aloyse Jost. Ce projet ayant été agréé par le prince, le général Montesquiou en fit la proposition à son ami, en lui recommandant de ne dire à personne que ce jeune Français était le duc de Chartres. M. Jost répondit au général que le prince pouvait se rendre à Reichenau. Il y arriva sous un nom emprunté[1], fut examiné en forme par tous les chefs du collége, et unanimement admis comme professeur. Il enseigna, pendant huit mois, la géographie,

---

[1] M. de Montesquiou savait que M. Chabot-Latour, fuyant aussi la proscription, avait dû venir occuper dans ce collége une place de professeur, et comme quelques obstacles avaient retardé son arrivée, le général profita de cette circonstance en faveur du duc de Chartres, qui fut présenté sous le nom de Chabot, nom qui se trouve dans le certificat délivré au jeune professeur, et précieusement conservé par Louis-Philippe, roi des Français.

Aujourd'hui le petit-fils du général Montesquiou est chevalier d'honneur de la reine, et le fils de M. Chabot-Latour est officier d'ordonnance de monseigneur le duc d'Orléans.

l'histoire, les langues française et anglaise, et les mathématiques ; et sans avoir été jamais reconnu dans cet honorable asile, où la simplicité de sa conduite écartait toute idée de l'élévation de son rang, il sut se concilier l'estime des chefs et la reconnaissance des élèves.

C'est là qu'il apprit la fin tragique de son malheureux père.....

Un mouvement politique s'opéra chez les Grisons. L'ami de M. de Montesquiou avait été appelé à l'assemblée de Coire ; en outre, le départ de mademoiselle d'Orléans, qui venait de quitter le couvent de Bremgarten pour se rendre auprès de la princesse de Conti, sa tante, faisait entrevoir à M. de Montesquiou la possibilité de donner chez lui un asile au duc de Chartres, dont les ennemis avaient en effet perdu la trace depuis longtemps. Muni du certificat le plus honorable, le duc de Chartres quitta donc Reichenau[1] pour se retirer à Bremgarten. Il resta

---

[1] Il partit de Reichenau à pied et le sac sur le dos. A quelque distance de Bremgarten, son fidèle Beaudoin l'avait devancé par prudence, et le prince ne se rendit que le soir à la demeure du général. Beaudoin l'attendait ; et d'un air plus riant qu'au Saint-Gothard : « Venez en toute assurance, monseigneur, nous ferons ici un meilleur souper que chez les maudits capucins, car j'ai entendu tourner la

auprès de M. de Montesquiou sous le nom de Corby, aide de camp du général, jusque vers la fin de 1794, époque à laquelle il crut devoir quitter la Suisse, où sa retraite commençait à n'être plus un mystère.

Dans l'état de conflagration où était l'Europe, le duc d'Orléans (c'est ainsi que nous appellerons désormais le prince dont nous écrivons la notice) pouvait difficilement trouver une contrée où il échappât à l'infatigable persécution dont il était partout l'objet. Il conçut le projet de passer en Amérique. Hambourg lui parut un lieu plus sûr que les autres, comme point de départ. Il arriva dans les environs de cette ville vers la fin de mars 1795. Quelques promesses de fonds dont on l'avait flatté ne s'étant pas réalisées, il ne put rassembler assez de moyens pécuniaires pour aller s'établir en Amérique; mais, fatigué d'une oisiveté stérile, il résolut de parcourir le nord de l'Europe, afin de dérouter de nouveau toutes les malveillances qui le poursuivaient. Muni d'une faible lettre de crédit sur un banquier de Copenhague, il partit pour cette capitale au mois d'avril 1795, accompagné du comte Gustave de Montjoye. Le banquier de Copenhague auquel il

broche, et j'ai senti l'odeur d'un poulet qui vaudra mieux que le fromage des Alpes. »

avait été particulièrement recommandé, non comme duc d'Orléans, mais comme un voyageur suisse, lui fit obtenir des passe-ports du roi de Danemarck, à la faveur desquels il pouvait voyager en toute liberté. Après avoir visité à Elseneur le château de Cronenbourg et le jardin d'Hamlet, il passa le Sund pour se rendre en Suède, vit Helsimbourg, Gothenbourg, remonta au lac Vener, pour admirer les superbes cascades du fleuve des Goths à Trollhätton; prit ensuite la route de Norwége, séjourna à Frideriskshall, tristement célèbre par la mort de Charles XII; à Christiania[1], où les habitants lui firent l'accueil le plus gracieux sans le connaître ni même soupçonner son rang; à Drontheim, où le baron de Krog, gouverneur, le combla d'égards. Pressé d'arriver à l'extrémité du continent vers l'époque du sol-

---

[1] Un jour, il crut être reconnu dans cette ville : on avait dîné à la maison de campagne du banquier, chez lequel il se trouvait; à l'instant où on allait revenir à Christiania, il entend le fils de son hôte s'écrier tout à coup : « La voiture de monseigneur le duc d'Orléans! » Le prince tressaillit et s'approchant du jeune homme avec embarras : « Pourquoi donc, lui dit-il, avez-vous demandé la voiture du duc d'Orléans ? — C'est un souvenir de Paris ; lorsque je sortais de l'Opéra j'entendais toujours crier : *la voiture de monseigneur le duc d'Orléans, les gens de monseigneur le duc d'Orléans*, et il m'a passé par la tête de le répéter ici. »

stice, il hâta son départ de Drontheim. Il longea la côte de Norwége jusqu'au golfe de Salten, et visita le Mahlstrom, malgré les dangers qui en défendent les abords curieux. Parti de Saltdalm, il voyagea à pied avec les Lapons sur la crête des montagnes jusqu'au golfe de Tyr. Il arriva au Cap-Nord le 24 août 1795. Après s'être arrêté quelques jours dans cette contrée, à dix-huit degrés du pôle, il revint par la Laponie à Tornéo, à l'extrémité du golfe de Bothnie. L'arrivée de ces Français surprit avec raison les habitants du lieu, où la munificence d'un roi de France avait envoyé Maupertuis pour mesurer un degré du méridien sous le cercle polaire, région que le duc d'Orléans venait de parcourir jusqu'à cinq degrés plus près du pôle.

De Tornéo, l'illustre voyageur se rendit à Abo et parcourut la Finlande, pour y étudier le théâtre de la dernière guerre entre les Russes et les Suédois sous Gustave III. Il alla jusqu'au Kymène, fleuve qui séparait alors la Suède de la Russie; il ne franchit pas cette limite : Catherine régnait, et ses dispositions politiques ne pouvaient inspirer au duc d'Orléans aucune confiance pour sa sûreté personnelle. Il traversa les îles d'Aland, et vint à Stockholm. Il était depuis quelques jours dans cette capitale, sans que personne y soupçonnât sa présence, lorsque la curiosité de voir un grand bal donné à la cour, à l'occasion de la naissance du roi de Suède, Gustave IV, le décida à profiter d'un billet que lui procura un banquier, pour une des tribunes les plus élevées de la salle. Au bout de quelque temps, il y vit arriver un maître des cérémonies qui venait le chercher pour le conduire dans l'enceinte où se trouvait la cour : cette circonstance lui fit soupçonner qu'il avait été reconnu. En effet, l'envoyé de France en Suède, ayant aperçu le prince dans la salle de bal, avait dit au chancelier (le comte de Sparre) : « Vous me cachez quelques-uns de « vos secrets; vous ne m'aviez point dit que vous « aviez ici le duc d'Orléans. » Le chancelier surpris ne pouvait y croire. « Il y est si bien, reprit « l'envoyé, que le voilà là-haut. » Le fait vérifié [1], le comte de Sparre témoigna au prince que le roi et le duc de Sudermanie, alors régent, seraient charmés de le voir. Ils accueillirent le duc

---

[1] Le lendemain, le baron Hamilton, major au régiment de Nassau, vint trouver le comte de Montjoie, qu'il connaissait particulièrement : « On assure, lui dit-il, que vous êtes ici avec le duc d'Orléans. » Le comte voulut nier le fait; mais le prince survenant mit fin à ce débat, en trahissant lui-même un incognito qu'il était devenu impossible de garder plus longtemps.

d'Orléans avec autant d'égards que de distinction, lui prodiguèrent les offres les plus généreuses, et firent donner tous les ordres nécessaires pour que le jeune prince pût parcourir les établissements dignes de fixer ses regards dans toute l'étendue du royaume. Le duc d'Orléans se borna à profiter de cette dernière attention. En quittant Stockholm, il alla visiter les mines de la Dalécarlie, province fertile en souvenirs de Gustave Wasa, et se reposa à Mora, dans la ferme qui avait recueilli ce héros, comme lui fugitif et malheureux! Il alla voir le bel arsenal de marine de Carlscrona [1], repassa le Sund, et revint, par Copenhague et Lubeck, à Hambourg, dans l'année 1796.

Après cette course vers le Nord, la position du duc d'Orléans ne se trouvait améliorée ni sous le rapport politique, ni sous celui des ressources pécuniaires. Des émissaires de divers

---

[1] Lorsqu'il se présenta, le gouverneur lui répondit durement que les étrangers n'étaient point admis dans l'arsenal. Le prince allait se retirer, lorsqu'un courrier de la cour arriva pour lever cette consigne. Le gouverneur, passant alors de l'impolitesse à l'empressement le plus obséquieux, montra l'arsenal dans tous ses détails à l'illustre étranger, dont il désirait vivement savoir le nom, mais qui prit plaisir à se jouer de sa curiosité.

partis cherchaient à la fois ce prince pour lui faire des propositions dans des vues bien différentes. D'un côté, on voulait l'attirer dans les camps étrangers [1]; de l'autre, le directoire exécutif, pour lequel il était devenu un objet d'inquiétude, voulait le déterminer à s'éloigner de l'Europe. Le duc d'Orléans était dans la petite ville de Friderikstadt, duché de Holstein, lorsqu'au mois d'août 1796, le ministre de la république française près les villes Anséatiques, qui ne parvint à le découvrir qu'après plus de deux mois de recherches jusqu'en Pologne, lui fit remettre une lettre de la duchesse d'Orléans, sa mère. Cette princesse, dans les termes les plus touchants, suppliait son fils, en son nom et dans l'intérêt de ses autres enfants détenus à Marseille, de quitter l'Europe et de partir pour l'Amérique : « Que la perspective de soulager
« les maux de ta pauvre mère (disait-elle), de
« rendre la situation des tiens moins pénible,
« de contribuer à assurer le calme à ton pays,
« exalte ta générosité! » Le duc d'Orléans ré-

---

[1] Pendant son séjour en Suède, le baron de Reitz lui avait fait une communication, par laquelle le prétendant, depuis Louis XVIII, l'engageait à se rendre à l'armée de Condé; mais le duc d'Orléans refusa de porter les armes contre la France.

pondit sur-le-champ à sa mère la lettre suivante :

« Quand ma tendre mère recevra cette lettre,
« ses ordres seront exécutés, et je serai parti
« pour l'Amérique; je m'embarquerai sur le pre-
« mier bâtiment qui fera voile pour les États-
« Unis.... Et que ne ferais-je pas après la lettre
« que je viens de recevoir? Je ne crois plus que
« le bonheur soit perdu pour moi sans ressource,
« puisque j'ai encore un moyen d'adoucir les
« maux d'une mère si chérie, dont la position
« et les souffrances m'ont déchiré le cœur depuis
« si longtemps...... Je crois rêver quand je
« pense que dans peu j'embrasserai mes frères,
« et que je serai réuni à eux; car je suis réduit
« à pouvoir à peine croire ce dont le contraire
« m'eût paru jadis impossible. Ce n'est pas ce-
« pendant que je cherche à me plaindre de ma
« destinée, et je n'ai que trop senti combien elle
« pouvait être plus affreuse; je ne la croirai
« même pas malheureuse si, après avoir re-
« trouvé mes frères, j'apprends que notre mère
« chérie est aussi bien qu'elle peut l'être, et
« si j'ai pu encore une fois servir ma patrie
« en contribuant à sa tranquillité, et par con-
« séquent à son bonheur. Il n'y a pas de sa-
« crifice qui m'ait coûté pour elle; et tant que

« je vivrai, il n'y en a point que je ne sois prêt
« à lui faire. »

Il sortit de l'Elbe à bord du vaisseau américain l'*America* [1], le 24 septembre 1796, et le 21 octobre il était à Philadelphie. Le passage de ses deux frères, le duc de Montpensier et le comte de Beaujolais, ne fut pas aussi heureux : partis de Marseille en novembre 1796, ce ne fut qu'en février 1797 qu'ils arrivèrent en Amérique, et se réunirent à leur frère. Ils lui apportaient plus d'espérances que de ressources réelles. Le duc d'Orléans leur proposa de voyager dans l'intérieur des États-Unis; ils partirent tous trois à cheval, accompagnés d'un seul domestique, ce même Beaudoin qui avait suivi le duc d'Orléans au Mont-Saint-Gothard. Ils se dirigèrent vers Baltimore, de là en Virginie, et ils se rendirent à Mount-Vernon, chez le général

---

[1] Le passage du duc d'Orléans sur l'*América* a fait le sujet d'un charmant tableau de Gudin. A bord se trouvait un émigré, qui, saisi d'une grande frayeur à la vue d'un corsaire français, courut se cacher dans la cabine, en disant à son compagnon dont le sang-froid le frappa : « Ma foi, monsieur, si vous étiez émigré comme moi, vous ne seriez pas si à votre aise dans ce moment. » Il fut bien surpris lorsque, arrivé à Philadelphie, il vit le prince mettre à son chapeau la cocarde tricolore, et qu'il apprit que c'était le duc d'Orléans.

Washington, qui, avant la fin de sa présidence, les avait invités à le venir voir dans sa retraite. Nous n'entreprendrons point de suivre les illustres voyageurs, soit chez les Chérakis [1], nation sauvage, au milieu de laquelle ils passèrent deux jours pour assister à leurs fêtes ; soit dans le désert des six nations, soit à la célèbre chute du Niagara, entre les lacs Érié et Ontario.... Ce serait aller au delà du cercle que nous nous sommes tracé. Les trois frères supportèrent sans

[1] Fatigué d'une longue route qu'il avait faite à cheval, le duc d'Orléans crut prudent de se saigner. Cette opération, nouvelle pour les sauvages, excita leur étonnement. Dès qu'ils purent comprendre qu'elle était salutaire, ils conduisirent le prince au lit d'un vieillard souffrant, qui, grâce à sa lancette, fut à l'instant même soulagé. Ce succès lui mérita la reconnaissance et l'admiration de ces Chérakis, et pour lui en donner un témoignage solennel, on lui permit de passer la nuit sur la natte de famille, entre la grand'mère et la grand'tante ! Le duc de Montpensier et le comte de Beaujolais, relégués avec la jeunesse, n'envièrent pas sans doute à leur frère les honneurs vénérables dont on entoura son sommeil.

Le duc d'Orléans avait gardé cette lancette, et devenu roi, il en fit présent à un jeune étudiant en médecine, à la suite d'un dîner au Palais-Royal. Mais il a conservé l'habitude d'en porter une sur lui, et c'est ainsi qu'il eut le bonheur de sauver la vie au courrier Verner, qui était tombé sous la roue d'une voiture dans une course au Raincy.

peine les fatigues de ce long voyage à travers des régions inhabitées, tantôt dans les immenses forêts qui en couvrent encore la plus grande partie, tantôt dans ces vastes plaines d'herbages qu'on appelle *des Savanes* ; ils étaient jeunes, ils étaient réunis après de cruelles souffrances, ils voyageaient ensemble et sans entraves dans un pays nouveau et plein d'intérêt pour l'œil d'un Européen ; et ces motifs adoucissaient l'amertume qui se mêlait à la bizarrerie de leur destinée.

Peu après leur retour à Philadelphie, au mois de juillet 1797, la fièvre jaune se déclara dans cette ville ; trois princes, que leur naissance appelait à une si haute fortune, ne purent, faute d'argent, quitter ce séjour devenu pestilentiel. Ce ne fut qu'au mois de septembre, que leur mère ayant été momentanément réintégrée dans ses biens, ils parvinrent à se procurer les moyens suffisants pour entreprendre un nouveau voyage. Ils se rendirent d'abord à New-York, de là à Rhode-Island, puis dans le Massachusset, le New-Hampshire et le Maine ; ils revinrent à Boston, où les papiers publics leur apprirent la déportation de leur auguste mère. Ils partirent sur-le-champ pour Philadelphie ; là, informés que cette princesse avait été transportée en Espagne, ils n'eurent plus d'autre pensée que d'aller la rejoindre; mais le dénûment auquel ils étaient encore une fois réduits, et la guerre entre l'Espagne et l'Angleterre, opposaient à leurs désirs des obstacles difficiles à surmonter. Une seule voie paraissait praticable pour eux : c'était de se rendre d'abord à la Louisiane, qui, à cette époque, formait encore partie des États du roi d'Espagne, et de s'embarquer de là pour la Havane, d'où l'on expédiait de temps à autre en Europe des bâtiments de guerre espagnols, sur lesquels les princes se flattaient d'obtenir le passage.

Partis de Philadelphie le 10 décembre 1797, ils descendirent, au milieu des glaces, l'Ohio et le Mississipi, jusqu'à la Nouvelle-Orléans, dont le gouverneur, Gayoso, et les habitants témoignèrent aux princes français les sentiments les plus flatteurs. Ils arrivèrent dans cette colonie le 17 février 1798; ils y séjournèrent pendant cinq semaines, attendant de la Havane une corvette espagnole. Cet espoir déçu, ils s'embarquèrent sur un navire américain, qui fut pris dans la traversée par une frégate anglaise. Le duc d'Orléans se nomma au capitaine [1], qui le

---

[1] C'était le capitaine Cochkranc. L'équipage avait assez mal reçu les trois frères, lorsque le duc d'Orléans dit au lieutenant de vaisseau, qui ne le connaissait pas : « Allez

fit transporter ainsi que ses frères à la Havane, où ils débarquèrent le 31 mars. Ils tentèrent de nouveau, mais vainement, de passer en Europe.

Malgré les regrets que le duc éprouvait au souvenir de la France, il se serait résigné à vivre dans une douce obscurité sur cette terre étrangère, s'il avait pu s'y créer pour ses frères et pour lui une existence honorable. L'accueil que les autorités espagnoles et les habitants de la Havane avaient fait aux princes réfugiés, leur en donnait l'espoir; mais le gouvernement de Madrid y mit obstacle en les forçant de quitter l'île de Cuba.

Un ordre daté d'Aranjuez, le 21 mai 1799, prescrivit au capitaine général de la Havane de reléguer les trois frères à la Nouvelle-Orléans, sans leur assurer aucun moyen d'existence. Indignés de cette nouvelle persécution, les princes refusèrent de se rendre à la destination qui leur était imposée avec de telles formes : ils jetèrent alors les yeux sur l'Angleterre, comme le seul

---

apprendre à votre capitaine que je suis le duc d'Orléans, et que je suis ici avec mes deux frères, le duc de Montpensier et le comte de Beaujolais. » Le capitaine, aujourd'hui amiral Cochkrane, fit traiter les trois princes avec les plus grands égards.

asile encore ouvert à leur infortune, et d'abord ils passent, sur un parlementaire espagnol, aux îles anglaises des Bahamas ; de là à Halifax, où le duc de Kent, l'un des fils du roi d'Angleterre, Georges III, qui les reçoit très-bien, ne se croit pas toutefois autorisé à leur accorder passage pour l'Angleterre sur une frégate anglaise. Ils ne perdent point courage : ils montent sur un petit navire qui les transporte à New-York, de New-York un paquebot anglais les conduit à Falmouth, et ils arrivent à Londres au mois de février 1800.

Le duc d'Orléans eut une entrevue avec *Monsieur*[1] ; il écrivit au roi, qui se trouvait alors à Mittau. Les journaux anglais publièrent ce rapprochement, qui fut également honorable des deux côtés. Le prince observa le même système de conduite qu'il avait suivi avec tant de constance : il ne songea qu'à revoir la princesse sa

---

[1] « Le roi sera charmé de vous revoir, lui dit *Monsieur*, mais avant tout, il est nécessaire que vous lui écriviez. » Le duc d'Orléans n'y trouva aucun inconvénient. La lettre était simple et noble ; il y rappelait les principes de toute sa vie. Le comte d'Artois aurait exigé plus : « Vous auriez dû, dit-il au prince, parler au roi de vos erreurs. — Des erreurs, répondit le duc en souriant, qui n'en a pas commis ? Il aurait fallu dire nos erreurs, et ce n'eût été ni poli pour vous, ni honorable pour moi. »

mère, afin de concerter avec elle les moyens de préparer un meilleur avenir pour les débris de la famille d'Orléans. Le gouvernement anglais lui en facilita les moyens, et une frégate fut chargée de le transporter à Minorque. A peine fut-il arrivé dans cette île, qu'on annonça que l'armée de Condé allait venir y joindre l'armée anglaise [1]. On demanda au duc de se ranger sous les drapeaux de l'émigration, mais il s'y refusa formellement, de concert avec les princes ses frères, qui partageaient ses sentiments.

La guerre entre l'Espagne et l'Angleterre apportait beaucoup d'obstacles à l'entrevue du duc d'Orléans avec sa mère; cependant une corvette napolitaine étant venue accidentellement à Mahon, il obtint d'être conduit à son bord dans la rade de Barcelone [2]; mais d'autres motifs, indépendants de sa volonté, le privèrent de cette satisfaction, et les trois frères retournèrent en Angleterre sans avoir rempli un vœu si cher à leur cœur. Plus tard, ils obtinrent de leur mère de faire venir auprès d'elle Mademoiselle d'Or-

---

[1] L'armée de Condé fut obligée de se replier en Allemagne, après la bataille de Marengo, avec les restes de l'armée autrichienne, et sans s'être avancée au delà d'Udine en Italie.
[2] Naples était alors en paix avec l'Espagne, quoique l'Angleterre fût en guerre avec ce royaume.

léans, leur sœur, qui, depuis son départ de Suisse, était toujours en Hongrie avec madame la princesse de Conti, sa tante.

Le prince s'établit avec ses frères sur la terre hospitalière d'Angleterre, dans un modeste asile, à Twickenham, où ils furent rejoints par le chevalier de Broval, qui leur avait été attaché dans les premiers temps de leur éducation.

Là, le nom du duc d'Orléans, ses vertus, ses malheurs, le charme aventureux de ses voyages, le rendaient l'objet de la considération du peuple anglais. Il visitait tout ce qui fixe la curiosité des étrangers, soit en Angleterre, soit en Écosse; il portait ses regards sur les monuments, sur les établissements de l'industrie; il s'instruisait avec empressement sur l'économie politique du pays, et surtout dans l'étude de ces lois sur lesquelles sont si bien établies et les libertés publiques et la sécurité individuelle. Le gouvernement anglais le traitait avec autant d'estime que de distinction, et paraissait satisfait que ce prince, se renfermant dans ses souvenirs, menât dans la retraite une vie paisible, exempte d'ambition, et conforme à la position où le sort l'avait placé [1].

---

[1] Louis XVIII lui avait écrit de Varsovie qu'il désirait beaucoup le voir pour s'entretenir avec lui de la situation

Ce tranquille bonheur fut troublé par la mort du duc de Montpensier, qui succomba à une maladie de poitrine, dans l'année 1807. Le comte de Beaujolais languissait, attaqué du même mal : les médecins de Londres lui conseillèrent d'aller respirer un air plus doux que celui de l'Angleterre ; l'état de l'Europe ne laissait de choix qu'entre Malte et Madère ; mais il ne consentit à entreprendre ce voyage que sur la promesse que lui fit le duc d'Orléans de l'accompagner [1]. Les deux frères arrivèrent à Malte dans

de la France. Cette conférence, dont le siége fut soudain transféré à Mittau, et à laquelle étaient aussi invités le comte d'Artois et le prince de Condé, devait avoir lieu *sous les auspices de la cour de Suède.* Cette circonstance décida le duc d'Orléans à refuser l'invitation ; il laissa partir le comte d'Artois seul : « Vous avez bien fait » lui dit quelques jours après un membre du cabinet anglais ; « notre gouvernement ne vous aurait point permis de vous rendre à Mittau. »

[1] Le comte de Beaujolais semblait ne rien espérer de ce voyage : « Je sens, dit-il à son frère, que ma vie va finir comme celle de Montpensier ; à quoi bon aller chercher si loin un tombeau ? Restons dans cette retraite, sur cette terre hospitalière. Ici, du moins, je pourrais mourir dans tes bras, et reposer auprès d'une cendre amie. » Affligé de ces tristes pressentiments, le duc d'Orléans insista pour que son frère se conformât aux avis qui lui étaient donnés. — « Tu me suivras donc, dit le prince, car il me serait impossible de me séparer encore une fois de toi ; avec toi, je puis consentir à ce voyage. »

les premiers jours de 1808; mais là, les médecins ayant déclaré que l'air de cette île était pernicieux pour le malade, le duc d'Orléans écrivit au roi de Sicile, Ferdinand IV, pour obtenir la permission de transporter son frère sur le mont Etna. Avant l'arrivée de la réponse, le comte de Beaujolais avait cessé de vivre. Le duc d'Orléans, pour s'arracher au spectacle douloureux des funérailles de son frère, s'embarqua pour Messine. C'est là qu'il reçut la réponse qu'il attendait de Ferdinand IV: elle était conçue dans les termes les plus flatteurs, et contenait une invitation de se rendre à Palerme. Il partit pour cette capitale, où se trouvait alors la cour de Sicile : il y fut accueilli par la reine Marie-Caroline, et le roi ne tarda pas à lui laisser entrevoir dans ses entretiens le désir de l'avoir un jour pour son gendre.

C'était l'époque où Napoléon, pour placer une couronne de plus sur la tête de ses frères, avait entrepris la guerre d'Espagne, guerre si impolitique et si désastreuse. Ferdinand IV, jaloux de soutenir les droits de sa famille, crut devoir envoyer en Espagne Léopold, son second fils, et engagea le duc d'Orléans à l'accompagner pour aider ce jeune prince de ses conseils et de son expérience. Il s'agissait de défendre l'indépendance d'un peuple généreux : le duc d'Orléans accepta cette mission. L'ambassadeur anglais à

Palerme avait ouvertement encouragé le départ des deux princes, et autorisé leur passage sur un vaisseau de guerre anglais. Quelle fut donc leur surprise lorsque, arrivés à Gibraltar, le gouverneur de cette forteresse leur déclara qu'il ne les laisserait point entrer en Espagne! Le prince Léopold fut retenu deux mois à Gibraltar, et le duc d'Orléans conduit en Angleterre sur le même vaisseau qui les avait amenés de Palerme.

Arrivé à Londres en septembre 1808, il se plaignit de la conduite du gouverneur de Gibraltar. On lui répondit que cette conduite était en harmonie avec les intentions du gouvernement anglais. Le duc d'Orléans sollicita du moins la faculté d'aller retrouver sa mère, qui était à Figuères; ce ne fut pas sans difficulté qu'il obtint de sortir d'Angleterre sur une frégate dont le commandant avait ordre de le conduire à Malte, mais de ne le point laisser approcher des côtes d'Espagne. Il allait s'embarquer à Portsmouth, lorsqu'il fut rejoint par la princesse sa sœur, qui l'avait vainement cherché, tant à Malte qu'à Gibraltar. Il fit voile avec elle pour la Méditerranée, et arriva à Malte au commencement de 1809. Il écrivit aussitôt à la duchesse d'Orléans sa mère, pour tâcher d'arranger une entrevue avec elle, et lui envoya le chevalier de Broval, qui l'avait accompagné dans la Méditerranée; mais les obstacles se multipliaient au lieu de s'aplanir.

Il crut devoir se rendre de nouveau à la cour de Palerme. Les choses avaient changé de face pendant son absence; le même esprit qui, depuis tant d'années, n'avait point cessé de lui susciter partout des embarras ou des ennemis, avait cherché à le calomnier aux yeux de la reine. Cependant il parvint à dissiper ces préventions : la reine consentait à lui donner en mariage la princesse Amélie, qui avait fixé ses regards et son cœur [1]; mais le prince désirant que la duchesse d'Orléans, sa mère, fût témoin de cette union, lui demanda de nouveau

---

[1] « L'éducation de cette princesse avait été confiée à une
« femme d'un grand mérite, madame d'Ambrosio, qui avait
« su développer dans son auguste élève ces nobles vertus
« qui devaient être l'ornement d'un trône. Elle éclaira sa
« raison, et la fortifia par une piété sans faste comme sans
« préjugés. La princesse Amélie avait à peine dix ans, lors-
« qu'en 1792, une flotte française, commandée par l'amiral
« Latouche-Tréville, répandit l'effroi à la cour du roi son
« père. Six ans après, elle avait été obligée de fuir avec ses
« parents devant l'armée victorieuse du général Champion-
« net : elle n'avait pu que les consoler par sa tendresse, par
« l'exemple de sa piété et de sa résignation. Il était dans sa
« destinée de devenir la compagne et la consolation d'un
« autre exilé, et d'ajouter à la couronne l'éclat de toutes les
« vertus. »

17

une entrevue, soit en Sicile, soit en Sardaigne ; il passa même à Cagliari pour la faciliter, et il y avait attendu vainement sa mère, lorsque sa sœur lui écrivit de Malte que le gouvernement anglais ne s'opposait plus à leur passage au Port-Mahon ; elle vint le chercher à Palerme, où il était revenu, non sans avoir couru risque pendant le trajet d'être pris par les Barbaresques. Il fit voile pour Mahon, où, après seize années de séparation, il eut le bonheur de revoir sa mère, et ce qui restait de la famille d'Orléans vint à Palerme se réunir autour de l'autel où un petit-fils de Henri IV recevait la main de la fille du roi de Sicile [1].

Ce prince goûtait les douceurs d'un heureux hyménée, lorsqu'au mois de mai 1810, il vit arriver à Palerme une frégate espagnole qui portait un envoyé de la régence de Cadix [2]. Cette régence, dans une lettre aussi pressante que flatteuse, invoquait, au nom de la liberté, l'appui des talents et de l'épée du duc d'Orléans ; elle lui offrait un commandement général en Catalogne, avec tous les honneurs dus aux infants d'Espagne.

---

[1] Le mariage fut célébré le 25 novembre 1809.

[2] Le prince était alors à Bagaritta, sa maison de campagne.

Le prince s'embarque et fait voile pour la Catalogne [1] : il arrive à Tarragone; mais de sourdes intrigues lui avaient suscité des obstacles inattendus, et le commandant espagnol, embarrassé de sa présence, lui déclare qu'il n'est pas autorisé à lui remettre le commandement. Ce changement rapide avait été opéré par l'influence anglaise : le parti espagnol qui avait résolu d'appeler le duc d'Orléans, avait d'abord mis le plus grand mystère dans l'exécution de ce projet; mais les Anglais en ayant été informés, n'avaient pas dissimulé leur mécontentement. Le duc d'Orléans s'éloigna à regret de Tarragone, où il avait reçu des habitants le plus brillant accueil. On aurait désiré qu'il retournât à Palerme; mais dès qu'il fut sorti du port, il ordonna à la frégate qui le portait de faire voile pour Cadix. Là, il éprouva les effets de la même influence, qui déjà avait prévalu sur le vœu d'après lequel il était venu en Espagne; la régence elle-même, qui l'avait appelé de son propre mouvement, craignait alors de le recevoir. Cependant il insista, et débarqua à Cadix avec les

---

[1] Le duc d'Orléans était accompagné dans ce voyage par le colonel Salluzzo, que le roi de Naples en avait chargé, et par le chevalier de Broval, dont l'attachement fidèle ne s'est jamais démenti.

honneurs dus à son rang. La régence le reçut en
audience publique; mais après cette cérémonie,
après quelques jours passés à visiter les fortifica-
tions de Cadix et la position militaire de l'île de
Léon, il eut lieu de s'apercevoir que ses efforts
seraient plus que contrariés. Une frégate anglaise
fut dépêchée à Cadix, avec ordre de le conduire
en Angleterre; le prince refusa de s'embarquer.
Alors l'ambassadeur anglais pressa le conseil de
régence de l'y contraindre; mais ce conseil s'y
refusa, se contentant de le tenir dans l'inaction.
Enfin, au bout de trois mois d'attente, les cortès
s'assemblèrent dans l'île de Léon. Dès les premiers jours de leur réunion, l'influence anglaise,
qui les dirigeait alors, obtint l'éloignement du
duc d'Orléans, en faisant craindre que si on ne
le forçait pas de s'éloigner de Cadix, les troupes
anglaises ne quittassent l'Espagne. Frappé par
cet ordre, le duc d'Orléans tenta, comme dernière ressource, de parler lui-même aux cortès
assemblées. Il courut à l'île de Léon, où elles
étaient réunies; malheureusement il y avait
séance secrète. On en profita pour ne pas le
recevoir : trois membres furent chargés de lui
déclarer que les cortès considéraient son éloignement comme nécessaire au salut de cette
Espagne dont il était venu défendre l'indépendance. Ainsi, après plus de trois mois de ré-

sistance et d'inutiles efforts, il fut contraint de remonter sur une frégate espagnole, qui le reconduisit au même rivage où la régence avait envoyé solliciter son appui. Il arriva à Palerme au mois d'octobre 1810, peu de temps après la naissance du duc de Chartres, son fils aîné.

Ferdinand IV, roi des Deux-Siciles, était à Palerme avec cette portion de sa cour et de son armée qui l'avait suivi en Sicile, lorsque les événements de la guerre continentale l'avaient forcé d'abandonner son royaume de Naples. Murat, qui portait également le titre de roi des Deux-Siciles, régnait alors à Naples : ce titre indiquait de part et d'autre l'intention de s'emparer de celle des deux couronnes dont on n'était pas en possession ; aussi la reprise du royaume de Naples était la pensée première de la cour de Palerme, surtout de la reine Marie-Caroline d'Autriche, dont l'influence y était prédominante. L'Angleterre protégeait alors la Sicile par une armée de quinze à vingt mille hommes qu'elle entretenait dans ce royaume, par un subside annuel de quatre cent mille livres sterling, et par la flotte nombreuse que la supériorité de sa puissance maritime lui permettait d'avoir dans la Méditerranée. Mais la reine Marie-Caroline était persuadée que les Anglais étaient contraires à son rétablissement sur le trône de Naples, parce que, selon elle, ce rétablissement les aurait empêchés de tenir, et la Sicile, et la cour de Ferdinand IV, sous le poids de leur domination : aussi affectait-elle du dédain pour la défense de la Sicile, et, répétant sans cesse que c'était l'affaire des Anglais, elle ne s'occupait que des moyens de contre-balancer leur influence, et surtout de reprendre *sans eux ou malgré eux* le royaume de Naples. Poursuivant ce système avec ténacité, elle travaillait sans relâche à se procurer des troupes qui fussent à elle, des bâtiments de transport, et tout l'argent nécessaire pour reconquérir ses États de terre ferme; ce qui mécontentait les Siciliens autant que les Anglais. Les Siciliens n'ont jamais aimé les Napolitains; ils se voyaient avec peine gouvernés par l'émigration de Naples, et contraints de l'alimenter. Le duc d'Orléans s'efforçait en vain de mettre cette vérité sous les yeux de la reine : elle aurait bien voulu employer militairement ce prince, mais elle était retenue par la crainte de faire ainsi prévaloir le système que le duc d'Orléans lui recommandait constamment. C'était donc sans fruit qu'il faisait des plans de défense pour la Sicile; qu'il invitait la reine à se tenir en bonne harmonie avec les Anglais, et à s'entendre avec eux pour organiser cette défense, qu'il représentait la nécessité d'écarter les émigrés napolitains du pouvoir, et d'y appeler les Siciliens ; qu'il insistait surtout pour qu'on respectât les immunités nationales et les priviléges dont ce peuple jouissait depuis huit siècles, priviléges que les différentes dynasties successivement placées sur le trône de Sicile avaient constamment respectés et presque toujours augmentés. Le plus important des priviléges de la Sicile était celui de s'imposer elle-même par l'organe de son parlement, qui s'assemblait tous les trois ans; ce parlement jouissait en outre du droit de nommer une commissiou intermédiaire, dite la *députation du royaume,* qui, par une singulière prérogative, percevait directement les impôts, et les versait ensuite dans les caisses du gouvernement. Le vote triennal du parlement sicilien devant expirer au 1er janvier 1811, il fut nécessaire de convoquer cette assemblée sur la fin de 1810. La cour lui demanda une augmentation d'impôts de 360,000 onces d'or [1] par an, mais le parlement n'en vota que 150,000. La violence des partis devint extrême; et tout d'un coup un édit royal établit, sans autre forme, un impôt extraordinaire d'un pour cent sur toutes les quittances. Un grand nombre de membres du

---

[1] L'once d'or de Sicile vaut environ 12 francs de notre monnaie.

parlement protestèrent entre les mains de la députation du royaume; les plus marquants furent enlevés la nuit, et transférés dans des îles désertes : toute la Sicile fut en rumeur. Le duc d'Orléans, toujours et partout ennemi de l'arbitraire, se tenait retiré à la campagne.

Cependant lord William Bentinck arrive en Sicile avec pleins pouvoirs de l'Angleterre; les troupes anglaises occupent Palerme; le roi remet l'exercice de l'autorité royale au prince héréditaire en le nommant vicaire général du royaume, et s'éloigne de sa capitale. Les Siciliens sont appelés au ministère; la nouvelle constitution paraît; mais le peu d'harmonie qui régnait dans les esprits suscitait des obstacles continuels à la nouvelle administration.

Le 23 avril 1814, on ignorait encore en Sicile et la chute de Napoléon et le rétablissement de la maison de Bourbon au trône de France. Un vaisseau anglais qui arriva ce jour-là à Palerme, y répandit le premier cette grande nouvelle. Pressé du désir de revoir sa patrie, après une si longue absence, le duc d'Orléans part sur-le-champ pour Paris [1], se retrouve sur

---

[1] Lord William Bentinck avait mis un vaisseau à sa disposition. Le prince s'embarqua avec le capitaine Gordon, officier anglais, et White, son valet de chambre; il arrive à Gênes

la terre de France, avec autant d'étonnement que de joie; et le 17 mai, il paraît chez le roi aux Tuileries en habit de lieutenant général français.

Au mois de juillet 1814, accompagné du baron Atthalin et du comte de Sainte-Aldegonde, qu'à son arrivée en France il avait attachés à sa personne en qualité d'aides de camp, il s'embarqua sur le vaisseau de ligne français la *Ville de Marseille*, pour aller chercher sa famille à Palerme. De retour à Paris, il jouissait en paix du bonheur de se retrouver dans une patrie qui n'avait point oublié ses anciens services, et dont le souvenir et la gloire l'avaient suivi et consolé dans le cours de ses voyages et de ses infortunes, lorsque l'évasion de l'île d'Elbe vint troubler cette douce existence, et remettre en question l'avenir de la maison de Bourbon.

où il lit dans le Moniteur la déclaration du comte d'Artois : « Allons, dit-il à M. W. Bentinck, c'est encore le pouvoir absolu, » et il poursuit son voyage. Arrivé à Charenton, il envoie le capitaine Gordon retenir un appartement dans l'hôtel de la rue Grange-Batelière, tenu par un des anciens serviteurs de la maison d'Orléans. C'est de là qu'il se rendit aux Tuileries, où Louis XVIII lui dit : « Il y a vingt-cinq ans, vous étiez lieutenant général, vous l'êtes encore. » Parmi les personnes qui entouraient le roi, il retrouva avec plaisir Macdonald, avec lequel il avait combattu à Jemmapes.

Le 5 mars 1815, dès que le débarquement de Napoléon Bonaparte à Cannes fut connu à Paris, le duc d'Orléans fut appelé par le roi aux Tuileries, où S. M. lui donna l'ordre de partir pour Lyon. Arrivé dans cette ville, il assista à un conseil présidé par *Monsieur*, et où se trouvait le maréchal Macdonald [1] : il y fut reconnu qu'il n'y avait aucun moyen de s'opposer à l'entrée de Napoléon dans Lyon. Le duc d'Orléans revint à Paris ; sa sollicitude se porta sur sa femme et sur ses enfants : il les fit partir pour l'Angleterre ; sa sœur resta auprès de lui.

Le 16 mars, le duc d'Orléans accompagna S. M. dans sa voiture, à la séance royale [2] ; il partit le soir même pour aller prendre le commandement des départements du Nord, dont

[1] Ce conseil se tint chez M. Roger de Damas où se trouvaient réunis, indépendamment de *Monsieur*, du duc d'Orléans et du maréchal Macdonald, les généraux Brayer, Albert et Partouneaux. Dans la nuit suivante, on reçut la nouvelle que Napoléon approchait de Lyon, Macdonal, se rendit aussitôt chez le comte d'Artois, enfonça la porte de sa chambre, et, ouvrant les rideaux du lit : « Levez-vous, monseigneur, il faut partir, Napoléon arrive. »

[2] Louis XVIII portait ce jour-là, pour la première fois, la plaque de la Légion d'honneur. « Voyez-vous cela, » dit-il, en la montrant au duc d'Orléans. « Oui, sire, il vaut mieux tard que jamais, » répondit le prince en souriant.

il venait d'être investi par le roi ; et suivi de ses aides de camp, parmi lesquels se trouvait le brave lieutenant général Albert, il arriva le 17 au matin à Péronne, où le maréchal Mortier, duc de Trévise, fit mettre ses lettres de service à l'ordre du jour, et le fit reconnaître aux troupes comme commandant en chef. De là, toujours accompagné de ce maréchal, avec lequel il avait servi dans la mémorable campagne de 1792, il quitta Péronne pour aller visiter Cambray, Douay et Lille. Le prince fut reçu avec enthousiasme dans ces places. Le 20 mars, il envoyait à tous les commandants, pour instruction, « de faire « céder toute opinion au cri pressant de la pa-« trie ; d'éviter les horreurs de la guerre civile ; « de se rallier autour du roi et de la charte « constitutionnelle ; *surtout de n'admettre sous* « *aucun prétexte dans nos places les troupes* « *étrangères.* »

Ce même jour, le télégraphe de Lille venait de recevoir une communication : c'était un message de Napoléon ainsi conçu : « L'Empereur « rentre dans Paris à la tête des troupes qui avaient « été envoyées contre lui. Les autorités civiles « et militaires ne doivent plus obéir à d'autres « ordres que les siens, et le pavillon tricolore « doit être sur-le-champ arboré. »

Le duc d'Orléans n'en continua pas moins ses opérations : il partit le 21 pour Valenciennes, qu'il revit avec plaisir, se rappelant qu'à l'âge de dix-huit ans il avait commandé dans cette place, lors du commencement de la glorieuse lutte de la France contre les armées de la coalition.

De retour à Lille [1], il fut instruit que le roi

---

[1] Louis XVIII arriva presque à l'improviste, précédé du maréchal Macdonald. Pendant que le prince accompagnait la voiture du roi, un adjudant de place lui dit qu'un officier anglais l'avait chargé de lui remettre une lettre dont il attendait la réponse. Cette lettre, datée de Bruxelles, le 21 mars 1815, était du prince d'Orange, et conçue en ces termes : « Je fais faire des mouvements à l'armée alliée, « nous respecterons le territoire français, à moins que « S. M. le roi de France ne désire notre assistance. Dès lors « nous serons prêts à épouser sa cause. Si V. A. voulait me « parler, je suis prêt à me rendre sur la frontière pour l'y « rencontrer ; mais dans toutes les circonstances, elle peut « compter sur moi, comme sur un des plus fidèles alliés de « S. M. Louis XVIII. » Le duc d'Orléans présenta cette lettre au roi dans son cabinet. « Je suis ici, lui dit le roi, et vous n'y commandez plus. — C'est ce que je vais répondre au prince d'Orange. — Mais attendez, cela n'est pas si pressé. »

Après avoir pris de nouveau les ordres du roi, le duc écrivit au prince d'Orange : « Je ne commande plus, le roi vous répondra. ».

Deux heures après, il se tint un conseil où assistèrent le duc d'Orléans, les maréchaux Berthier, Macdonald, Trévise

allait arriver dans cette place : en effet, S. M. y entra le 22 à midi, et en repartit le 23. Il paraît qu'en quittant la France, le roi n'avait laissé aucune instruction au duc d'Orléans, ni à aucun des autres chefs militaires qui se trouvaient à Lille. Dans cet état de choses, le prince, après avoir prévenu les commandants de places qu'il n'avait plus d'ordre à leur transmettre au nom de S. M., quitta Lille le 24 mars 1815, pour rejoindre sa famille en Angleterre. Avant de partir, il avait adressé au maréchal duc de Trévise cette lettre, non moins honorable

et le duc de Blacas. Le général Ricard y apporte des dépêches de *Monsieur*, qui annonçaient qu'il s'était embarqué à Dieppe, et que la maison du roi était restée à Grandvilliers. Enfin, le 23 mars, Louis XVIII annonce qu'il va quitter la France; Macdonald et Mortier ne voulant pas abandonner leur pays, donnent leur démission au roi, qui leur dit : « Si les circonstances vous obligent à mettre une autre cocarde à votre chapeau, faites-le; mais vous conserverez toujours la mienne dans votre cœur. — Sire, lui répondit Mortier, je conserverai toujours dans mon cœur les souvenirs de vos bontés. » Le roi se mit en voiture à trois heures, et quitta Lille et la France. Le duc d'Orléans partit le lendemain avec sa sœur et madame de Montjoie, sa dame d'honneur, et ce ne fut qu'en lui disant adieu, que le maréchal Mortier lui apprit qu'il avait reçu, par le télégraphe, l'ordre de l'arrêter.

pour celui qui l'a reçue que pour celui qui l'a écrite [1] :

Lille, le 23 mars 1815.

« Je viens, mon cher maréchal, vous remettre « en entier le commandement que j'aurais été « heureux d'exercer avec vous, dans les départe- « ments du Nord. Je suis trop bon Français pour « sacrifier les intérêts de la France, parce que « de nouveaux malheurs me forcent à la quitter. « Je pars pour m'ensevelir dans la retraite et « dans l'oubli. Le roi n'étant plus en France, « je ne puis plus vous transmettre d'ordre en « son nom, et il ne me reste qu'à vous dégager « de l'observation de tous les ordres que je vous « avais transmis, et à vous recommander de « faire tout ce que votre excellent jugement et « votre patriotisme si pur vous suggéreront de « mieux pour les intérêts de la France, et de « plus conforme à tous les devoirs que vous avez « à remplir.

« Adieu, mon cher maréchal : mon cœur se « serre en écrivant ce mot. Conservez-moi votre « amitié dans quelque lieu que la fortune me « conduise, et comptez à jamais sur la mienne.

---

[1] Cette lettre a été imprimée dans plusieurs écrits du temps.

« Je n'oublierai jamais ce que j'ai vu de vous
« pendant le temps trop court que nous avons
« passé ensemble. J'admire votre noble loyauté
« et votre beau caractère autant que je vous es-
« time et que je vous aime ; et c'est de tout mon
« cœur, mon cher maréchal, que je vous sou-
« haite toute la prospérité dont vous êtes digne,
« et que j'espère encore pour vous.

« L. P. D'ORLÉANS. »

Le prince se fixa à Twickenham. Là, comme à toutes les époques de sa vie, fidèle à ses principes, il se renferma dans la retraite au sein de sa famille. Le parti qui n'avait jamais cessé de chercher à dénaturer ses actions, eut encore une fois recours aux mêmes moyens. Il fit insérer dans les journaux anglais, sous le nom du duc d'Orléans, *des protestations, des professions de foi*, fabriquées à dessein pour le placer dans une fausse position. Le prince se contenta de les démentir ; et lorsque le gouvernement du roi fut rétabli en France, il crut devoir revenir à Paris. Il y arriva dans les derniers jours du mois de juillet. La France revit avec plaisir un prince qui avait ennobli son exil par l'attitude honorable qu'il avait su y conserver. Cependant le séquestre mis sur ses biens pendant les cent jours n'avait pas encore été levé. Il demanda et obtint de la justice du roi la cessation de cette mesure, et retourna ensuite auprès de sa famille, à Twickenham.

Quelque temps après, le roi rendit une ordonnance qui autorisait tous les princes à prendre séance dans la chambre des pairs : c'était tout à la fois pour le duc d'Orléans un devoir à remplir et une occasion de manifester à la France ses opinions et ses sentiments. Il quitta l'Angleterre vers la fin de septembre pour venir exercer cette noble prérogative. Une question importante et délicate ne tarda pas à s'élever dans la chambre des pairs.

Les colléges électoraux qui avaient élu la chambre des députés de 1815, avaient envoyé au roi des adresses pour solliciter *l'épuration des administrations publiques et le châtiment des délits politiques.* La commission de la chambre des pairs, chargée du projet d'adresse à S. M., avait recueilli et adopté cette proposition : «Sans « ravir au trône, disait-elle, les bienfaits de la « clémence, nous oserons lui recommander les « droits de la justice ; nous oserons solliciter « humblement de son équité la rétribution né-« cessaire des récompenses et des peines, et « l'épuration des administrations publiques.» Un vif débat s'engagea à la lecture de ce paragraphe dans la séance du 13 octobre 1815. MM. Barbé-

Marbois, le duc de Broglie, de Tracy, Lanjuinais, le combattirent au nom de la justice et de l'humanité. Divers amendements partiels furent proposés; mais d'autres pairs ayant insisté pour que la chambre émît un vœu formel pour le châtiment des coupables, le duc d'Orléans se levant immédiatement : « Ce que je « viens d'entendre, dit-il, achève de me confir- « mer dans l'opinion qu'il convient de proposer « à la chambre un parti plus décisif que les « amendements qui lui ont été soumis jusqu'à « présent. Je propose donc la suppression totale « du paragraphe. Laissons au roi le soin de « prendre constitutionnellement les précautions « nécessaires au maintien de l'ordre public, et « ne formons pas des demandes dont la malveil- « lance ferait peut-être des armes pour troubler « la tranquillité de l'État. Notre qualité de juges « éventuels de ceux envers lesquels on recom- « mande plus de justice que de clémence, nous « impose un silence absolu à leur égard. Toute « énonciation antérieure d'opinion me paraît « une véritable prévarication dans l'exercice de « nos fonctions judiciaires, en nous rendant « tout à la fois accusateurs et juges. »

A ce noble langage, un grand nombre de voix, parmi lesquelles on remarqua celle du duc de Richelieu, crièrent, *appuyé! appuyé!* Un pair demanda la question préalable ; elle fut adoptée par la majorité de la chambre ; et les ministres qui avaient voté contre elle, se laissèrent néanmoins entraîner.

D'après le résultat de cette séance mémorable, dont les journaux anglais ont seuls rendu compte dans le temps, le duc d'Orléans ne pouvait plus douter de l'inutilité de sa présence dans la chambre des pairs. Il aima mieux s'imposer un exil volontaire, et retourner encore une fois en Angleterre pour y attendre que le temps eût calmé l'effervescence des passions. Le duc d'Orléans revint en France au commencement de 1817 [1]. Le roi n'ayant pas jugé convenable, depuis cette époque, de renouveler l'autorisation sans laquelle les princes de la maison royale ne peuvent siéger parmi les pairs, le duc d'Orléans s'est trouvé dans l'impossibilité de prendre part

---

[1] On a dit que, pendant son séjour en Angleterre, le duc d'Orléans avait reçu de la femme d'un de nos plus illustres guerriers une lettre pour le supplier d'intéresser une grande puissance en faveur de son époux, alors en jugement, et que ce prince avait répondu de la manière la plus honorable à cet appel fait à la générosité de son caractère; mais si le duc d'Orléans ne put faire conserver cette glorieuse vie, Louis-Philippe, en montant sur le trône, donna à la veuve du maréchal les plus honorables marques d'un royal intérêt.

aux travaux de la chambre. Il s'est donc renfermé dans son intérieur, qui présente le modèle de l'union, des bonnes mœurs, et des vertus privées. Surveillant assidu de l'éducation de sa nombreuse famille, il l'élève dans les sages principes qui ont fait la règle de toute sa vie. Il a voulu que son fils aîné, le duc de Chartres, jouît, comme son aïeul Henri IV, des avantages de l'éducation publique ; et déjà le nom de cet illustre élève n'a pas été étranger aux succès universitaires.

Ami des lettres, le duc d'Orléans appelle auprès de lui et il aime à s'attacher ceux qui les cultivent [1]. Protecteur des beaux-arts [2] et de l'industrie française, il se plaît à décorer de leurs

[1] Il a recueilli l'auteur des Messéniennes renvoyé de la chancellerie en 1823 ; il a encouragé l'auteur de Charles VI, et de la charmante comédie des Élections ; il a applaudi au premier succès de l'auteur de Henri III ; l'auteur de Sylla, et l'auteur d'Oreste, sont placés à la tête des bibliothèques du Louvre et de Compiègne ; enfin, pour rendre aux lettres un solennel hommage, il a convié toutes les notabilités littéraires à l'inauguration du Palais de Versailles.

[2] Il a enrichi la galerie du Palais-Royal des chefs-d'œuvre des Gérard, des Gros, des Girodet, des H. Vernet, des Hersent, des Mauzaise, des Géricault, des Picot, des Gudin, des Michallon ; et, devenu roi des Français, il a fait Versailles.

produits les superbes appartements de son Palais-Royal. »

Mais ce palais, avant de revêtir cette grandeur et cet éclat qui en font aujourd'hui l'une des plus belles résidences souveraines, a nécessité d'immenses travaux. En 1814 il était rempli de locataires, et dans un état de désordre, d'encombrement et de dégradation, difficile à décrire. On en avait fait un dépôt où se trouvaient entassés des objets d'ameublement commandés aux fabricants de Paris qui manquaient d'ouvrage pendant la campagne de Prusse en 1806; et le duc d'Orléans avait été obligé d'attendre, dans un hôtel garni, que l'appartement que le roi avait ordonné de lui préparer au Palais-Royal, fût prêt à le recevoir.

Le prince appela auprès de lui M. Fontaine, et, grâce à l'habileté de ce célèbre architecte, le Palais-Royal fut bientôt mis en état de recevoir le duc d'Orléans et sa famille. « Mademoiselle,
« sœur du prince, fut logée dans l'aile droite de
« la première cour, sur la rue Saint-Honoré;
« madame la duchesse d'Orléans, avec les prin-
« cesses Louise et Marie, ses filles, habita le
« corps de logis en prolongation de l'aile droite
« jusqu'au jardin sur la grande cour. Le prince
« occupa l'appartement du premier, au fond de

« la cour d'entrée ; le duc de Chartres en oc-
« cupa l'aile gauche, et les personnes de leur
« suite logèrent dans les autres parties du pa-
« lais qui étaient restées libres. Le théâtre, la
« bourse, et les locataires envahissaient encore
« plus du quart de l'édifice. » Mais à peine ces
premiers arrangements étaient-ils terminés ; à
peine madame la duchesse d'Orléans avait-elle
donné le jour au duc de Nemours, qui naquit
au Palais-Royal, le 25 octobre 1814, que l'évasion de l'île d'Elbe, en 1815, vint de nouveau
forcer le duc d'Orléans à quitter la France avec
sa famille. Pendant son absence, Lucien Bonaparte habita le Palais-Royal : il se contenta de
jouir des embellissements que cette résidence
venait de recevoir, sans se permettre d'y rien
changer.

Après les *cent jours*, le duc d'Orléans, revenu
dans ses foyers, s'occupa immédiatement de
continuer ce qu'il avait commencé, autant que
le lui permettaient les charges effrayantes qu'il
devait soutenir avec des moyens disproportion-
nés. Ces charges consistaient dans les dettes dont
la succession du prince son père était grevée. La
liquidation en avait été commencée de son vivant, par les mandataires de ses créanciers, et
continuée par l'État après sa mort : mais, loin
d'avoir été achevée, cette liquidation avait été

interrompue, après avoir été conduite de telle manière que l'État y avait fait des bénéfices énormes, et que les gages des créanciers avaient disparu dans une proportion bien supérieure à celle des dettes qui avaient été liquidées [1].

[1] *Faits qui constatent que, pendant la confiscation des biens de feu monseigneur le duc d'Orléans (Louis-Philippe-Joseph, l'État a reçu au delà de ce qu'il a payé.*

La suppression des droits féodaux, la privation des produits de son apanage, ayant réduit le feu prince à la perception de portions de revenus trop faibles pour subvenir au payement des intérêts de ses dettes, il se vit contraint d'en entreprendre la liquidation par l'aliénation d'une partie considérable de ses biens.

En conséquence il conclut le 9 janvier 1792 avec ses créanciers un concordat, par lequel il fut convenu qu'ils feraient, sous le nom du prince, et au moyen de la procuration spéciale qu'il donnerait à cet effet et qu'il a donnée, la vente d'une masse de propriétés immobilières suffisante, dont le prix leur serait délégué par les contrats.

Ce concordat fut homologué, par le tribunal de Paris, le 27 du même mois.

Les ventes étaient déjà commencées avant sa conclusion authentique; elles furent, après cet acte, poursuivies avec la plus grande activité. Tous les contrats ou procès-verbaux d'adjudication portent délégation du prix en faveur des créanciers inscrits.

Ces dispositions, aux termes mêmes du concordat, avaient

Le duc d'Orléans rentré en 1814 «dans la pos-

pour effet, comme pour objet, de libérer le prince jusqu'à concurrence du montant intégral des ventes faites par les créanciers.

Un procès-verbal, dressé le 21 floréal an III, par des commissaires du gouvernement, et déposé aux archives du ministère des finances, constate qu'à l'époque de la confiscation, après la mort du prince, il restait à payer par les acquéreurs de ceux de ses biens vendus en exécution du concordat, 35,934,221 fr.; cette somme a été en entier recouvrée par l'État. C'est donc avec le produit des ventes des biens du prince, et non avec les deniers publics, que ces 35,934,221 fr. de ses dettes ont été payés par l'État aux créanciers du prince, et l'État n'a fait autre chose que payer d'un côté ce qu'il percevait de l'autre.

C'est donc par erreur qu'il avait été avancé à la Chambre des députés que le gouvernement avait payé, à la décharge du feu prince, 43,345,000 fr. : le fait est qu'il n'a payé à ce titre que 7,410,779 fr.; les 35,934,221 fr. n'ont pas été payés à sa décharge; l'État qui était à ses droits et qui, aux termes de la loi, avait préalablement constaté la solvabilité de la succession, n'a fait ensuite que réaliser les délégations énoncées aux contrats de vente jusqu'à concurrence de 35,934,221 f.; ainsi ce n'est pas l'État qui a libéré le prince, il s'était libéré lui-même par les ventes qui avaient été faites en vertu de sa procuration, et antérieurement à la confiscation de ses biens.

Ici se présente une autre considération qu'il importe de ne pas perdre de vue : c'est que, quoique l'État ait perçu le prix des ventes, et l'ait payé aux créanciers, conformément aux délégations dont ils étaient nantis, ces ventes ayant été

« session des biens non vendus, que le prince

faites par les mandataires des créanciers du prince n'étaient pas des *ventes nationales*, et par conséquent les biens ainsi vendus ne rentrent point dans la catégorie de ceux pour la vente desquels la loi du 25 avril a accordé une indemnité. Il convient donc, pour apprécier les pertes ou les profits de l'État dans la succession de feu monseigneur le duc d'Orléans, de commencer par déduire ces 35,934,221 fr. (dont la compensation vient d'être démontrée) du passif ci-dessus de 43,345,000 fr., ce qui le réduit à 7,410,779 fr., cette dernière somme serait réellement la seule qui eût été payée des deniers publics.

Le produit des ventes des biens de cette succession opérées par l'État pendant la confiscation s'est élevé au plus à la somme principale de neuf millions, d'après un état dressé sur les bordereaux existant dans les bureaux du ministère des finances, ci.......................... 9,000,000 »
Le passif étant de.................. 7,410,779 »

Évidemment le bénéfice de l'État serait encore de........................... 1,589,221 »
Car ce serait là le montant de l'indemnité de cette succession. Cependant l'État a un bénéfice bien autrement considérable. En effet, sans parler des ventes nationales des biens de l'apanage, et qui ont réduit de moitié sa valeur, il résulte du même procès-verbal du 20 floréal an III, que l'actif de la succession de feu Mgr le duc d'Orléans s'élevait à sa mort à............................... 114,839,979 »
Et le passif à...................... 74,665,949 »

Ainsi, en supposant que l'État eût payé

« son père avait possédés à quelque titre que ce
« fût, » avait recouvré deux sortes de biens :
(termes de l'ordonnance du roi).

1° Les biens patrimoniaux qu'il devait partager par portion égale avec la princesse sa sœur, cohéritière du feu prince ;

2° Les biens d'apanage qui n'appartenaient qu'à lui seul.

Les biens d'apanage, inaliénables par leur nature, au moins pour le prince apanagiste, puis-

la totalité de ce passif, il aurait encore un bénéfice net de....................	40,174,030 »
Mais comme l'État n'a payé que......	43,345,000 »
Il faut ajouter à son bénéfice la différence de cette somme à celle de................	74,665,949 »
Cette différence étant de............	31,320,949 »
En l'ajoutant à celle ci-dessus de......	40,174,030 »
On aura celle de.....................	71,494,979 »

Delaquelle il est juste pourtant de déduire la valeur des biens restitués en 1814. Ces biens, vendus aux enchères judiciaires pour liquider la succession que LL. AA. RR. n'ont acceptée que sous bénéfice d'inventaire, n'ont produit que............... 12,430,103 »

Qui, retranchés de la somme des bénéfices ci-dessus de 71,494,979 fr., laisseraient encore à l'État un bénéfice net de......... 59,064,876 »

qu'ils étaient grevés envers l'État d'un droit de retour, qui interdisait même de les hypothéquer, n'avaient jamais été donnés comme gages d'aucune créance, et n'avaient pas pu l'être ; les créanciers des princes prédécesseurs du duc d'Orléans n'avaient donc de droits à exercer que sur les biens patrimoniaux ; et ces biens, par l'effet des diverses dilapidations dont nous avons parlé, se trouvaient réduits à une valeur bien inférieure à la moitié de la somme des dettes auxquelles ils devaient servir de gages. D'un autre côté, les biens d'apanage, tant par l'effet des changements survenus dans la législation de l'État que par celui des mêmes dilapidations, se trouvaient réduits au-dessous de la moitié de ce que *Monsieur* (duc d'Orléans), frère de Louis XIV, avait reçu comme sa part de la succession du roi son père, et pareillement au-dessous de la moitié de ce que l'État avait repris en 1791, lorsqu'une loi du temps avait opéré cette reprise.

Ainsi, le duc d'Orléans fut d'abord forcé, par la nature des choses, de n'accepter la succession du prince son père, quant aux biens patrimoniaux, que sous bénéfice d'inventaire, et de se déclarer, avec la princesse sa sœur, *héritier bénéficiaire.*

Il ne lui restait ensuite que deux partis à prendre :

1° Celui d'abandonner aux créanciers la masse des biens patrimoniaux de la succession, sans intervenir en aucune manière dans leur liquidation, et en se renfermant dans la jouissance des biens d'apanage sur lesquels les créanciers n'avaient point de droits à exercer ;

2° Celui de se charger de la liquidation des dettes en désintéressant les créanciers, et en les payant tant avec les produits des biens patrimoniaux qu'avec une partie des revenus de son apanage.

Plusieurs membres de son conseil, effrayés du poids de la liquidation, inclinaient pour le premier parti, mais l'opinion personnelle du duc d'Orléans fit adopter le second. Le succès a couronné ses efforts : le duc d'Orléans a obtenu la satisfaction de pouvoir se dire qu'il est parvenu à liquider la succession de son père, de manière à ne laisser subsister aucune dette, et à conserver à ses enfants les débris des biens patrimoniaux de leurs ancêtres que la tempête révolutionnaire avait épargnés.

C'était donc au milieu de cette liquidation qui a duré dix ans, et pour laquelle il a fallu tant de sacrifices et tant de persévérance, que le duc d'Orléans devait entreprendre la restauration de son Palais-Royal. Aussi, de plusieurs côtés lui donnait-on encore le conseil d'y renoncer, car l'état où se trouvait cet édifice était tel, qu'il fallait ou le restaurer, ou l'abandonner. Le duc d'Orléans pensa qu'en prenant, d'une part, des termes avec les créanciers de sa succession paternelle, et de l'autre en marchant systématiquement vers l'achèvement du Palais-Royal, et en n'entreprenant chaque année que la portion de travaux ou d'acquisitions qu'il pouvait solder, il parviendrait à mener à bien cette grande entreprise, et là aussi le succès a répondu à son attente.

« Le Palais-Royal tel qu'il fut rendu au duc
« d'Orléans en 1814, dit M. Fontaine, n'était
« plus qu'un squelette informe et mutilé. La cour
« des Fontaines, le théâtre avec tous ses acces-
« soires et une portion du palais qui n'avait ja-
« mais été destinée à y être réunie, avaient été
« vendus par les mandataires, ainsi que tous les
« bâtiments de la cour des Fontaines, la chan-
« cellerie, la trésorerie, et les maisons dépen-
« dantes du palais sur la rue Saint-Honoré et sur
« la rue de Richelieu. Les deux maisons, compo-
« sées chacune de trois arcades, situées à l'extré-
« mité des deux ailes latérales sur le jardin du côté
« du palais, avaient été vendues par l'État, ainsi que
« l'hôtel de Châtillon dont nous avons parlé plus
« haut. Cependant ces deux maisons avaient été
« réservées à l'apanage par les lettres patentes de

« 1784, parce que leur possession était absolu-
« ment nécessaire pour la construction de l'aile
« à élever sur l'emplacement des galeries de bois.
« Le prix de l'une de ces maisons, celle sur la
« rue de Valois que le feu prince Louis-Philippe-
« Joseph, duc d'Orléans, habita pendant les der-
« nières années de sa vie, n'avait pas été payé
« à l'État par mademoiselle Montansier, et l'ad-
« ministration des domaines qui lui avait intenté
« un procès en éviction l'ayant gagné, la maison
« fut restituée au prince actuel dès 1814, et plus
« tard il a racheté celle sur la rue de Montpen-
« sier. »

Il était impossible d'achever le Palais-Royal sans sortir de l'espace auquel on l'avait réduit par toutes ces aliénations; et avant d'arrêter un plan général de restauration et d'achèvement, il fallait se procurer l'étendue nécessaire à son développement. Cette étendue ne pouvait se trouver que dans des acquisitions ou dans la reprise de possession des parties du Palais-Royal dont l'aliénation n'aurait pas été faite légalement. Le duc d'Orléans devait donc, avant tout, examiner si les ventes de portions de l'apanage faites par les mandataires en 1793, sans autorisation du prince son père, étaient ou non susceptibles d'être attaquées devant les tribunaux. Il paraît que, quelque temps avant 1814, Napoléon avait ordonné que cette question fût examinée. Quoi qu'il en soit, le conseil du prince, alors présidé par M. Henrion de Pansey, s'occupa à son tour de cet examen, dont le résultat fut la conviction que les ventes étaient illégales, et devaient être annulées. En conséquence M. Julien, qui se trouvait subrogé aux droits des premiers adjudicataires (Gaillard et Dorfeuille) dans la possession du théâtre du Palais-Royal, fut assigné, et le procès commença dans les premiers jours de janvier 1818, devant le tribunal de première instance du département de la Seine. La question à décider était de savoir si ces ventes étaient ou non comprises dans la catégorie de celles que les lois subséquentes avaient couvertes de cette garantie solennelle qui rend les ventes nationales inattaquables pour quelque cause que ce soit. La cause fut plaidée par deux avocats célèbres. M. Dupin soutenait, pour le duc d'Orléans, que la vente d'un immeuble que le propriétaire n'avait pas le droit d'aliéner, faite de son vivant par l'abus d'une procuration particulière, donnée pour d'autres objets à des mandataires particuliers agissant, comme dans les ventes particulières, par le ministère d'un notaire interdit pour les ventes nationales, ne pouvait pas être classée parmi ces dernières; que les irrégularités et les nullités dont elle était entachée ne pouvaient pas être couvertes par la garantie que les lois accordaient aux ventes nationales; que par conséquent elle devait être annulée. M. Tripier soutenait au contraire, pour M. Julien, que l'État ayant perçu le produit de la vente, lui avait par cela même imprimé le caractère de vente nationale, et l'avait rendue inattaquable au même degré que si c'était l'État lui-même qui eût vendu.

Nous ne suivrons pas ces habiles jurisconsultes dans tous les arguments qu'ils firent valoir pour la défense de leurs causes respectives. Il nous suffit d'avoir indiqué en quoi consistait le procès. Il donna lieu à beaucoup de mémoires, à des discussions très-longues, très-compliquées, et souvent assez animées. Le duc d'Orléans vit, par la tournure qu'elles avaient prise, que, quelque grande que fût l'erreur de considérer ce procès comme le prélude d'une attaque sur les ventes nationales, cependant cette erreur trouvait des partisans intéressés à la faire valoir. Dans cette position, le duc d'Orléans préférait terminer le procès à l'amiable avant qu'il fût jugé, et des offres d'ouvrir une négociation avec M. Julien lui ayant été faites, il s'empressa de les accepter. Le résultat de cette négociation fut une transaction sur procès par laquelle les droits du duc d'Orléans furent mis à couvert, et dont le prix et les frais s'élevèrent à plus de douze cent mille francs. Il rentra par là dans la possession du théâtre et de ses dépendances; et le sacrifice fait par le prince a tourné au profit de l'État, puisque le théâtre est resté apanage, sauf, en cas d'extinction de la ligne masculine, l'indemnité que pourraient réclamer les princesses ou leurs descendants.

« Ce fut alors, dit M. Fontaine, qu'on fit un
« plan général de restauration du Palais-Royal
« dont l'exécution est entièrement terminée
« aujourd'hui. On crut qu'il convenait que
« l'aile gauche du palais du côté de la place
« fût séparée des maisons adjacentes, comme
« l'aile droite l'était par la rue de Valois; et, le
« premier point arrêté fut qu'on acquerrait d'a-
« bord les maisons attenantes à l'aile gauche,
« qu'il était nécessaire de démolir pour former
« cet isolement, et qu'on établirait à leur place
« une cour à laquelle le duc d'Orléans donna le
« nom de son second fils, le duc de Nemours. Il
« fut résolu que cette cour, ouverte du côté de la
« place, ne communiquerait avec la grande cour
« du côté du jardin que par une arcade prati-
« quée à travers le corps de logis qui les sépare.
« Mais il fallait encore trouver moyen de rem-
« placer la cour des Fontaines par des dépen-
« dances qui pussent compenser cette perte,

« toujours bien regrettable, malgré la faute qu'a-
« vait faite M. Louis de l'isoler entièrement du
« palais par l'établissement de la rue de Valois.
« Dans cette vue, on entreprit de réunir au palais
« toutes les maisons qui le bordent sur les rues
« Saint-Honoré et de Richelieu, en sorte que le
« palais pût devenir totalement isolé du côté des
« rues, comme il l'était du côté du jardin, con-
« formément au système de M. Louis, par la
« restitution des arcades du côté de la rue de
« Valois, et l'acquisition de celles du côté de la
« rue de Montpensier.

« Toutes les acquisitions nécessaires pour
« l'exécution de ce plan étant terminées, le réta-
« blissement du Palais-Royal, dont les disposi-
« tions générales avaient été arrêtées en 1817,
« devint moins problématique. On avait l'espace
« et les moyens d'isolement sans lesquels rien de
« convenable ne pouvait être entrepris ; mais il
« a fallu de grands travaux, des démolitions et
« des constructions considérables pour agglo-
« mérer toutes ces maisons en une seule masse,
« et y former, entre la cour de Nemours et la rue
« de Richelieu, le théâtre et la rue Saint-Honoré,
« une cour qui a été nommée la *cour des Re-*
« *mises*, parce qu'on est parvenu à y établir vingt
« voitures, tandis que les bâtiments qui l'en-
« tourent sont occupés d'un côté par les dépen-

« dances du Théâtre-Français, de l'autre, par les
« bureaux de l'administration du prince et par
« les logements d'un grand nombre des person-
« nes de sa maison. Il est digne de remarque que
« cette grande dépendance, rattachée au Palais-
« Royal par des corridors intérieurs, est arran-
« gée de manière à ce que tous les étages com-
« muniquent entre eux, comme si elle avait été
« bâtie d'un seul jet.

« Cependant il y avait encore d'autres oppo-
« sitions à combattre. Si nous en présentions les
« détails, on serait étonné de voir ce qu'il a fallu
« de soins pour vaincre tant d'obstacles. Plu-
« sieurs, voulant se donner l'air de défendre des
« droits qui n'étaient pas attaqués, mettaient
« une sorte de vanité intéressée à contester obsti-
« nément avec un prince qui n'a jamais séparé
« la défense de ses droits et de ses intérêts du
« respect inviolable que l'on doit aux lois.

« Il fallait aussi mettre en harmonie les ou-
« vrages de plusieurs architectes qui s'étaient
« succédé sans s'entendre et sans jamais cher-
« cher à faire accorder ce qu'ils construisaient
« avec ce qui avait été construit avant eux; en
« sorte que la base de leurs projets paraissait
« avoir toujours été la destruction future de tout
« ce qui n'était pas leur ouvrage, et l'entière re-

« construction du Palais-Royal selon leurs nou-
« veaux plans.

« Le projet de M. Louis, exécuté en grande
« partie, était le plus raisonnable de tous ceux
« qui avaient été présentés ; mais cet architecte
« avait fait trop peu d'attention à la partie bâtie
« avant lui par M. Moreau du côté de la place et
« de la rue Saint-Honoré. Il n'avait pas eu plus
« d'égards pour les ouvrages de Lemercier et
« de Contant, du côté du jardin ; et, dans ses
« différentes compositions, il paraissait déter-
« miné à ne conserver que les vestibules et le
« grand escalier ; car, selon son premier plan,
« lorsqu'il divisait le palais en trois cours,
« ou, selon le second, lorsqu'il n'en faisait
« plus que deux avec ou sans le théâtre, on re-
« connaît toujours que son but principal était
« d'entourer le jardin de constructions nouvelles,
« et de refaire le palais sans penser aux ancien-
« nes constructions. Il espérait sans doute que
« toutes les façades, et surtout celle du corps
« de logis principal, seraient changées conformé-
« ment à la décoration qu'il avait adoptée. La
« pensée qu'il avait eue de placer le grand ap-
« partement sur le jardin, et de faire de cette
« partie de l'édifice l'objet principal de son plan,
« n'a pas été approuvée.

« Il a été décidé par le duc d'Orléans actuel

« qu'au lieu d'un grand appartement, on for-
« merait, au niveau du premier étage sur le jar-
« din, une grande terrasse avec deux parties en
« retour sur les ailes, jusqu'au corps de logis
« principal; qu'au rez-de-chaussée il y aurait une
« grande salle avec des portiques ou colonnes,
« et deux rangs de boutiques de chaque côté
« (c'est ce qu'on appelle aujourd'hui *la galerie
« d'Orléans*); que, pour terminer la façade prin-
« cipale sur la grande cour regardant le jardin,
« le pavillon ancien, construit par M. Contant,
« serait réuni au pavillon neuf, que M. Louis
« n'avait pas achevé, par une construction du
« même ordre et de la même élévation, afin de
« former un centre et de donner de la grandeur
« à l'ensemble de l'édifice. »

Le rachat du théâtre avec ses dépendances offrit les moyens de rendre au palais l'emplacement de la galerie dont les comédiens français avaient fait leur foyer et leurs loges. C'est là que le duc d'Orléans a placé la série de tableaux historiques destinés à reproduire les principaux événements dont le Palais-Royal a été le théâtre.

« On a reporté dans le bâtiment de la *cour des Remises* près le Théâtre-Français et dans le bâtiment adjacent sur la rue de Richelieu, les foyers, les magasins, les loges d'acteurs, et tout ce qui s'était étendu dans l'aile gauche et dans le corps principal du palais pendant la possession de M. Julien. Le théâtre ainsi dégagé, comme M. Louis l'avait d'abord projeté, devint un accessoire agréable, commode, et sans danger pour le corps de l'habitation.

« Mais on se souvient que Sageret l'avait entièrement déformé ; il était dans un état déplorable, lorsqu'en 1822, pour satisfaire aux conditions du nouveau bail passé avec les comédiens français, le prince ordonna la restauration de la salle. L'arrangement primitif des loges au pourtour de la salle était détruit ; le plafond avait été tranché en plusieurs endroits pour placer plus bas une voûte en bois supportée par des colonnes en charpente qui étaient posées en bascule sur la voûte d'un vestibule au rez-de-chaussée ; enfin, une décoration plus moderne remplaçait celle de M. Louis. On mit la main à l'œuvre, et en deux mois le travail fut achevé. Les colonnes des loges qui cachaient la scène ont été supprimées, et remplacées par de légers supports en fer, afin de rétablir autant que possible le système primitif. On a cherché à rendre la division et l'arrangement des loges plus convenables ; les détails ont été améliorés, les peintures ont été renouvelées ; le public voit mieux de toutes parts, mais ce n'est plus la salle de M. Louis. »

En examinant ensuite la décoration et la disposition générale de la façade sur la rue Saint-Honoré, M. Fontaine a pensé que, pour obtenir de la régularité, il convenait de répéter dans la cour de Nemours, au premier, la décoration adoptée par M. Moreau, et au rez-de-chaussée le système de portiques en colonnes doriques introduit par M. Louis.

« Le rez-de-chaussée des parties qui n'entrent pas dans la décoration des façades principales, et qui ne sont pas nécessaires aux services particuliers de la maison, est occupé par des boutiques dont l'établissement et la forme, assez longtemps blâmés, sont regardés aujourd'hui comme une conséquence naturelle de la disposition générale du jardin et du palais, où l'on voit, pour la première fois, que la résidence d'un grand prince peut être en même temps le palais de l'industrie et des arts utiles, sans rien perdre de son agrément et de sa dignité. En effet, tout a été combiné de manière que les boutiques ont toutes des issues indépendantes des cours et du jardin, et qu'il y a séparation totale entre la partie du palais qui est habitée par le prince et celle qui est abandonnée aux boutiques et aux marchands. Par suite de cette combinaison assez compliquée, le prince peut, quand il le juge à propos, faire fermer les grilles de ses cours, celles de son jardin et toutes les portes de son palais, sans causer la moindre gêne aux locataires, ni entraver en rien la circulation du public dans les galeries et devant les boutiques.

« Il serait fastidieux d'entrer ici dans de plus longs détails et de chercher à décrire minutieusement toutes les subdivisions et toutes les particularités de ce grand édifice. Cependant il convient de parler ici des travaux auxquels l'incendie de 1827 a donné lieu, et des améliorations qui en sont résultées.

« La galerie du rez-de-chaussée derrière le théâtre, qui était encore peuplée de vieilles échoppes en planches, ayant été incendiée par la négligence d'une marchande de pantoufles, le 31 octobre 1827; les colonnes qui portaient les murs de face ayant été calcinées, ainsi que celles de la galerie à peine bâtie en avant dans la cour; les voûtes, les plafonds ayant été fortement endommagés, on a été obligé de reconstruire en sous-œuvre des piliers et des arcs pour soutenir la voûte de la galerie qui a résisté aux flammes par l'effet de sa construction en fer et en pots. Cette reconstruction, commandée par la nécessité, a donné les moyens de continuer, de ce côté de la cour, le système de boutiques établi sur les deux autres, et de rendre la circulation plus facile dans le portique qui conduit de la cour de Nemours aux galeries du jardin. »

Le grand bassin, deux parterres brillants de fleurs et de verdure et ornés de statues, ont ajouté à l'élégance et à la fraîcheur du jardin ; enfin le péristyle Montpensier, l'aile occupée par l'appartement du duc d'Orléans, le pavillon Montpensier et la prolongation de la galerie du théâtre jusqu'à la rue Saint-Honoré, terminés depuis 1830, ont mis le complément à ce grand et beau travail, qui, malgré les dépenses énormes qu'il devait entraîner [1], malgré les difficultés de toute espèce dont il était hérissé, a marché avec une rapidité due à la persévérance du prince autant qu'à l'heureux accord de son goût avec le talent de son architecte.

---

[1] Suivant M. Fontaine, la dépense s'est élevée à 12 millions.

CHAPITRE XI.

Le Palais-Royal sous Louis-Philippe Ier, roi des Français.

1830—1831.

Témoin tour à tour de la puissance de Richelieu, des folies de la Fronde, de l'éclat de la Régence, du premier enthousiasme de la révolution de 1789, enfin, de ce bonheur tranquille et pur que donne, au sein d'une belle famille, l'exercice de toutes les vertus, le Palais-Royal devait reprendre rang parmi les résidences royales[1] le jour où tout un peuple vint offrir la couronne à son premier citoyen. Mais avant de rappeler les scènes de ce grand événement dont ce palais fut le théâtre, nous ne pouvons passer sous silence la brillante fête du 31 mai 1830.

[1] Le Palais-Royal fut réuni à la couronne le 9 août, avec les autres biens que le duc d'Orléans tenait de ses aïeux à titre d'apanages.

Le roi de Naples [1], François Ier, frère de la duchesse d'Orléans, aujourd'hui reine des Français, après avoir accompagné à Madrid sa fille Christine, qui allait s'asseoir sur le trône de Ferdinand VII, roi d'Espagne, était venu à Paris avec la reine Marie-Isabelle son épouse. Le duc d'Orléans, son beau-frère, voulut lui donner un grand bal au Palais-Royal; il y convia en même temps Charles X, le dauphin son fils, la dauphine, la duchesse de Berry. Jamais ce palais n'avait brillé d'autant de magnificence : les salons parés des plus riches produits de l'industrie nationale, ces vastes galeries de tableaux, ces immenses colonnades, ces toits de verre étincelants de mille feux, offraient, au milieu de la plus belle des nuits, toute la pompe d'une fête orientale.

La première salle, où s'élevait un amphithéâtre de fleurs, servait d'introduction à la galerie dite de *la Psyché*[2], dans laquelle était établi un pre-

---

[1] Ce prince était instruit; il aimait la littérature, les arts, et se plaisait à dire des choses obligeantes à ceux qui les cultivent. Dans sa première visite au Palais-Royal, il examina tout avec le soin le plus empressé, et loua avec une bonne grâce intelligente tout ce qui méritait des éloges.

[2] Elle avait reçu ce nom du charmant tableau de Picot, qui depuis a été transporté dans une autre galerie.

mier orchestre : le second était placé dans la salle du conseil, aujourd'hui salle du trône, où les yeux s'arrêtaient avec curiosité sur les batailles de Jemmapes et de Valmy, peintes par Horace Vernet[1] ; un troisième orchestre animait la grande galerie où sont représentés les sujets qui retracent l'histoire du Palais-Royal. Les feux de mille bougies, la brillante variété des uniformes, la beauté des femmes, l'élégance de leurs parures, l'éclat des couronnes de France et de Naples réunies, tout concourait à relever la splendeur du bal ; mais ce qui lui donnait une physionomie particulière, c'est que, grâce à la sérénité du ciel, on circulait sur toutes les terrasses qui, chargées d'orangers en fleurs, et

[1] La cocarde tricolore avait fait exiler du Musée ces deux premiers souvenirs militaires de notre révolution. Celui de Valmy revint à la pensée de Charles X, à l'époque de son sacre à Reims. Se trouvant près de ce champ de bataille avec le duc d'Orléans, il lui dit : « Il y a trente ans, nous « nous trouvions ici bien près l'un de l'autre ; mais ce n'é- « tait pas pour la même cause. Ah ! çà, que pensez-vous du « départ du duc de Brunswick ? Croyez-vous qu'il ait été « acheté ? — Sire, lui répondit le duc d'Orléans, je puis « vous assurer que Kellermann et ses troupes ont tout fait. « On avait flatté Brunswick ; on lui avait promis une vic- « toire facile ; quand il a vu le courage et l'ardeur de nos « soldats, il s'est éloigné. »

décorées de guirlandes en verres de couleur justifiaient ce mot de Charles X à Gérard : « Voilà « un beau tableau à faire; c'est une féerie, une « des *Mille et une Nuits*[1]. »

Le roi de Naples, un peu fatigué, se retira de bonne heure avec la reine. Le roi de France ne tarda pas à le suivre, mais la duchesse de Berry, après avoir assisté à un souper de douze cents couverts, servi dans les grands appartements de la duchesse d'Orléans, se mêla aux danses qui ne finirent qu'avec le jour.

Le duc d'Orléans, fidèle à ses principes, avait invité à son bal toutes les notabilités, sans distinction d'opinion; et cet hommage nouveau, rendu sous les yeux de la cour à la ville de Paris, n'était pas le moindre attrait de cette fête, la plus remarquable qui eût été donnée depuis 1814.

Le lendemain, lorsque le duc d'Orléans se présenta aux Tuileries, « En vérité, Monsieur, lui « dit Charles X, il est impossible de voir une « plus belle fête; c'était un spectacle enchanteur. « Avez-vous lu le journal des Débats? Il vous a « bien traité et moi aussi; j'en ai été bien aise, car, « depuis quelque temps, je n'y étais plus accou- « tumé. On m'a dit qu'on a brûlé quelques chaises

[1] Charles X, ayant rencontré M. Fontaine dans le bal, lui dit en souriant : « C'est superbe ! il me semble que vous ne « faites pas toujours d'aussi belles choses pour moi. »

« dans le jardin; j'ai bien vu un peu de mouvement
« quand on a sauté dans les parterres, mais, ne
« connaissant pas bien les localités, je n'ai pu
« distinguer ce que c'était.—Ce n'était rien, Sire,
« répondit le duc d'Orléans; un feu de paille
« allumé par quelques enfants, et dont mes chai-
« ses ont fait les frais. »

Rien, en effet, n'était plus insignifiant que cette petite scène parodiée de la Fronde; mais telle était, depuis le ministère du 8 août 1829, l'inquiétude qui fermentait sourdement dans tous les esprits, que les moindres événements étaient représentés comme des essais d'hostilités contre le pouvoir. Au milieu même de la fête, quelques personnes semblèrent préoccupées de ces pressentiments; on entendait circuler ce mot devenu célèbre : « C'est bien un bal napolitain, car nous
« dansons sur un volcan. »

D'autres circonstances qui, dans des temps ordinaires, auraient passé inaperçues, se coloraient d'une importance politique : on se rappelait qu'à l'ouverture des chambres, dans la galerie du Louvre, Charles X, en se plaçant sur son trône, avait laissé tomber son chapeau, et que le duc d'Orléans l'avait ramassé. On citait ces paroles d'un éloquent publiciste, à propos d'un journal qu'il avait fondé: « *Pour lui* et *sans lui*[1]; » enfin, on avait vu en

[1] Expression fidèle de la vérité, et qui doit servir de

juin apparaître à Neuilly un de ces grands personnages à qui leur longue expérience semble révéler le secret et le jour des révolutions.

Ce jour était arrivé. L'esprit de vertige avait envahi le trône. Les ordonnances de juillet parurent ; le peuple de Paris se souleva tout entier, on courut aux armes, la liberté triompha, et tous les regards se tournèrent vers un prince que ses antécédents, sa conduite noble et sage avaient rendu populaire. On lui porte à Neuilly l'acte [1] par

réponse à toutes les assertions répandues dans l'intérêt d'un parti, pour essayer de faire croire que le prince ne serait pas resté étranger à certaines combinaisons pour préparer la révolution de juillet, comme si cette révolution n'avait pas été le résultat d'un mouvement national et spontané ! Je me rappelle à ce sujet que, quelques jours après le neuf août, une de nos illustrations littéraires, assise aujourd'hui sur les bancs de la chambre, voulait me persuader que la révolution de juillet était le fruit d'un projet concerté depuis longtemps entre M. le duc d'Orléans et M. de la Fayette !... Grande fut sa surprise, lorsque je lui répondis que, depuis son retour en France, le duc d'Orléans n'avait vu M. de la Fayette qu'une seule fois, et en 1814 !

[1] Habitants de Paris ! la réunion des députés actuellement à Paris a pensé qu'il était urgent de prier S. A. R. Monseigneur le duc d'Orléans de se rendre dans la capitale pour y exercer les fonctions de lieutenant général du royaume, et de lui exprimer le vœu de conserver les couleurs nationales,

lequel les députés présents dans la capitale l'ap-

Elle a de plus senti la nécessité de s'occuper sans relâche d'assurer à la France, dans la prochaine session des chambres, toutes les garanties indispensables pour la pleine et entière exécution de la Charte.

Paris, le 30 juillet 1830.

Corcelles, député de la Seine; Eusèbe Salverte, député de la Seine; J. Laffitte; Bérard, député de Seine-et-Oise; Benjamin Delessert, député de Maine-et-Loire; Guizot, député du Calvados; Caumartin, député de la Somme; Horace Sébastiani, député de l'Aisne; Méchin, député de l'Aisne; Dupin aîné, député de la Nièvre; Paixhans, député de la Moselle; baron Charles Dupin, député de la Seine; Bertin de Vaux, député de Seine-et-Oise; Vassal, député de la Seine; Odier, député de la Seine; André Gallot, député de la Charente-Inférieure; Louis, député de la Meurthe; Kératry, député de la Vendée; Girod de l'Ain; Mathieu Dumas, député de la Seine; Ed. Bignon, député de l'Eure; Baillot, dép. de Seine-et-Marne; Duchaffaut, député de la Vendée; Bernard de Rennes, député élu d'Ille-et-Vilaine et des Côtes-du-Nord; G. E. Ternaux, député de la Haute-Vienne; C. Persil, député de Condom (Gers); Dugas-Montbel, député du Rhône; Alexandre Delaborde, député de la Seine; Champlouis, député des Vosges; Benjamin-Constant; Pompierre; général Minot, député de la Charente-Inférieure; vicomte Tirlet; Lobau, député de la Meurthe; le comte de Bondy, député de l'Indre; Camille Périer, député de la Sarthe; Prévôt-Leygonie, député de la Dordogne; Casimir Périer; Firmin Didot, député d'Eure-et-Loir.

D. SCHONEN.

pelaient à la lieutenance générale du royaume [1]. Il part pour Paris, à pied, accompagné de deux personnes. Il entre par la barrière du Roule, et suit toute la rue du Faubourg-Saint-Honoré. A tous les postes on lui crie : Qui vive! et il répond : *Vive la Charte!* Il arrive ainsi vers dix heures du soir au Palais-Royal, où il entre par la maison de la rue Saint-Honoré [2], n° 216. Ce fut là seulement qu'il s'entendit reconnaître par un cri de Vive le duc d'Orléans!

Son premier soin fut d'appeler auprès de lui M. Dupin et le général Sébastiani.

Le samedi matin, 31 juillet, le Palais-Royal offrait un aspect inaccoutumé : les grilles des deux cours étaient fermées, mais la place et le jardin étaient encombrés de monde. Le prince ordonna que toutes les grilles fussent ouvertes. On ignorait encore son arrivée au Palais-Royal, lorsque l'on répandit cette proclamation :

« Habitants de Paris,

« Les députés de la France en ce moment réu-
« nis à Paris m'ont exprimé le désir que je me

---

[1] Nous réservons, pour la description de la résidence royale de Neuilly, les détails intéressants de ce qui se passa dans ce palais pendant les trois journées.

[2] Cette scène, peinte par Horace Vernet, fait partie de la galerie lithographiée du Palais-Royal.

« rendisse dans cette capitale pour y exercer les
« fonctions de lieutenant général du royaume.

« Je n'ai pas balancé à venir partager vos dan-
« gers, à venir me placer au milieu de votre hé-
« roïque population, et à faire tous mes efforts
« pour vous préserver des calamités de la guerre
« civile et de l'anarchie.

« En rentrant dans la ville de Paris, je portais
« avec orgueil les couleurs glorieuses que vous
« avez reprises et que j'ai moi-même longtemps
« portées.

« Les chambres vont se réunir et aviseront
« au moyen d'assurer le règne des lois et le main-
« tien des droits de la nation.

« La Charte sera désormais une vérité.

« Louis-Philippe d'Orléans. »

Dès que cette proclamation fut connue, d'u-
nanimes acclamations appelèrent le duc d'Orléans : il se montra sur les terrasses du jardin,
et fut salué avec enthousiasme. Le même jour,
à quatre heures du soir, les députés qui venaient
de proclamer à la Chambre le duc d'Orléans lieutenant général du royaume, se rendirent en corps
au Palais-Royal pour accompagner le prince à
l'hôtel de ville. Le duc était à cheval, en habit de
lieutenant général, avec le grand cordon de la

Légion d'honneur; et seul, le chapeau à la main, au milieu d'une haie de baïonnettes, il traversa au pas la foule innombrable qui se pressait sur son passage. Après la solennelle réception de l'hôtel de ville, le retour du prince au Palais-Royal fut, comme son départ, une marche triomphale. Dans toutes les rues le peuple formait une double chaîne en se tenant la main pour protéger sa marche, et lorsque le duc d'Orléans arriva sous la voûte du grand escalier, il fut enlevé de son cheval et porté dans ses appartements [1].

Le 2 août, la Commission Municipale, ayant le général la Fayette à sa tête, vint au Palais-Royal suivie d'une foule de gardes nationaux, et précédée d'une musique militaire, pour résigner ses pouvoirs entre les mains du lieutenant général. Ce prince la reçut dans le salon qui précède son cabinet, et lui présenta toute sa famille. Il parut ensuite avec le général la Fayette sur le balcon de la première cour du

---

[1] Le même jour, à neuf heures du soir, une de ces voitures publiques connues sous le nom de *Carolines*, ramenait de Neuilly à Paris la duchesse d'Orléans, les princesses ses filles, ses deux plus jeunes fils, et la princesse Adélaïde. Les barricades ne leur permirent pas d'arriver directement jusqu'au Palais-Royal; LL. AA. s'y rendirent à pied, depuis la rue de Rivoli.

palais, et déploya le drapeau tricolore aux yeux du peuple qui fit retentir l'air de ses *vivat*[1]!...

Le lendemain, le duc d'Orléans, après la cérémonie de l'ouverture des chambres, rentrait à peine au Palais-Royal, lorsqu'il y vit arriver la garde nationale d'Elbeuf qui venait faire cause commune avec la garde nationale de Paris. Le prince la passa en revue dans la cour, aux cris mille fois répétés de vive la Charte! vive le duc d'Orléans!

La présence du duc de Chartres manquait au bonheur du lieutenant général. Le jeune prince, à la première nouvelle des événements de Paris, avait quitté Joigny, où son régiment, le 1er de hussards, était en garnison, et il était accouru, le 29 juillet; mais arrivé à Montrouge, l'autorité locale crut devoir ne pas lui permettre de continuer sa route avant d'avoir reçu les ordres de l'hôtel de ville de Paris. Ces obstacles imprévus le décidèrent à retourner à Joigny, pensant que dans ces graves circonstances il ne pouvait être

---

[1] Le même jour, MM. de Pastoret, chancelier, et de Sémonville, grand référendaire de la chambre des pairs, étaient venus présenter leur hommage au lieutenant général.

mieux qu'à la tête de son régiment. A la hauteur de Melun, il rencontra la voiture de madame la dauphine qui revenait de Dijon ; cette princesse fit arrêter les chevaux, et demanda au duc de Chartres des nouvelles de Paris : « Je n'ai pu « y pénétrer, répondit le jeune prince, mais « j'ai vu de loin flotter le drapeau tricolore sur « tous les édifices. — Et le roi ? — Je crois qu'il est « à Saint-Cloud, et moi je vais rejoindre mon ré- « giment. — Vous nous le garderez, reprit la prin- « cesse. — Je ferai mon devoir, » dit le jeune duc. Et les deux illustres interlocuteurs se séparèrent.

Le duc de Chartres fit son entrée dans Paris le 4 août, à la tête du 1er de hussards, enseignes tricolores déployées. Le lieutenant général, accompagné du duc de Nemours, alla à sa rencontre jusqu'à la barrière du Trône, passa le régiment en revue, et revint par les boulevards au milieu de ses deux fils. La duchesse d'Orléans était au Palais-Royal ; elle attendait le duc de Chartres avec toute l'impatience d'une mère. Après avoir fait mettre son régiment en bataille sur la place du palais, ce prince monte précipitamment sur la terrasse où sa famille était réunie, et se jette dans les bras de sa mère, dont la foule applaudit et partage les transports.

Quelques moments après, un fourgon de la

cour entre au Palais-Royal; il renfermait les diamants de la couronne, que ramenait de Rambouillet le peuple de juillet en armes. Le fourgon était suivi de six voitures du roi attelées chacune de huit chevaux, et surchargées d'une foule de Parisiens tenant à la main, les uns des sabres ou des fusils, les autres des branches d'arbres. Pour conserver les diamants de la couronne, ils avaient voulu leur servir eux-mêmes d'escorte, et n'avaient demandé pour prix de leur désintéressement et de leur loyauté, que le plaisir d'être ramenés à Paris dans les voitures de la cour! Cette satisfaction obtenue, et dès que le duc d'Orléans leur eut fait dire que le lendemain il donnerait audience à trois d'entre eux, ils conduisirent paisiblement les diamants au garde-meuble, et les voitures aux écuries du roi.

Le 7 août, le Palais-Royal devait être témoin d'une scène aussi touchante que majestueuse. Après avoir arrêté la déclaration par laquelle la Chambre offrait la couronne au lieutenant général, les députés, précédés de la garde nationale, se rendirent au Palais-Royal, où ils furent reçus dans la grande salle de la Psyché par le duc d'Orléans entouré de toute sa famille. M. Laffitte prit la parole pour lire au prince la déclaration de la Chambre qui se terminait par ces mots :

« La Chambre des députés déclare enfin que
« l'intérêt universel et pressant du peuple fran-
« çais appelle au trône S. A. R. Louis-Philippe
« d'Orléans, duc d'Orléans, lieutenant général
« du royaume, et ses descendants à perpétuité,
« de mâle en mâle, par ordre de progéniture, et
« à l'exclusion perpétuelle des femmes et de leur
« descendance.

« En conséquence, S. A. R. Louis-Philippe
« d'Orléans, duc d'Orléans, lieutenant général
« du royaume, sera invité à accepter et à jurer
« les clauses et engagements ci-dessus énoncés,
« l'observation de la Charte constitutionnelle
« et des modifications indiquées, et après l'avoir
« fait devant les Chambres assemblées, à prendre
« le titre de *Roi des Français*. »

Après cette lecture, le duc d'Orléans répondit
en ces termes : « Je reçois avec une profonde
« émotion la déclaration que vous me présentez;
« je la regarde comme l'expression de la volonté
« nationale, et elle me paraît conforme aux prin-
« cipes politiques que j'ai professés toute ma vie.
« Rempli de souvenirs qui m'avaient toujours
« fait désirer de n'être jamais destiné à monter
« sur le trône, exempt d'ambition et habitué à
« la vie paisible que je menais dans ma famille,
« je ne puis vous cacher tous les sentiments qui
« agitent mon cœur dans cette grande conjonc-
« ture; mais il en est un qui domine tous les

« autres, c'est l'amour de mon pays; je sens ce
« qu'il me prescrit, et je le ferai. »

Son Altesse Royale était profondément émue :
son discours s'acheva dans les larmes. Les cris
de vive le roi! vive la reine! éclatèrent dans l'enceinte du palais et furent répétés par les mille voix du peuple qui se pressait dans les cours.

Le soir même, à dix heures, la Chambre des pairs, ayant à sa tête M. le baron Pasquier, vint au Palais-Royal présenter au duc d'Orléans son hommage et son adhésion à la déclaration de la Chambre des députés. « Messieurs, leur répondit
« le duc d'Orléans, vous me témoignez une con-
« fiance qui me touche profondément. Attaché
« de conviction aux principes constitutionnels,
« je ne désire rien tant que la bonne intelligence
« des deux Chambres. Je vous remercie de me
« donner le droit d'y compter; vous m'imposez
« une grande tâche, je m'efforcerai de m'en mon-
« trer digne. »

Cet élan national fut solennellement consacré le 9 août, à la Chambre des députés, dans la séance où, après avoir prêté serment, le duc d'Orléans fut proclamé roi des Français, sous le nom de *Louis-Philippe Ier* [1].

---

[1] « Premier ou second, disait une femme du peuple, peu importe : ce qu'il faut, c'est qu'il soit *numéroté*, afin de ne pas le perdre. »

De ce moment, accoururent en foule de tous les points de la France des députations empressées de concourir par leur assentiment au grand acte des Chambres, et de saluer la royauté de juillet ; et toutes rapportaient dans leurs départements l'heureuse impression que leur avait laissée l'accueil populaire du nouveau roi et l'éloquence patriotique de ses réponses.

Chaque soir, le jardin et les cours du Palais-Royal étaient le rendez-vous de tout Paris : on venait y entendre la musique de la garde nationale ; on venait y saluer de ses acclamations la famille royale. Quelquefois même une fête improvisée se mêlait à ces brillantes réunions : ainsi, le 6 octobre 1830, jour anniversaire de la naissance du roi, les gardes nationaux formant le poste du Palais-Royal demandèrent la permission d'offrir un bouquet à Sa Majesté ; et le lendemain, lorsque la garde montante arriva au Palais-Royal, chaque garde national avait un bouquet d'immortelles dans le canon de son fusil. Elle se mit en bataille dans la grande cour ; la garde descendante y était aussi sous les armes, ainsi que la cavalerie de la garde nationale et le poste des troupes de ligne. Le roi entouré de ses cinq fils, tous portant l'uniforme de la garde nationale, s'empressa de les passer en revue ; la reine et les princesses parurent sur la terrasse, et furent accueillies avec enthousiasme.

Cependant l'Europe, d'abord émue par le fait immense de la révolution de juillet, commença à se rassurer en présence de la tranquillité qui régnait dans le pays, et de la haute sagesse qui présidait à ses destinées.

Déjà l'Angleterre[1] s'était empressée de reconnaître le roi des Français.

Au mois de septembre, le baron de Fagel, envoyé extraordinaire du roi des Pays-Bas; le baron de Kœnneritz, ministre plénipotentiaire du roi de Saxe;

Au mois d'octobre, le baron de Werther, ministre de Prusse; le baron Pfeffel, ministre du roi de Bavière; M. de Treitlinger, envoyé de Saxe-Weimar; le prince de Castelcicala, ambassadeur du roi des Deux-Siciles, M. Rumpff, ministre résident des villes anséatiques; le comte Loewenhielm, ministre de Suède et de Norwége;

---

[1] Le général Beaudrand avait été envoyé auprès du roi d'Angleterre, dont la réponse fut toute gracieuse; et le 1er septembre, lord Stuart présenta ses lettres de créance au roi Louis-Philippe, en qualité d'ambassadeur de la Grande-Bretagne. Le 5 du même mois, M. le prince de Talleyrand était choisi pour aller à Londres en qualité d'ambassadeur du roi des Français.

le comte de Mulinen, ministre de Wurtemberg; l'archevêque de Beryte, M. Lambruschini, nonce du saint-siége; M. le comte d'Appony, ambassadeur de l'empereur d'Autriche; M. de Rivière, envoyé de l'électeur de Hesse; le comte d'Ofalia, ambassadeur d'Espagne; le général major de Juel, envoyé du roi de Danemark; M. Berlinghieri, ministre du grand-duc de Toscane; le comte de Sales, ambassadeur du roi de Sardaigne;

Au mois de novembre, M. Oertlhing, ministre du grand-duc de Meklembourg-Schwerin; M. Rives, ministre des États-Unis; le comte de Grote, envoyé du roi de Hanovre;

Enfin, le 6 janvier 1831, le comte Pozzo di Borgo, ambassadeur de l'empereur de Russie, présentèrent au roi, dans la salle du trône du Palais-Royal, les lettres qui les accréditaient auprès de la monarchie de juillet.

Les premiers beaux jours de la royauté n'avaient pas été tout à fait exempts des embarras inséparables d'une nouvelle couronne [1]; mais le

---

[1] Les conditions du gouvernement représentatif rendaient déjà fort difficile de recomposer un cabinet quand le ministère était en dissolution. Un des enfantements ministériels les plus laborieux fut celui du 3 novembre 1830. Les candidats ne manquaient pas : MM. C. Périer, Laffitte, Gérard, Sébastiani, Molé, Montalivet, Dupin, Guizot, de Broglie, le baron Louis, Dupont de l'Eure,

procès des ministres vint les obscurcir en réveillant les passions politiques, et plus d'une fois l'émeute gronda aux approches du Palais-Royal. Ainsi, pendant la nuit du 18 octobre, repoussée de Vincennes par l'énergie de Daumesnil, elle vint assiéger de ses hurlements la demeure du roi, qui, impassible au milieu des tourmentes populaires, descendit dans la cour au milieu de la foule, pour remercier la garde nationale de sa conduite ferme et dévouée.

Après le jugement des ministres, une colonne des élèves de l'École polytechnique, de l'École de droit et de l'École de médecine s'était rendue sur la place du Palais-Royal. Une députation fut envoyée pour solliciter l'honneur d'être admise devant le roi et de lui exprimer les véritables sentiments des Écoles. Le roi l'accueillit avec

---

Maison, Barthe, Mérilhou, réunissaient sans doute assez de talents et de courage pour former un excellent cabinet; mais le moyen de mettre d'accord tant d'esprits divers, surtout dans des circonstances aussi pénibles! Un jour, le roi y travaillait en conseil depuis neuf heures du matin, et cinq heures et demie venaient de sonner..... On demande le roi; il sort un instant, et quand il rentre, plus de ministres! ils s'étaient tous sauvés, laissant leurs portefeuilles, qu'ils n'avaient nulle envie de reprendre; et ce ne fut qu'à neuf heures du soir que l'on put ramener les graves fugitifs dans la salle du conseil.

intérêt; et s'étant placé au balcon du Palais-Royal, il fut salué de tous les élèves par les cris réitérés de vive le roi! respect à la loi! liberté et ordre public!

Le roi descendit ensuite, visita tous les postes, parcourut les rangs de la garde nationale, des troupes de ligne et les groupes des citoyens; et le soir, chaque fois que les feux des bivouacs allumés dans la cour éclairaient sa présence, des acclamations éclataient de toutes parts, et semblaient le remercier de ce qu'un sang inutile n'avait point terni la pureté de la révolution de juillet.

Cette révolution avait eu un rapide et généreux retentissement à Bruxelles, et la Belgique vint, comme une sœur, demander à la France un de ses princes pour la gouverner, et cimenter ainsi de nouveau l'alliance de deux peuples si longtemps unis. C'est le 17 février 1831, à midi, que la députation du congrès belge, chargée d'offrir la couronne au duc de Nemours, se rendit au Palais-Royal[1] :

---

[1] Elle était composée de messieurs :
   Le baron Surlet de Choquier, président;
   C. Lehon (aujourd'hui ministre de Belgique à Paris);
   Comte d'Arschot;
   Comte Félix de Mérode;

Deux aides de camp du roi la reçurent au haut du grand escalier, pour la conduire dans le premier salon, où l'attendait M. le ministre des affaires étrangères, qui l'introduisit dans la salle du trône. Le roi la reçut, placé sur son trône, ayant à sa droite M. le duc d'Orléans et à sa gauche M. le duc de Nemours. S. M. la reine était présente ainsi que LL. AA. RR. les princes ses fils, les princesses ses filles, et la princesse Adélaïde, sœur du roi. Les ministres et les aides de camp du roi entouraient le trône.

M. Surlet de Choquier, président du congrès, prononça un discours, après lequel il donna lecture de l'acte du congrès qui proclamait roi des Belges S. A. R. Louis-Charles-Philippe d'Orléans, duc de Nemours.

Le roi répondit à la députation :

« Messieurs,

« Le vœu que vous êtes chargés de m'apporter, « au nom du peuple belge, en me présentant l'acte

> Comte de Brouckère ;
> Gendebien père ;
> L'abbé Boucqueau ;
> Marquis de Rhodes ;
> Barthélemy ;
> Marlez.

« de l'élection que le congrès national vient de
« faire de mon second fils, le duc de Nemours,
« pour roi des Belges, me pénètre de sentiments
« dont je vous demande d'être les organes auprès
« de votre généreuse nation. Je suis profondé-
« ment touché que mon dévouement constant à
« ma patrie vous ait inspiré ce désir, et je m'en-
« orgueillirai toujours qu'un de mes fils ait été
« l'objet de votre choix.

« Si je n'écoutais que le penchant de mon
« cœur et ma disposition bien sincère à déférer
« au vœu d'un peuple dont la paix et la prospé-
« rité sont également chères et importantes à la
« France, je m'y rendrais avec empressement.
« Mais quels que soient mes regrets, quelle que
« soit l'amertume que j'éprouve à vous refuser
« mon fils, la rigidité des devoirs que j'ai à rem-
« plir m'en impose la pénible obligation, et je
« déclare que je n'accepte pas pour lui la cou-
« ronne que vous êtes chargés de lui offrir.

« Mon premier devoir est de consulter avant
« tout les intérêts de la France, et par conséquent
« de ne point compromettre cette paix que j'es-
« père conserver pour son bonheur, pour celui
« de la Belgique et pour celui de tous les États
« de l'Europe, auxquels elle est si précieuse et
« si nécessaire. Exempt moi-même de toute am-
« bition, mes vœux personnels s'accordent avec

« mes devoirs. Ce ne sera jamais la soif des con-
« quêtes, ou l'honneur de voir une couronne
« placée sur la tête de mon fils, qui m'entraîne-
« ront à exposer mon pays au renouvellement
« des maux que la guerre amène à sa suite,
« et que les avantages que nous pourrions en
« retirer ne pourraient compenser, quelque
« grands qu'ils fussent d'ailleurs. Les exemples
« de Louis XIV et de Napoléon suffiraient pour
« me préserver de la funeste tentation d'ériger
« des trônes pour mes fils et pour me faire pré-
« férer le bonheur d'avoir maintenant la paix, à
« tout l'éclat des victoires que, dans la guerre, la
« valeur française ne manquerait pas d'assurer à
« mes glorieux drapeaux.

« Que la Belgique soit libre et heureuse! qu'elle
« n'oublie pas que c'est au concert de la France
« avec les grandes puissances de l'Europe qu'elle
« a dû la prompte reconnaissance de son indé-
« pendance nationale! et qu'elle compte toujours
« avec confiance sur mon appui pour la préserver
« de toute attaque extérieure, ou de toute inter-
« vention étrangère [1]! Mais que la Belgique se

[1] S. M. Louis-Philippe lui tint parole, lorsque, le 4 août 1831, il donna, par le télégraphe, l'ordre de faire entrer 50,000 hommes en Belgique, dont l'indépendance était menacée par le prince d'Orange.

« garantisse aussi du fléau des agitations intes-
« tines, et qu'elle s'en préserve par l'organisation
« d'un gouvernement constitutionnel, qui main-
« tienne la bonne intelligence avec ses voisins
« et protége le droit de tous en assurant la fidèle
« et impartiale exécution des lois. Puisse le nou-
« veau souverain que vous élirez consolider vo-
« tre sûreté intérieure, et qu'en même temps son
« choix soit pour toutes les puissances un gage
« de la continuation de la paix et de la tranquil-
« lité générale ! Puisse-t-il se bien pénétrer de
« tous les devoirs qu'il aura à remplir ! et qu'il
« ne perde jamais de vue que la liberté publique
« sera la meilleure base de son trône, comme le
« respect de vos lois, le maintien de vos institu-
« tions et la fidélité à garder ses engagements,
« seront les meilleurs moyens de le préserver de
« toute atteinte, et de vous affranchir du danger
« de nouvelles secousses !

« Dites à vos compatriotes que tels sont les
« vœux que je forme pour eux, et qu'ils peuvent
« compter sur toute l'affection que je leur porte.
« Ils me trouveront toujours empressé de la
« leur témoigner, et d'entretenir avec eux ces
« relations d'amitié et de bon voisinage qui
« sont si nécessaires à la prospérité des deux
« États. »

Depuis le roi de Naples, le Palais-Royal ne

reçut de tête couronnée que l'empereur don Pédro, prince brave, aventureux, et trop tôt ravi à l'amour de son peuple et de son armée. Ce qui excita au plus haut point sa surprise en même temps que son admiration, ce fut la garde nationale et la revue du 28 juillet 1831. Il ne pouvait concevoir que l'État fût assez riche pour entretenir une armée si magnifiquement tenue, et il fallut presque des serments pour lui persuader que cette belle milice s'équipait et s'armait à ses frais.

Le roi se plaisait au Palais-Royal : c'était le palais de ses pères, le lieu de sa naissance, son séjour de prédilection, le berceau de la royauté de juillet.... La raison d'État fut invoquée ; la politique triompha des affections, et le 1er octobre 1831, le roi et la famille royale quittèrent cette résidence pour aller habiter le Palais des Tuileries.

COLLECTION
DES TABLEAUX
DU PALAIS-ROYAL[1].

INDICATION DES PIÈCES OU ILS SONT PLACÉS.

APPARTEMENT DU ROI [2].

SALON DES AIDES DE CAMP.

Philippe-Auguste avant la bataille de Bouvines; par *Blondel*.

Guillaume Tell s'élançant hors du bateau de Gessler, sur le lac des Quatre-Cantons; par *Steuben*.

[1] L'auteur a publié la description et la lithographie de tous ces tableaux dans la *Galerie d'Orléans*, 2 vol. in-folio.

[2] Au haut du grand escalier.

Laurent de Médicis, entouré de sa famille et des hommes célèbres de son temps; par *Mauzaisse*.

Abdication de Gustave Wasa; par *Hersent*.

La victoire de Marathon annoncée dans Athènes; par *Couder*.

Jules-César se rendant au sénat, le jour où il fut assassiné; par *Abel de Pujol*.

Vue de la ville d'Alexandrie et de la colonne de Pompée; par le comte de *Turpin de Crissé*.

Vue du Parthénon, à Athènes; par le même.

Halte de voyageurs orientaux sur les ruines de Palmyre; par le même.

Portrait d'Élisabeth-Charlotte de Bavière, duchesse d'Orléans, mère du Régent; par *Hyacinthe Rigaud*.

Portrait du Katchef Dahouth (officier de mameluks); par *Girodet*.

SALLE D'AUDIENCE[1].

Portrait du duc d'Albe; par *Van-Dyck*.

   Id. d'Anne-Marie-Louise d'Orléans, Mlle de Montpensier, fille de Gaston, duc d'Orléans; par *Mignard*.

   Id. de Louise-Marie-Adélaïde de Bourbon, duchesse d'Orléans, mère du roi Louis-Philippe; par Mlle *Grossard*.

   Id. de Louis-François de Bourbon, prince de Conty.

   Id. de Marie-Anne de Bourbon, mademoiselle de Clermont.

   Id. d'Henri Ruzé-Coiffier, marquis de Cinq-Mars; par *le Nain*.

   Id. de Louis-Alexandre de Bourbon, comte de Toulouse.

   Id. du cardinal de Richelieu; par *Philippe de Champaigne*.

   Id. du cardinal Mazarin; par le même.

---

[1] C'est du haut du balcon de cette salle, qui donne sur la cour voisine de la place du Palais-Royal, que, le 7 août 1830, le duc et la duchesse d'Orléans présentèrent leurs enfants au peuple qui les accueillit avec transport.

Vue prise en Auvergne; par *Gué.*

Vue de l'étang et du château de Pierrefond, dans la forêt de Compiègne; par *Régnier.*

Tableau de fleurs et de fruits; par *Van-Os.*

Intérieur du couvent des Petits-Augustins, à Paris; par *Truchot.*

Intérieur de la cour de l'église de Saint-Pierre, près de Calais; par *Gassies.*

Madame de la Vallière, au couvent des Carmélites, au moment où, par son ordre, on enlève de sa cellule le portrait de Louis XIV; par *Granet.*

Vue de l'arc de Titus, à Rome; par M. *Fontaine.*

Vue de Caen; par *Gudin.*

Portrait de Marie Dubois (étude); par *Court.*

Un jeune Turc : étude plus grande que nature, peinte par *Girodet,* et terminée par *Gros.*

La Folle par amour; par *Horace Vernet.*

Paysanne romaine; par le même.

Tête de Tydée; par *Girodet.*

Un petit Bacchus; par Mlle *Duvidal.*

Prêtresse druide, improvisant aux sons de la harpe; par *Horace Vernet.*

La jeune mère; par *Steuben.*

PETIT CABINET DU ROI.

C'est là que se tenait habituellement le duc d'Orléans. S. A. avait paré ce cabinet de divers souvenirs qui lui étaient chers : des portraits de sa femme et de sa sœur, de quelques dessins de madame la duchesse d'Orléans ; de fleurs peintes par S. A. R. la princesse Adélaïde, et d'une vue de Malte, où mourut le comte de Beaujolais.

On remarque aussi le trou fait par une balle dans un des carreaux de la croisée; cette balle fut tirée pendant les journées de juillet, au moment où l'on se battait sur la place du Palais-Royal ; mais ce palais fut respecté par le peuple, comme étant le séjour du duc d'Orléans.

GRAND CABINET DU ROI [1].

Portrait du général Dumouriez; par *Albrier.*
    id. de Marie-Thérèse de Savoie-Carignan, princesse de Lamballe.
    id. de Napoléon; par *Mauzaisse.*
    id. de Louis XIV.
    id. de madame de Staël; par *Grégorius.*
    id. de Marie-Amélie, reine des Français; par *Gérard.*
    id. de Frédéric II, roi de Prusse; par *Van Loo.*
    id. de Jean-Jacques Rousseau; par *Gérard.*
    id. de Louise-Marie-Adélaïde de Bourbon, duchesse d'Orléans, mère du roi; par mademoiselle *Grossard.*
    id. d'Antoine-Marie-Philippe-Louis d'Orléans, duc de Montpensier, fils du roi; par *Hersent.* (Peint en petit auvergnat.)
    id. de Louis-Philippe-Joseph, duc d'Orléans, père du roi; par *Nattier.*

[1] C'est là, sur le canapé bleu près de la cheminée, que furent discutés et arrêtés les principaux articles de la Charte de 1830.

Portrait de François II, roi de France (copie d'après *Porbus*).
id. du connétable de Montmorency ; par *Corneille* de Lyon.
id. d'Henriette-Marie de France, reine d'Angleterre.
id. d'Henri IV, roi de France.
id. d'Henri III, roi de France.
id. d'Henri II, d'Albret, roi de Navarre.
id. de Louis XI.
id. de Cromwell.
id. de Jeanne d'Albret, reine de Navarre.
id. de Whasington ; par *le Paon*.
id. de Charles IX, roi de France.
id. de saint Louis, roi de France.
id. de Louis-Philippe, duc d'Orléans.
id. de Gaston-Jean-Baptiste de France, duc d'Orléans ; par *Van-Dyck* (donné par le roi d'Angleterre).
id. de Charles-Quint ; par *Holbein*.
id. d'Isabelle de Portugal ; par le même.
id. d'Éléonore d'Autriche, reine de France.
id. de Catherine de Médicis, reine de France.
id. de Louis XIII, roi de France.
id. de François Ier, roi de France.
id. d'Antoine-Philippe d'Orléans, duc de Montpensier, frère du roi ; par madame la comtesse de *Tott*.

Portrait de Louis-Charles d'Orléans, comte de Beaujolais, frère du roi.
id. d'Henri II, roi de France.
id. d'Antoine de Bourbon, roi de Navarre.
id. du général Foy; par *Horace Vernet*.
id. de Stanislas Girardin; par le même.
id. de Gustave Wasa.

Dans le cabinet qui sert de communication avec la pièce qui suit, se trouvent les

Portraits de Charles XII, roi de Suède.
de Louis XVIII, roi de France.
de madame de Montesson; par madame *Lebrun*.
de Turenne; par *Mignard*.

CHAMBRE A COUCHER DU ROI.

Portrait de Léopold Ier, roi des Belges.
    id.   de la reine des Belges, Louise d'Orléans, fille du roi.

Une marine; par *Roqueplan.*

Vue prise dans les environs de Grenoble; par *Guérard.*

Vue du château de l'OEuf, à Naples (clair de lune); par M. de *Turpin de Crissé.*

Le Marchand de tisane; par *Boilly.*

Un Grec en grand costume; par *Sablet* (le fond du tableau représente une ville asiatique dans un effet de nuit).

SALON DÉPENDANT DE L'ANCIEN APPARTEMENT DE
M. LE DUC DE CHARTRES.

Intérieur de la chapelle Minutolo, dans la cathédrale de Naples; par *Lemasle.*
Intérieur de la chapelle du Calvaire, dans l'église de Saint-Roch, à Paris; par *Bouton.*
La Mort de saint Antoine; par *Granet.*
Intérieur d'un cachot du fort Saint-Jean, à Marseille; par le duc de *Montpensier.*
Vue du pavillon de Gabrielle, à Charenton; par *Petit.*
Paysage où l'on voit une calèche à six chevaux, dans laquelle se trouvent madame la duchesse d'Orléans, douairière, et d'autres personnes; par *Petit.*
Louis-Henri-Joseph de Bourbon, prince de Condé; par M. *de Boisfremont.*
Portrait de Louise-Adélaïde d'Orléans, abbesse de Chelles, fille du régent.
Portrait de Galilée.
Vue du château de Windsor; par *Daniell.*
Vue de Gibraltar.

Vue de la façade du château de Neuilly, du côté de l'avenue; par *Crépin*.

Portrait d'Anne-Marie-Louise d'Orléans, Mademoiselle de Montpensier; par *Mignard*.

GALERIE DE L'ANCIEN APPARTEMENT DE LA BIBLIO-
THÈQUE DE M. LE DUC DE CHARTRES [1].

(Faisant face au Café de la Régence.)

Vue du parc de Sceaux.
La Jarretière de la Mariée; par *Vigneron*.
Une Cuisinière apprêtant des légumes; par *Genod*.
Vue du tombeau de Servilien; par mademoiselle *Sarazin*.
Un Musulman; par *Michalon*.
L'Ermite de l'île d'Ischia, près de Naples; par le même.
Mazzocchi, brigand de l'État romain; par le même.
Paysanne romaine, filant au fuseau; par le même.
Intérieur d'une cuisine italienne; par *Granet*.

[1] C'est dans cette pièce que fut arrêté, en 1793, le comte de Beaujolais, à l'instant où il prenait une leçon de son précepteur.

CABINET DES MÉDAILLES,

à côté de la bibliothèque.

Vue intérieure du Muséum de Paris ; par *Maillot.*
Le Trois-mâts l'*America* (marine); par *Gudin.*
Une chaise de poste arrêtée par des voleurs, au point du jour; par *Duclaux.*
Vue du jardin de la maison de Beaumarchais et du corps de garde du boulevard St-Antoine, par un temps de neige; par *Bouhot.*
Portrait de Charles Ier, roi d'Angleterre.
Portrait de Marion Delorme.
Tableau représentant la famille du duc de Penthièvre.

Les personnages qui composent ce tableau sont, en commençant par la gauche :

1° Louis-Marie de Bourbon, duc de Penthièvre;
2° Louis-Alexandre-Joseph-Stanislas de Bourbon, prince de Lamballe;
3° Marie-Thérèse de Savoie-Carignan, princesse de Lamballe;
4° Louise-Marie-Adélaïde de Bourbon (mademoiselle de Penthièvre), duchesse d'Orléans, mère du roi;

5° Marie-Victoire-Sophie de Noailles, comtesse de Toulouse.

Portrait de Louis-Philippe, duc d'Orléans.

Portrait de Louise-Henriette de Bourbon-Conti, duchesse d'Orléans.

Portrait de Sumrou Bégôm, princesse de Saldânâ, souveraine de l'Inde. (Ce portrait, peint dans le pays, a été envoyé à S. M. Louis-Philippe par cette princesse, comme un hommage de son admiration pour le roi des Français.)

GRAND SALON DES GRAVURES [1],

à côté de la bibliothèque.

Psyché et l'Amour; par *Picot*.
Grand paysage; par *Baltard*. (Sur le devant de ce tableau est représenté Méléagre, qui vient d'être tué par un sanglier. — La figure de Méléagre est peinte par *Gérard*.)
La mort d'Hippolyte; par *Court*.
Vue du cours du petit bras de la Seine et de son entrée dans le parc de Neuilly; par *Bidault*.
Vue de la pelouse et des saules devant la façade du château de Neuilly; par *Joannis*.
Les fureurs de Saül calmées par les chants de David; par *Gros*.

[1] C'est là que le roi a réuni sa magnifique collection de portraits gravés, qui s'élèvent au nombre de 25 mille.

GALERIE HISTORIQUE [1].

Le cardinal de Richelieu disant la messe dans la chapelle du Palais-Royal, alors Palais-Cardinal; par *Delacroix*.

Fondation de l'académie française. — Richelieu recevant au Palais-Cardinal les premiers académiciens (février 1635); par *Heim*.

Le cardinal de Richelieu, sur son lit de mort, fait donation de son palais à Louis XIII (1642); par *Drolling*.

Le cardinal de Retz arrivant au Palais-Royal suivi d'une foule immense qui réclame à grands cris la liberté du conseiller Broussel (1648); par *E. Devéria*.

---

[1] Cette galerie, toute de la création de S. M. Louis-Philippe, servait aux bals de famille : on y dressait aussi un théâtre les jours où madame la duchesse d'Orléans faisait venir au Palais-Royal les acteurs du Vaudeville ou du Gymnase.

A côté des tableaux on y remarque plusieurs statues, et notamment celle de Talma, dans le rôle de Léonidas, au moment où il s'écrie :

« Vous resterez debout, rochers des Thermopyles! »

Le cardinal de Retz ayant été admis près de la reine Anne d'Autriche, demande que le conseiller Broussel soit mis en liberté, ce que la reine refuse (1648); par *Scheffer*.

Le parlement s'étant rendu en corps au Palais-Royal, demande à la reine Anne d'Autriche la liberté du conseiller Broussel, ce que la reine accorde (1648); par *Steuben*.

Arrestation du prince de Condé, du prince de Conty et du duc de Longueville, au Palais-Royal (1650); par *H. Vernet*.

Anne d'Autriche fait voir au peuple son fils endormi (1651); par *Mauzaisse*.

Entrée de Mademoiselle de Montpensier dans la ville d'Orléans (1652); par *A. Johannot*.

Philippe de France, duc d'Orléans, *Monsieur*, vient prendre possession du Palais-Royal (1692); par *Monvoisin*.

Le premier président du parlement vient au Palais-Royal prendre les ordres du duc d'Orléans, régent, pour la tenue du lit de justice de Louis XV (7 septembre 1715); par *Smith*.

La duchesse d'Orléans lit sur le balcon du Palais-Royal le bulletin de la victoire d'Hastenbeck (1757); par *A. Johannot*.

Le duc d'Orléans se casse le tendon d'Achille, en dansant au bal qu'il donna au roi de Danemark au Palais-Royal (1768); par *E. Devéria*.

22.

Franklin, ministre plénipotentiaire des États-Unis d'Amérique, est présenté, au Palais-Royal, à Louis-Philippe, duc d'Orléans (1778); par *Steuben.*

Incendie de l'Opéra, au Palais-Royal, en 1781; par *Cottereau.*

Camille Desmoulins, arborant la cocarde verte dans le jardin du Palais-Royal, excite le peuple à prendre les armes et à se former en milice nationale (1789); par *H. Vernet.*

La Patrie en danger.—Enrôlements volontaires sur la place du Palais-Royal (1792); par *Debay.*

Arrestation du comte de Beaujolais, au Palais-Royal (1793); par *Mauzaisse.*

Napoléon visitant le Palais-Royal (1807); par *Blondel.*

Dissolution du Tribunat (1807); par *Gassies.*

Louis-Philippe, duc d'Orléans, arrive au Palais-Royal (1814); par *Gosse.*

Arrivée de Louis-Philippe, duc d'Orléans, au Palais-Royal, le 30 juillet 1830; par *H. Vernet.*

Louis-Philippe, duc d'Orléans, lieutenant général du royaume, sort du Palais-Royal pour se rendre à l'hôtel de ville (31 juillet 1830); par *H. Vernet.*

Déclaration de la Chambre des députés présentée, au Palais-Royal, au duc d'Orléans, lieutenant général du royaume (7 août 1830); par *Heim.*

Réception des députés du Congrès national de la Belgique, au Palais-Royal (17 février 1831); par *Gosse* [1].

---

[1] Cette galerie historique a été lithographiée et publiée par l'auteur, en un vol. in-fol.

GALERIE DES BIJOUX [1].

Portrait de Marie-Amélie, reine des Français; par *Gérard*.

Portrait de Philippe V, roi d'Espagne.

Un enterrement dans un village; par *Robert*.

Portrait des enfants de Louis-Philippe Ier, roi des Français; par mademoiselle *Godefroy*.

Vue des ruines du théâtre de Taormina et du mont Etna; par *Michallon*.

Vue du mont d'Or; par *Gué*.

Une Femme pleurant sur les ruines de sa maison, à la suite d'un tremblement de terre; par *Léopold Robert*.

Les trois Ages de l'homme; par *Gérard*.

Portrait du connétable de Bourbon; par *Fragonard*.

---

[1] Ainsi nommée du cabinet des bijoux, qui la sépare de la galerie historique, et où se trouve une table pétrifiée trouvée à Randan, château de S. A. R. madame la princesse Adélaïde. Elle fait face à la cour d'honneur, ainsi que les deux galeries qui la suivent.

Vue de l'intérieur de l'église Saint-Nicolas, à Boulogne-sur-Mer; par *Gassies*.

Portrait de S. A. R. madame la princesse Adélaïde d'Orléans; par *Gérard*.

Portrait de madame de Maintenon; par *Testelin*.

Portrait de Marie-Adélaïde de Savoie, duchesse de Bourgogne.

Portrait de Louis-Philippe, duc d'Orléans; par madame *Lebrun*.

Portrait d'Anne-Louise-Bénédicte de Bourbon, duchesse du Maine.

Portraits de Charles-Louis de Bavière et du prince Rupert, son frère, comtes palatins du Rhin.

Portrait de Louis XIII; par Philippe de Champaigne.

Portrait de Ferdinand IV, roi des Deux-Siciles.

Portrait de Philippe, duc d'Orléans, régent; par *Rigaud*.

GALERIE DES BATAILLES.

Bataille de Jemmapes; par *H. Vernet.*
Bataille de Valmy; par *H. Vernet.*
Bataille d'Hanau; par *H. Vernet.*
Bataille de Montmirail; par *H. Vernet.*
Vue du Port du Bac, sur le petit bras de la Seine, dans l'intérieur du parc de Neuilly; par *Michallon.*
Vue des Côtes de la régence d'Alger; par *Gudin.*
Vue du Pavillon de la grille du Ponceau, prise dans le parc de Neuilly; par *Bertin.*
Vue de la Régence d'Alger; par *Gudin.*
Vue de Grenoble; par *Gudin.*
La Mort de Masaccio, peintre florentin du quinzième siècle; par *Couder.*
Vue d'Unterseem, village suisse (effet de nuit); par *Daguerre.*
Convoi d'Isabeau de Bavière; par *Truchot.*
Vue de Falaises, au bord de la mer, par un temps de brouillards; par *Gassies.*
Le duc d'Orléans passant la revue du 1er régiment de hussards (Bercheny), en janvier 1815; par *H. Vernet.*

Vue du cap Nord ; par *Crépin.*
Vue de l'Hospice du mont Saint-Gothard ; par *H. Vernet.*
Vue d'un Camp de Lapons ; par *Ronmy.*
Le duc d'Orléans au collége de Reichnau ; par *H. Vernet.*
Paysage représentant une chute d'eau ; par *Storelli.*
Vue de San-Germano, dans le royaume de Naples ; par *Bidauld.*
Vue du Cours du petit bras de la Seine, dans le parc de Neuilly, prise du pont de l'île Capaheu ; par *Watelet.*
Deux vaches dans une prairie.—Site de Hollande ; par *Verboeckhoven.*
Portrait de Philippe, duc d'Orléans, régent ; par *Senterre.*
Portrait de madame de Parabère ; par *Senterre.*
Mentor enlevant Télémaque à Eucharis ; par *Monvoisin.*
L'Ermite des ruines ; par *Bouton.*

SALON *dit* SALON ROUGE [1].

Cuirassier blessé conduisant son cheval; par *Géricault*.

Guide de l'armée d'Italie; par *Géricault*.

[1] Il s'appelait salon de *la Psyché*, lorsque le charmant tableau de Picot en faisait le principal ornement.

C'est dans cette pièce que M. Laffitte vint, le 7 août 1830, à la tête des députés, offrir, au nom de la Chambre, la couronne à Monseigneur le duc d'Orléans.

APPARTEMENT

DE S. A. R. MADAME LA PRINCESSE ADÉLAIDE,

SOEUR DU ROI.

Ier SALON.

(Sur l'avant-cour du palais.)

Confession d'un brigand, aux environs de Rome; par *H. Vernet.*
Le Serment des Trois Suisses; par *Steuben.*
Le Roi Louis-Philippe, en colonel de hussards, et ses deux fils aînés; par *Hersent.*
Le Duc d'Orléans, en costume d'artilleur; par *Decaisne.*

IIe salon.

Vue des Ruines d'une église à Césarée; par M. le comte de *Forbin*.
Un Pasteur de l'État romain; par *Schnetz*.
Le Roi, en colonel de hussards; par *Hersent*.
Maria Grazia, femme d'un brigand de l'État romain, cachant son enfant dans une grotte, dans la crainte d'être surprise; par *Schnetz*.
Abjuration de Galilée; par *Triquetti*.
Une Marine; par *Gudin*.
Mademoiselle de Montpensier devant Orléans; par *A. Johannot*.

GALERIE[1].

(Sur la rue Saint-Honoré.)

Un Paysage.

Portrait de M. Pieyre, auteur de l'École des Pères et secrétaire des commandements de S. A. R. madame la princesse Adélaïde; par *Grégorius*.

Portrait de Louis-Philippe-Joseph, duc d'Orléans.

Portrait du duc de Château-Villain.

Mademoiselle de Montpensier écrivant ses mémoires; par *Decaisne*.

Jeune Page se parant de vieilles armures; par *Laurent*.

Intérieur de la sacristie de l'abbaye de Saint-Wandrille, en Normandie; par *Bouton*.

---

[1] A la suite de cette galerie se trouve le cabinet de madame la princesse Adélaïde, qui s'est plu à y réunir plusieurs portraits curieux : c'est madame de Montespan, sous les traits et dans l'attitude de la Madeleine du Corrége; c'est le Roi dans sa jeunesse, avec la poudre et le costume du temps; c'est madame la duchesse de Bourbon, sa tante, peinte par elle-même; c'est monseigneur le prince de Joinville enfant; et plusieurs autres miniatures que la princesse aimait à voir réunies sous ses yeux.

Vue de l'escalier du Vatican; par *Malbranche*.

Des Charlatans parlant au peuple. — Scène d'après nature, à la foire de Grotta Ferrata, dans l'État romain; par mademoiselle *Lescot*.

Intérieur d'une Salle mauresque; par *Truchot*; (les figures par *Xavier Leprince*).

Vue de la cascade de Terni, dans l'État romain; par *Michallon*.

Cendrillon revenue du bal et endormie au coin de son feu; par *Laurent*.

PIÈCES JUSTIFICATIVES.

A.

LES BARRICADES.

Je veux chanter les barricades
Et les populaires boutades
Dont tout Paris fut alarmé,
Quand le bourgeois armé
Donna de si belles vezardes
A nos soldats des gardes,
Et fit voir que le batelier
Est dangereux sur son paillier.
Raconte moy, muse grotesque,
D'où vient cette humeur soldatesque;
Apprens moy de ses mouvemens
Quels furent les commencemens,
Et quel succez eut la furie
De la nouvelle Jacquerie.
Depuis tantost cinq ou six ans,

L'avarice des partisans,
Traitans, soutraitans, gens d'affaire,
Race à nostre bonheur contraire,
Pilloit avec impunité
Les biens du peuple en liberté,
Et, sous prétexte du tariffe,
Rien ne s'échappoit de leur griffe.
Ce mal nous alloit dévorant,
Et comme on voit un torrent
Tombant du sommet des montagnes,
Se répandant sur les campagnes,
Etendre partout sa fureur,
Porter la crainte et la terreur
Dans les villes et les villages,
Ainsi l'excez de leurs pillages,
Comme celuy de leur pouvoir
Nous réduisoit au désespoir,
Quand le bon démon de la France
Touché de voir nostre souffrance,
Fit que, perdant le jugement,
Ils se prirent au Parlement.
La paulette fut la machine
Qui fut destinée pour sa ruine,
Et le piège que l'on tendit
Aux officiers certain édit
Lequel mettoit en apparence
Leurs offices en asseurance.
On demandoit par cet arrest,
Comme par manière de prest,
Quatre années de tous leurs gages;

Mais lorsque l'on vint aux suffrages,
Il parut et non sans raison
Dessous le miel quelque poison,
Dont la liqueur estoit mortelle
A la santé de l'escarcelle.
En mesme temps de tous costez
Des autres corps les deputez
Attaquez de pareilles craintes,
Arrivent, parlent, font leurs plaintes
Contre la persécution,
Implorent la protection
De ceux qu'ils appelent leurs peres,
Disent l'estat de leurs miseres,
Et que sans doute ils sont perdus
Si par eux ne sont defendus,
Demandant que chacun s'unisse
Pour resister à l'injustice,
Et remonstrer conjointement
A la Reyne ce traitement.
L'*union* très fort balottée
Ne fut pas d'abord arrestée;
Les registres sont apportez
Et soigneusement consultez.
On lit, on voit, on examine
La loy civile et la divine :
Mais enfin pour conclusion
Les voix furent à l'*union :*
Les partisans par cette voye
Voyans évanouyr leur proye
Et leur fonds estre diverty,

Duquel ils avoient fait party,
Et s'il faut dire quelque avance,
Baptisent cecy d'insolence,
Qui fait brèche à l'authorité
De la royale majesté,
Ainsi qu'aux droits de la couronne.
De tous costez cecy resonne,
Et le conseil faict un edict
Qui l'union leur interdit;
Le parlement demeurant ferme,
Et la chose estant en ce terme,
On mit, par avis du conseil,
Au mal un second appareil.
Et pour dissiper cet orage,
Quelques gens furent mis en cage;
Si l'on fit mal, si l'on fit bien,
Je m'en rapporte et n'en sçay rien,
Et pour dire vray ne me pique
De me connoistre en politique,
Car en ce mestier le hazard
A souvent la meilleure part :
Aux nouvelles de cette prise,
La Bazoche fut fort surprise;
Ce mal, au lieu de se calmer,
Parut de nouveau s'allumer :
On s'assemble, on crie, on proteste;
Qui jure, qui gronde, qui peste;
Quelqu'un parle plus hautement
Et se plaint du gouvernement,
J'entends celuy de la finance :

Pour l'autre on garde le silence;
C'est bien assez de le penser,
De peur de se trop avancer.
Cependant la Reyne régente,
Comme elle est sage et très-prudente,
Voulant à cecy promptement
Trouver quelque temperament,
Remit, pensant calmer l'affaire,
La Paulette à son ordinaire;
Fit revenir les exilez
De la frontière rappellez :
Mais defendit aux compagnies
De se trouver encore unies,
Puisque leur remettant le prest,
Elles estoient hors d'interest.
Neantmoins messieurs des Enquestes,
Dont aucuns sont de fortes testes
Et d'ordinaire, à dire net,
L'ont assez proche du bonnet,
Furent d'opinion contraire :
L'un dit : « Messieurs, c'est un mystere;
Si nous cessons d'estre assemblez,
Dans trois jours nous sommes sanglez :
Nos biens de mesme que nos vies
Releveront de ces harpies;
Enfin, ce n'est pas d'aujourd'hui
Qu'on dit : Ce qu'il te fait, fais luy.
Machiavel, grand politique,
Qui des cours avoit la pratique,
Dans son damnable art de regner

Ne l'a sceu que trop enseigner ;
Toutes les faveurs apparentes
Sont des marques très-evidentes
Du venin caché là-dessous.
Helas, messieurs, souvenez-vous
De Sinon, du cheval de Troye,
Comme Ilium fut mis en proye
Et le vieil Priam peu rusé,
Sous un faux cheval abusé.
Permettez que je vous le die,
Tout cecy n'est que comedie ;
En deux mots voicy mon advis,
Si mes sentimens sont suivis :
Messieurs, avant que toute autre chose,
Afin d'affermir nostre cause
Qui n'est pas sans besoin d'appuy,
Nous conclurons tous aujourd'huy
Que l'on soulage la canaille ;
Qu'on remette un quart de la taille ;
Que de nos païs desolez
Les intendans soient rappelez ;
Que les eleus, bien que vermine,
Exercent au moins pour la mine,
Soient remis en leurs fonctions :
C'est par de telles inventions
Que le peuple, prompt et volage,
Se meut, se conduit et s'engage ;
Quand le peuple sera pour nous,
Sans doute qu'on filera doux.
Mais si nous manquons cette voye,

PIÈCES JUSTIFICATIVES.

Quelque temps calme que je voye,
J'apprehende fort l'interdit,
Songez-y bien. Messieurs, j'ay dit. »
Lors chacun parlant à l'oreille
Avec son voisin se conseille :
Faut-il le croire ? se dit-on ;
L'un dit qu'ouy, l'autre que non ;
Tel est d'opinion diverse ;
L'un la suit, l'autre la traverse ;
L'un dit que c'est trop attenté,
L'autre, la seule seureté.
Cette venerable consulte
Avoit fort de l'air d'un tumulte ;
Et comme nous voyons souvent,
Lorsque l'on chasse à mauvais vent,
Que des voix de divers meslange
Font aux vieux chiens prendre le change,
Ou confus dans un si grand bruit,
Pour suivre les voyes de la nuit,
Encor' que parmy cette émeute
Les presidens, chefs de la meute,
D'abord ne donnassent les mains,
Tous leurs obstacles furent vains.
Sans fruit les vieillards s'opposerent ;
Enfin les frondeurs l'emporterent,
Et, suivant leur intention,
L'on se tient à la jonction.
D'*Emery*, contre son attente,
Trouva la fortune changeante ;
Par des conseils accomodans

On revoqua les intendans.
La Reyne mesme, à ce qu'il me semble,
Trouve fort bon qu'on s'assemble;
Gens de palais et gens de cour
Ont conference à Luxembourg;
Le duc d'Orleans, fils de France,
Au parlement prit sa seance,
Et le feu, loin de s'embraser,
Paroissoit quasi s'apaiser,
Alors que la prison nouvelle
Du bon-homme monsieur Brousselle,
Riche d'honneur et pauvre de biens,
Arma tous ses concitoyens.
Ce fut au temps que la victoire
Amoureuse de notre gloire
Fit à Lens, ainsi qu'à Rocroy,
Triompher nostre jeune Roy
De ces redoutables cohortes
Qui sembloient menacer nos portes;
L'illustre prince de Condé,
Par son courage secondé,
Avec ses troupes, comme un foudre,
Mit tous les escadrons en poudre,
Et les suivant jusqu'à Doüay,
Vengea la perte de Courtray :
Chacun benissoit sa proüesse,
Tout estoit remply d'allegresse;
Mais comme un beau jour d'esté
Plein de lumiere et de clarté,
Le ciel, se couvrant de nuage,

Change le beau temps en orage,
Et des ruisseaux font une mer,
Nostre plaisir devient amer;
La joye en nos cœurs preparée
Ne fut pas de longue durée :
De tout temps nos roys tres-pieux,
Par un zele devotieux,
Quand le ciel a beny nos armes
Et la valeur de nos gendarmes,
Vont, en cortege solennel,
Rendre graces à l'Eternel,
Dedans le temple où l'on revere
Le nom de sa tres-chaste mere.
Les gardes, dés le point du jour
Assemblez au son du tambour,
Dans le Marché Neuf se logerent
Et sur le Pont Neuf se posterent;
Quand la Reyne estant de retour,
Un bruit s'épand tout à l'entour
Que l'on avoit pris le bon homme,
Que le peuple son pere nomme :
L'un dit : On l'a mené par là,
L'autre cecy, l'autre cela;
Le murmure eschauffe les biles
Des batteliers, gens mal dociles,
Et chacun s'arme aux environs
Qui de crocs, et qui d'avirons,
De cailloux, de pics et de peles,
De bancs, de treteaux, d'escabelles,
De barres de fer, de leviers,

De grez que l'on prend aux laviers.
Ce peuple, farouche et fantasque,
Jure, maudit, peste, renaque;
Tout est plein de confusion,
D'horreur et de sedition;
Des plaintes on vient aux murmures,
Aux cris, aux fureurs, aux injures,
Et les soldats du regiment
Repoussez assez brusquement,
Voyans leur partie trop mal faite,
Firent une prompte retraite,
Et dans ce bizarre combat
Quelques-uns sont mis au grabat.
Le peuple fait les barricades,
Les poursuivant avec bravades;
De tous costez on fait grand bruit,
On court, on s'avance, on fuit,
Maçons, charpentiers, alchimistes,
Imprimeurs, relieurs, copistes,
Garçons de postes et de relais,
Colporteurs et clercs du Palais,
Tailleurs, pages d'apotiquaires,
Maquignons, ecorcheurs, libraires,
Fourbisseurs, charrons, batteliers,
Crocheteurs, doreurs, ecoliers,
Crieurs de noir et d'eau de vie,
Moutardiers et vendeurs d'oublie,
Crieurs de passement d'argent,
Assistans, recors et sergent,
Meneurs de bacquets et broüettes,

Marqueurs, enfans de la raquette,
Porte-chaires, passeurs de bac,
Vendeurs de pipe et de tabac,
Cureurs de puits et de gadouë,
Chartiers qui menent la bouë,
Mareschaux, forgerons, celliers,
Par tout s'epandent par milliers :
Aux halles les fripiers s'armerent,
Et les bourgeois se cantonnerent,
Aupres aussi bien comme loin,
Sur le quay, sur le port à foin;
Chacun son compagnon reclame,
Fourbit son mousquet et sa lame,
Et jure sans cesse morbieu,
Prend l'hallebarde ou quelque épieu.
Cette martiale journée
Par la nuit ne fut terminée,
Car ces gens, à n'en mentir point,
Estoient braves au dernier poinct.
Le lendemain la belle aurore
Les trouva tous armés encore,
Et comme ils n'avoient pas dormy,
Remplis de vin plus qu'à demy.
De ce jus leur ame eschauffée
Se promettoit quelque trophée :
Le chancelier à ce matin,
Conduit par son mauvais destin,
Portoit à la cour souveraine
Un ordre envoyé par la Reyne:
On luy crie : Demeure là;

Luy surpris de ce qui va là,
Terme ordinaire de milice
Peu cognu aux gens de justice,
Les ayant appelez mutins,
Gagna le quay des Augustins :
Le peuple s'émeut dans la ruë,
Le suit, le claubaude, le huë :
Le chancelier fendit le vent,
Le peuple le va poursuivant,
Et quelque gent fiere et mutine
Investit l'hostel de Luyne,
Rompt la porte de la maison.
L'un en sa main tient un tison,
Un chenet, une lichefrite,
Le couvercle d'une marmite;
Ils jurent tous qu'il en mourra
Et que rien ne le sauvera.
Les gardes viennent à la file;
D'abord la canaille fait gile :
Mais survint à cet accident
Le mareschal surintendant,
Toujours fier comme son espée
Au sang des ennemis trempée,
Dont il occit un crocheteur
Qui n'estoit là que spectateur,
Excitant sur lui mainte pierre,
Qui pensa le jetter à terre,
Et d'*Ortis* arrivant soudain
Prit le chancelier par la main,
Que la cronique medisante

Dit qu'il avoit froide et tremblante;
Et ce grand ministre d'Estat
Eschappé de cet attentat,
Crainte de pareille bourasque
Avec la vitesse d'un Basque
Alla chercher sa seureté
Au palais de Sa Majesté.
« Madame, ces mauvais copistes
Des conseils machiavelistes,
Qui seduisent vostre douceur
Eloignant de nous vostre cœur;
Par des raisons imaginaires,
Au bien de vostre Estat contraires,
Vous disans pour leur interest
La chose autrement qu'elle n'est:
Mais las! il n'est plus temps de feindre,
Tout s'emeut, le peuple est à craindre.
Dieu quel peuple! un grand peuple armé,
De rage, de fureur animé,
Qui met son salut en ses armes! »
Lors quelques veritables larmes,
Quoy que disent les envieux,
Parurent couler de ses yeux.
Puis avec la mesme eloquence
Avec une entiere asseurance
Il poursuit : « Ne craignez pas,
Madame, de faire un faux pas,
Cedant comme il est necessaire
A la fureur du populaire.
Quand le vent agite les flots

Les plus habiles matelots,
Pour se garantir du naufrage,
Par un conseil prudent et sage,
Au lieu de resister au vent
Calent la voile bien souvent.
En accordant à nos prieres
La liberté de nos confreres;
Le peuple a le mesme desir,
Il n'y a pas lieu de choisir;
Je crainds que perdant l'esperance,
Il n'en vienne à la violence;
Ce sont des chevaux échapez,
D'ardeur et de fougue emportez,
Dont la fureur choque et renverse,
Et devant elle tout disperse,
Faciles à s'effaroucher,
Difficiles à rapprocher.
Songez bien que cette journée
Doit faire nostre destinée;
Que pour le salut de l'Estat,
Il faut terminer ce debat;
Et qu'à des troupes bien armées,
D'un juste pretexte animées,
Les canons tous prests à tonner,
Refuser tout, c'est tout donner. »
La Reyne pleine de sagesse,
Dissimulant avec adresse,
Luy repartit et accorda,
Non pas tout ce qu'il demanda,
Mais seulement une partie,

Dont la populace avertie,
Quand ils sortirent les poursuit,
Se plaint, murmure, et fait grand bruit.
Le parlement tres-estonné
De ce succez inesperé,
Voyant que ces ames vulgaires
Traittoient ainsi leurs titulaires,
Fait de necessité vertu,
Et de divers soins combattu,
Deux à deux, en belle ordonnance,
Vers le Palais Royal s'avance.
Le peuple redouble ses cris,
Les plus hardis se trouvoient pris
Pesle mesle avec la canaille ;
Le soldat se met en bataille ;
On murmure, on parle, on discourt,
Dans l'anti-chambre et dans la cour :
Ainsi ces messieurs arriverent,
Et par le grand degré monterent.
Chacun se rangeant à l'entour,
S'enquiert d'où vient ce prompt retour.
L'un disoit, faisant grize mine,
Le retour vaudra bien matiné :
L'autre, d'un gracieux maintien,
Croyez-moy, ce ne sera rien :
Et chacun, selon son genie,
Rioit ou n'en rioit mie.
Comme le mal estoit pressant,
Que le danger alloit croissant,
On resolut sans plus attendre,

De relâcher et de les rendre,
Chevaux et coches attellez,
Et proches parens appellez :
On s'achemine en diligence
Droict au Ménil Madame Rance,
Où Brousselle estoit arrivé.
Ceux qui furent de ce costé
Passerent avec plus de peine
Que ceux qui estoient à Vincenne.
Apres avoir fait maint detour,
Quand la nuit eut chassé le jour,
Sentirent sur eux pesle mesle
Tomber des caillous une gresle,
Qu'en la ruë des chiffonniers
On jettoit du haut des greniers.
Toute la populace émeuë
Crioit demeure, tuë, tuë, tuë,
Et dans ce populaire effort
Tout leur représentoit la mort.
Demeurer, c'est chose mortelle,
De reculer point de nouvelle.
Mais le Couldray se resolut,
Ainsi que le bon Dieu voulut,
De leur faire une tentative.
On luy crie de loin, qui vive?
Vive le Roy ; ce n'est assez :
Vive le parlement ; passez.
Qui estes-vous gens des enquestes ?
Favorables à vos requestes,
Amis, qui pour vous secourir

Hazarderons jusques au mourir,
Tout de bon n'en faites nul doute.
Messieurs, de nuit on ne voit goute,
Mais d'aller ainsi sans flambeau,
Morbieu cela n'est bon ny beau,
C'est affronter le corps de garde;
Pour vous nous n'y prenons pas garde,
A Nosseigneurs tout est permis,
Et vous estes de nos amis.
Eux échappez de la déroute
Suivent pareillement la route,
Et firent si bien leur devoir,
Que Blanc-Mesnil vint dés le soir.
Cependant nos nouveaux gendarmes
Ne voulurent poser les armes,
Ny rentrer dans leurs maisons;
Ils alleguent mille raisons,
Disant que l'un les veut surprendre,
Qu'il se prepare un grand esclandre,
Que l'on pretend les renfermer
Dans Paris pour les affamer,
User envers eux de finesse,
Boucher le chemin de Gonesse,
Qu'il n'y a rien pour le certain
De si long comme un jour sans pain,
Et qu'ils y donneront bon ordre.
Tout Paris est plein de ce desordre,
De terreur, de crainte et d'effroy,
Sans neantmoins sçavoir pourquoy.
La nuit se passe de la sorte,

Sans souffrir que personne sorte
De la ville dans le faubourg.
Quand le soleil fut de retour,
Quelques gens arriverent en foule,
Qui disoient que proche du Roulle,
A Boulogne et aux environs,
Paroist quantité d'escadrons,
Qu'ils en ont vu bien près de mille.
Le peuple à s'alarmer facile
Prend cela pour argent comptant,
Et s'en trouble tout à l'instant,
Gronde, tempeste, s'effarouche,
Dit ce qu'il lui vient à la bouche,
Et tout lui devenant suspect,
Parlant sans crainte et sans respect,
Que ce malheur est sans remede,
Et que la reyne de Suede,
Konigsmar et le loup garou
Ont pris leur quartier à Sainct-Clou.
Quelqu'un dit qu'il a vu la Seyne
De monstres marins toute pleine,
Qui ont en main le coutelas,
Conduits par le poisson Colas,
Et qu'il y a parmi ces bestes
Quelque chimere à cent testes.
Le peuple qui croit et leger,
Et qui ne craint que le danger,
Dit que cela pourroit bien estre,
Que mesmement devant Bissestre
Il paroist des magdaléons

Montez sur des cameleons;
Que l'on y voit des hypogrifes,
Des cavaliers ou hieroglyfes,
Qu'entr'eux mesmes sur un dragon
On recognoist le roi Hugon,
Qui pour leur ruine certaine
Est parti de Tours en Touraine;
Que ceci n'est point vision,
Et qu'ils sont plus d'un million.
La ville à cette renommée
De nouveau se voit rallumée,
Et quelque vin dessus le jeu,
Dont ils avoient pris plus qu'un peu,
Faisoit que les gens venerables
Estoient de raison peu capables,
Quand à neuf heures du matin
On vit au faubourg Sainct-Martin,
Arriver par bonne aventure,
Monsieur Brousselle et sa voiture.
Ce retour fut un coup du ciel;
Le peuple deposant son fiel,
De deux costez se range en haye,
Mais pourtant craignant une baye
Veut voir le bon homme chenu,
Qui de force gens n'est cognu.
Aussi tost qu'il monstre la teste,
Chacun, son harquebuze preste,
Son mousquet et son poitrinal,
Fait une salue en general.
Par tout le cry se renouvelle:
Vive le Roy, vive Brousselle!

Quatre cens hommes à l'instant
Le conduisent tambour battant,
Et le promenent par les ruës :
Les chaînes furent détenduës,
Tous les tonneaux sont renversez,
Mais non les soupçons effacez ;
Il est conduit en la grande chambre,
Ses compagnons furent le prendre :
Ensuite un arrest est donné,
Par lequel il est ordonné
A chacun d'ouvrir sa boutique,
Les clercs reprendre leur pratique,
Mousquets remis aux rateliers,
Maçons prets à leurs atteliers,
Les chartriers à leurs charettes,
Les vinaigriers à leurs brouëttes,
Les mareschaux à leurs marteaux,
Porteurs d'eau prennent leurs seaux,
Les charpentiers la besaguë,
Et la magnifique cohuë
Tout doucement se separa,
Chacun chez soy se retira ;
A la cour, ainsi qu'à la ville,
Tout parut remis et tranquille ;
Chacun reprit sa belle humeur.
Ainsi finit cette rumeur.
Je ne sçaurois vous faire entendre
S'il y a du feu sous la cendre ;
Mais sans pousser l'affaire au bout,
Nostradamus et Dieu surtout !

B.

MARIAGE DE PHILIPPE DE FRANCE, MONSIEUR, AVEC HENRIETTE ANNE D'ANGLETERRE.

Extrait des registres des actes de mariage de la paroisse Saint-Eustache, à Paris.

Le mercredi trentiesme jour de mars mil six cent soixante et un, dans la chapelle du chasteau du Palais-Royal, situé dans nostre paroisse, furent faictes, pardevant monseigneur Daniel de Cosnac, évesque et comte de Valence et de Die, de nostre consentement et en nostre présence, les fiançailles de très hault et très puissant prince Philippe, fils de France, duc d'Orléans, frère unique du roy, de la paroisse de Sainct-Germain-de-l'Auxerrois, et de très haulte et très puissante princesse Henriette-Anne d'Angleterre, sœur unique du roy de la Grande-Bretagne, nostre paroissienne; et le lendemain trente-uniesme dudict mois, fut solennisé le mariage desdicts seigneur et dame, dans la chapelle dudict chasteau, par ledict seigneur Évesque, en nostre présence et de nostredit consentement, soubs le bon plaisir du roy, de la reyne mère de sa majesté, et de mondict seigneur le duc d'Orléans; de la reyne regnante, de la reyne mère du roy de la Grande-Bretagne, et de madicte dame la princesse Henriette-Anne d'Angleterre; en présence aussy de mademoyselle, de mes damoiselles d'Orléans, de monsieur le prince, madame la princesse, monsieur le duc d'Enguien, et de plusieurs autres princes et princesses, seigneurs et dames de la cour : le tout avec dispense d'un ban non proclamé et du temps prohibé par l'église, en datte du vingt-huitiesme du présent mois et an, signée de Contes, vicaire-général; de monseigneur le cardinal de Retz, archevesque de Paris, Beaudoin, et scellée dudict sceau dudict archevesché, faisant lesdictes dispenses mention du bref de nostre sainct père le Pape, qui dispense les susdictes parties sur l'empeschement du second degré de consanguinité et autres.

Signé LOUIS, Anne-Marie-Thérèse, Philippe, Henriette-Anne, de Bauffremont, Antione (1), de Beaudeau, et Daniel de Cosnac, E. et C. de Valence et Die.

(Expédition authentique de cet acte est aux archives du Palais-Royal.)

[1] Ce nom est presque illisible sur l'original.

C.

FÉVRIER 1692.

Lettres-patentes du roy, portant don par sa majesté à monsieur son frère unique, et à ses enfans mâles, du Palais-Royal, par augmentation d'apanage.

Louis, par la grace de Dieu, roi de France et de Navarre : à tous présens et à venir, salut.

L'affection singulière que nous avons pour notre cher et très aimé frère unique *Philippe, fils de France,* duc d'Orléans, de Chartres, de Valois et de Nemours, nous portant à lui en donner des marques continuelles, nous avons résolu de lui accorder et délaisser, sous le titre et nature d'apanage, la maison et hôtel du Palais-Cardinal et ses dépendances, situé en notre bonne ville de Paris, rue Saint-Honoré, donné au feu roi notre très honoré seigneur et père, par feu notre cousin le cardinal duc de Richelieu, afin que notredit frère et sa postérité masculine puissent y avoir un logement qui réponde à la grandeur de leur naissance. A ces causes et autres considérations à nous mouvans, nous avons donné, accordé, octroyé et délaissé, donnons, accordons, octroyons et délaissons par ces présentes, signées de notre main, à notredit frère et à ses enfans mâles descendans de lui en loyal mariage, ladite maison et hôtel du Palais-Cardinal, en toute son étendue et consistance, tant en bâtimens, cours, logemens, jardins, eaux pour les fontaines, qu'autres dépendances, la place devant ledit Palais-Cardinal, et généralement tout ce qui nous appartient en ladite maison et hôtel du Palais-Cardinal et dépendances, sans en rien réserver ni retenir, à l'exception des bâtimens qui nous servoient ci-devant de corps-de-garde, et de la partie de ladite place, qui se trouvent compris dans le grand dessin fait pour les bâtimens de notre château du Louvre : pour du tout jouir et disposer aux mêmes droits, autorités et priviléges que du surplus de sondit apanage, conformément à notre édit du mois de mars 1661, à commencer à entrer en jouissance du premier du présent mois de février, sans qu'il soit besoin de faire aucune évaluation ou visitation dudit Palais-Cardinal et de ses dépendances, dont, pour bonnes raisons et considérations, nous avons dispensé et dispensons notredit frère, imposant sur ce silence perpétuel à nos procureurs-généraux et autres nos officiers qu'il appartiendra; permettons à notredit frère, et en tant que besoin est ou seroit, l'autorisons par ces présentes de faire en ladite maison et Palais-Cardinal telles augmentations, améliorations ou décorations que bon lui semblera; du prix desquelles, en cas de réversion, les héritiers de notredit frère seront remboursés par nous, ou par nos successeurs rois : voulons et nous plaît que nos officiers et autres personnes qui ont en leur possession les titres, papiers et enseignemens de ladite maison et Palais-Cardinal et ses dépendances, les remettent incessamment dans les mains du procureur-général de notredit frère, à quoi ils seront contraints par toutes voyes. *Si donnons en mandement* à nos amés et féaux conseillers, les gens tenant nos cours de parlement, chambre des comptes et cour des aydes à Paris, présidens et trésoriers de France au bureau de nos finances audit lieu, et à tous autres nos justiciers et officiers qu'il appartiendra, chacun en droit soi, que ces présentes ils fassent lire, publier et registrer, et du contenu en icelles jouir et user notredit frère, ses enfans et descendans mâles, pleinement et paisiblement, sans leur donner aucun trouble ni empêchement : car tel est notre plaisir; et afin que ce soit chose ferme et stable à toujours, nous avons fait mettre notre scel à cesdites présentes, données à Versailles, au mois de février l'an de grace mil six cent quatre-vingt-douze, et de notre règne le quarante-neuvième.

Signé LOUIS.

Et sur le repli : Par le Roi, PHILYPEAUX.
VISA. — *Signé* BOUCHERAT.

Et scellé du grand sceau de cire verte, en lacs de soie rouge et verte.

Registrées, ouï le procureur-général du Roi, pour jouir

par Monsieur, ses enfans mâles et descendans de lui en loyal mariage, de leur effet et contenu, et être exécutées selon leur forme et teneur, suivant l'arrêt de ce jour.

A Paris, en parlement, le treize mars mil six cent quatre-vingt-treize.

Signé Du Tillet.

D.

ÉTAT DU PALAIS-ROYAL,

EN 1701,

A LA MORT DE MONSIEUR, FRÈRE DE LOUIS XIV.

Antichambre ensuite de la salle des gardes de Son Altesse Royale.

Une tenture de tapisserie de Flandre.

Antichambre à côté de la chambre de S. A. R.

Première antichambre du petit appartement ayant vue sur la première cour du côté de la rue Saint-Honoré.

Meubles, rideaux et portières en damas cramoisi, à bandes de brocart d'or, argent et soie; grand lustre de cristal; porcelaines de Chine.

Chambre dudit petit appartement.

Rideaux et portières de brocart d'or et argent ; tapisseries de Bruxelles ; garniture de cheminée en porcelaines de Chine.

Cabinet attenant ladite chambre.

Bureau en marqueterie, à colonnes ; tapisseries d'Angleterre ; 4 tableaux représentant les quatre éléments.

Première antichambre de l'appartement de S. A. R. Madame.

Seconde antichambre.

Une tenture de tapisserie d'Angleterre représentant des grotesques.

Grand cabinet de Madame, donnant sur la rue Saint-Honoré.

Un tableau représentant une sainte Famille.

Petite galerie.

Chambre de S. A. R. Madame.

Chambre de feu S. A. R. Monsieur.

Un très-beau lustre; pliants et fauteuils de damas violet et blanc, garnis de dentelle d'argent; un confessional couvert de velours rouge.

Premier cabinet attenant la chambre de Monsieur.

Quatre-vingt-six pièces de porcelaine de Chine; quinze pagodes, coffres de bois des Indes; une pendule sonnante d'Angleterre, avec sa boîte de bois de Grenoble; bibliothèque; vingt-huit tableaux et miniatures.

Second cabinet de S. A. R.

Petite galerie à côté dudit cabinet.

Soixante-treize tableaux, parmi lesquels un Téniers représentant une fête de village, et deux tableaux de Boulogne l'aîné, représentant la naissance de Vénus et celle de Jupiter; porcelaines de Chine.

Petit cabinet au bout de ladite galerie.

Treize tableaux de paysage en miniature, et deux cent seize autres petits tableaux représentant différents sujets.

Galerie des illustres, ayant issue sur le jardin du Palais-Royal.

Lustres en cristal de roche; porcelaines.

Chapelle de Monsieur.

Grand salon du grand appartement.

Fauteuils et pliants par bandes de brocart or, argent et velours; garniture de cheminée de porcelaine; coffres de la Chine; trois lustres de cristal.

Antichambre dudit grand appartement.

Porcelaines de Chine; pagodes; deux tableaux : un saint François et un paysage.

PIÈCES JUSTIFICATIVES.

Chambre du lit dudit grand appartement.

Une pendule avec sa boîte et son pied d'écaille et d'ébène; un grand lustre de cristal de roche; garniture de cheminée de porcelaine; urnes; jattes, etc.

Salle d'audience dudit grand appartement.

Tenture de tapisserie de damas bleu, à fleurs d'or; rideaux de vénitienne; urnes en porcelaine, et autres objets de Chine; deux paysages; un grand lustre, et plusieurs girandoles.

Salon ensuite de ladite salle d'audience.

Tables de la Chine; pendule avec sa boîte et son pied de marqueterie; girandoles et lustres de cristal; quatre groupes de bronze; tenture de tapisserie de damas de Luc; sofa de bois doré, garni de brocart d'or et argent; fauteuils et pliants de même étoffe; écran et paravent de la Chine.

Petit cabinet à côté dudit salon.

Six tableaux représentant divers personnages de la cour et d'autres; des paysages et des scènes de village.

Cabinet à côté.

Six tableaux, parmi lesquels se trouve le portrait du cardinal Mazarin.

Un arrière-cabinet.

Quatre armoires en bibliothèque de marqueterie, renfermant 432 volumes; un grand tableau représentant Moïse au buisson, et huit autres tableaux divers sujets.

Grande galerie neuve.

Cinq grands tableaux : on y remarque la guérison du paralytique, le Seigneur chassant les marchands du temple; sofas, fauteuils, banquettes, tabourets en velours fond d'or; vingt-quatre girandoles de cristal; urnes et porcelaines; grand nombre de consoles de bois doré; groupes de bronze.

Salon par bas.

Quatre tableaux, dont un d'après le Bassan.

Grand cabinet de monseigneur le duc d'Orléans, ayant vue sur le jardin.

Chambre de madame la duchesse d'Orléans.

Lit, rideaux et meubles à ramages velours cramoisi, liséré d'or et crépines d'or et argent; fauteuils et portières de même étoffe.

Salle des bains.

Vingt-huit tableaux représentant des dames; trente-cinq autres tableaux représentant l'histoire d'Amadis.

Une des chambres de bains.

Tableaux représentant des dames de la cour.

Autre chambre à bain.

Douze tableaux représentant des histoires de la Genèse.

Appartement du sieur Milles, attenant les bains.

Antichambre de l'appartement de M. le chevalier de Lorraine.

Douze tableaux représentant divers sujets.

Chambre dudit appartement.

Antichambre de l'appartement de Mademoiselle.

Deux tableaux.

Chambre de mademoiselle de Valois.

Deux tableaux de fruits.

Chambre de Mademoiselle.

Deux paysages.
Portraits de dames de la cour; une Descente de croix; un saint Pierre et un saint Paul.

Chambre de mademoiselle de Valois.

Un port de mer.

Salle de la galerie.

Sept tableaux.

Cabinet attenant.

Neuf tableaux.

Chambre.....

Sept tableaux sur toile et sur bois.

Cabinet à côté de ladite chambre.

Trois tableaux religieux.

Salon du pavillon au bout du mail.

Grand cabinet de feu Monsieur.

Un bureau de marqueterie; une pendule d'Angleterre; lit de repos, fauteuils, pliants de brocart d'or et velours noir liséré de cordons d'or et d'argent; tabourets, rideaux et portières de même étoffe, garnis de dentelles et de points d'Espagne.

Vingt-quatre tableaux, divers sujets; urnes et porcelaines.

Oratoire.

Cabinet attenant, appelé le cabinet des bijoux.

Beaucoup de bijoux et objets de fantaisie.

Chambre de feu S. A. R.

Tapisseries, rideaux, meubles et tentures or et soie.

Chambre de S. A. R. Madame.

Cabinet de Madame.

Tribune de la chapelle à côté dudit cabinet.

Quatre tableaux religieux.

Chambre d'audience.

Salon entre la galerie et l'orangerie.

Portières, brocart fond argent et damas cramoisi; fauteuils et pliants de même étoffe.

Grande galerie.

Tabourets de bois doré, couverts de velours à ramages violet et cramoisi, ornés de cordons d'or.

Cabinet du bout de la galerie, appelé le salon de Diane.

Galerie de l'Orangerie.

Meubles de Chine: bahuts, urnes, porcelaines.

Salle de la Comédie.

Vingt-cinq tableaux, divers sujets.

Chambre attenant le portique.

Deux tableaux religieux.

Chambre attenant.

Idem.

Antichambre d'un petit appartement derrière les cabinets de S. A. R.

Treize tableaux, divers sujets.

Chambre dudit appartement.

Treize autres tableaux.

Cabinet attenant.

Dix tableaux, divers sujets, fruits et paysages.

Chambre de madame la duchesse d'Orléans.

Meubles soie et or; garniture de cheminée en porcelaine.

Chambre de monseigneur le duc d'Orléans.

Tentures de damas violet et blanc, et brocart couleur de chair, à fond d'argent; portières de même étoffe.

Petit cabinet à côté de la chambre.

Seize tableaux, divers sujets.

Chambre des filles d'honneur de S. A. R. Madame.

Chambre basse au pied du grand escalier, ayant vue sur la grande cour.

Chambre de Monsieur le Prince.

Chambre de Mademoiselle de Montpensier.

Tenture de tapisserie, fond blanc, à fleurs d'or et vert.

―――

Petite tour à côté.

―――

Chambre par bas, appelée la chambre de M. le chevalier de Loraine.

―――

Salle des Gardes.

―――

Chambre du Roi.

―――

Petit cabinet.

―――

Grand cabinet de Romarin.

―――

Salle à manger.

―――

Chambre à côté, appelée la chambre de monseigneur le Dauphin.

Cabinet ensuite où est la famille d'Angleterre.

Cabinet où est le billard.

Chambre de Monsieur où est la famille d'Espagne.

Oratoire.

Chambre de Mademoiselle.

Chambre du balcon ayant vue sur la grande cour.

Cabinet ensuite.

Chambre au haut du grand escalier près le garde-meuble ayant vue sur la grande cour.

Chambre des filles d'honneur.

Tour et une chambre à côté.

Appartement du sieur Louis.

Grande salle dud. château.

Tour à côté de la salle.

Chapelle.

Salle des Gardes.

Tour à côté de la salle.

Chambre au-dessus de lad. garde-robe dans la tour.

Chambre de monseigneur le duc d'Orléans à côté de l'antichambre ci-dessus désignée.

Salle à manger ensuite de lad. antichambre.

Tour à côté de la salle.

Chambre au-dessus.

Grande chambre.

Tour de lad. chambre servant de cabinet.

Chambre au-dessus du cabinet.

Chambre de S. A. R. Madame.

Cabinet de la chambre.

Tour à côté de la galerie.

Galerie.

Tour au bout de lad. galerie.

Une autre tour au bout de lad. terrasse.

———

Chambre de S. A. R.

———

Cabinet attenant lad. chambre.

Huit tableaux, divers sujets.

———

Grande salle du côté des fossés.

Tabourets de bois, garnis de paille; deux lits de sangle, où se tenaient les valets.

———

Salle ayant vue sur les fossés.

———

Entresol au-dessus de l'appartement de monseigneur le duc d'Orléans.

E.

RÉNONCIATION

DE PHILIPPE V.

« De mon propre mouvement, de ma libre, franche et pure volonté, moi Dom Philippe, par la grace de Dieu, roi de Castille, etc., etc., je renonce, par le présent acte, pour toujours et à jamais, pour moi-même et pour mes héritiers et successeurs, à toutes prétentions, droits et titres que moi ou quelques autres de mes descendans que ce soit, aient, dès à présent, ou puissent avoir, en quelque temps que ce puisse à l'avenir, à la succession de la couronne de France ; je les abandonne et m'en désiste pour moi et pour eux.

« Je veux et consens, pour moi et mesdits descendans, que, dès à présent comme alors, moi et mes descendans, étant exclus, inhabiles et incapables, l'on regarde ce droit comme passé et transféré à celui qui se trouvera suivre en degré immédiat au roi, par la mort duquel la vacance arrivera.... de même que si moi et mes descendans ne fussent jamais venus au monde.

« Je veux et consens pour moi-même et pour mes descendans que, dès à présent comme alors, ce droit soit regardé et considéré comme passé et transféré au duc de Berry, mon frère, et à ses enfans et descendans mâles, nés en légitime mariage; et, au défaut de ses lignes masculines, au duc d'Orléans, mon oncle, et à ses enfans et descendans mâles, nés en légitime mariage, et ainsi successivement à tous les princes du sang de France.

« Si, de fait, ou sous quelques prétextes, nous voulions nous emparer du royaume de France par la force des armes, faisant ou excitant une guerre offensive ou défensive, *je veux, dès à présent comme alors, qu'elle soit tenue, jugée et déclarée pour illicite, injuste, mal entreprise, et pour violence, invasion et usurpation faite contre la raison et contre la conscience; et qu'au contraire on juge et qualifie juste, licite et permise, celle qui sera faite et excitée par celui qui, au moyen de mon exclusion et de celle de mesdits enfans et descendans, devra succéder à la couronne de France : que ses sujets et naturels aient à le recevoir, à lui obéir, à lui prêter le serment et hommage de fidélité, comme à leur roi et seigneur légitime, et à le servir.*

« J'engage de nouveau ma foi et parole royale, et je jure solennellement par les évangiles contenus en ce missel, sur lequel je pose la main droite, que j'observerai, maintiendrai et accomplirai le présent écrit et acte de renonciation, tant pour moi que pour tous mes successeurs, héritiers et descendans, dans toutes les clauses qui y sont contenues, selon la construction et le sens le plus naturel, le plus littéral et le plus évident; que je n'ai point demandé ni ne demanderai point d'être relevé de ce serment; et que si quelques personnes particulières le demandoient, ou que si cette dispense m'étoit donnée MOTU PROPRIO, je ne m'en servirai ni ne m'en prévaudrai, mais plutôt en ce cas je fais un autre serment que celui-ci subsistera et demeurera toujours, nonobstant toutes dispenses qui m'auroient été accordées. »

LETTRES PATENTES DU ROI,

Qui admettent les renonciations du roi d'Espagne, et qui suppriment les lettres patentes du mois de décembre 1700,

Données à Versailles au mois de mars 1713, et enregistrées au parlement le 15 du même mois.

LOUIS, par la grace de Dieu, roi de France et de Navarre,

A tous présens et avenir, salut. Dans les différentes révolutions d'une guerre, où nous n'avons combattu que pour soutenir la justice des droits du roi, notre très-cher et très-amé frère et petit-fils, sur la monarchie d'Espagne, nous n'avons jamais cessé de désirer la paix. Les succès les plus heureux ne nous ont point ébloui, et les événemens contraires dont la main de Dieu s'est servie pour nous éprouver, plutôt que pour nous perdre, ont trouvé ce désir en nous, et ne l'y ont pas fait naître. Mais les temps marqués par la Providence divine pour le repos de l'Europe n'étoient pas encore arrivés; la crainte éloignée, de voir un jour notre couronne et celle d'Espagne portées par un même prince, faisoit toujours une égale impression sur les puissances qui s'étoient unies contre nous; et cette crainte, qui avoit été la principale cause de la guerre, sembloit mettre aussi un obstacle insurmontable à la paix. Enfin, après plusieurs négociations inutiles, Dieu, touché des maux et des gémissemens de tant de peuples, a daigné ouvrir un chemin plus sûr pour parvenir à une paix si difficile; mais les mêmes alarmes subsistant toujours, la première et la principale condition qui nous a été proposée par notre très-chère et très-amée sœur, la reine de la Grande-Bretagne, comme le fondement essentiel et nécessaire des traités, a été que le roi d'Espagne notredit frère et petit-fils conservant la monarchie d'Espagne et des Indes, renonçât pour lui et pour ses descendans à perpétuité, aux droits que sa naissance pouvoit jamais donner à lui et à eux sur notre couronne; que réciproquement notre très-cher et amé petit-fils le duc de Berry, et notre très-cher et très-amé neveu le duc d'Orléans, renonçassent aussi pour eux et pour leurs descendans mâles et femelles à perpétuité, à leurs droits sur la monarchie d'Espagne et des Indes : notredite sœur nous a fait représenter que, sans une assurance formelle et positive sur ce point, qui seul pouvoit être le lien de la paix, l'Europe ne seroit jamais en repos, toutes les puissances qui la partagent étant également persuadées qu'il étoit de leur intérêt général et de leur sûreté commune, de continuer une guerre dont personne ne peut prévoir la fin, plutôt que d'être exposées à voir le même prince devenir un jour le maître de deux monarchies aussi puissantes que celles de France et d'Espagne. Mais comme cette princesse, dont nous ne pouvons louer assez le zèle infatigable pour le rétablissement de la tranquillité générale, sentit toute la répugnance que nous avions à consentir qu'un de nos enfans si dignes de recueillir la succession de nos pères, en fût nécessairement exclu, si les malheurs dont il a plu à Dieu de nous affliger dans notre famille, nous enlevoient encore, dans la personne du Dauphin notre très-cher et très-amé arrière-petit-fils, le seul reste des princes que notre royaume a si justement pleurés avec nous; elle entra dans notre peine, et après avoir cherché de concert des moyens plus doux pour assurer la paix, nous convînmes avec notredite sœur de proposer au roi d'Espagne d'autres Etats inférieurs, à la vérité, à ceux qu'il possède, mais dont la considération s'accroîtroit d'autant plus sous son règne, que, conservant ses droits en ce cas, il uniroit à notre couronne une partie de ces mêmes États, s'il parvenoit un jour à notre succession. Nous employâmes donc les raisons les plus fortes pour lui persuader d'accepter cette alternative.

Nous lui fîmes connoître que le devoir de sa naissance étoit le premier qu'il dût consulter, qu'il se devoit à sa maison et à sa patrie, avant que d'être redevable à l'Espagne; que s'il manquoit à ses premiers engagemens, il regretteroit peut-être un jour, inutilement, d'avoir abandonné des droits qu'il ne seroit plus en état de soutenir. Nous ajoutâmes à ces raisons les motifs personnels d'amitié et de tendresse que nous crûmes capables de le toucher; le plaisir que nous aurions de le voir de temps en temps auprès de nous, et de passer avec lui une partie de nos jours, comme nous pouvions nous le promettre du voisinage des États qu'on lui offroit; la satisfaction de l'instruire nous-mêmes de l'état de nos affaires, et de nous reposer sur lui pour l'avenir; en sorte que si Dieu nous conservoit le Dauphin, nous pourrions donner à notre royaume, en la personne du roi notre frère et petit-fils, un régent instruit dans l'art de régner, et que si cet enfant si précieux, à nous et à nos sujets, nous étoit encore enlevé, nous aurions au moins la consolation de laisser à nos peuples un roi vertueux, propre à les gouverner, et qui réuniroit encore à notre couronne des États très-considérables. Nos instances, réitérées avec toute la force et toute la tendresse nécessaires pour persuader un fils qui mérite si justement les efforts que nous avons faits pour le conserver à la France, n'ont produit que des refus réitérés de sa part, d'abandonner jamais des sujets braves et fidèles, dont le zèle pour lui s'étoit distingué dans les conjonctures où son trône avoit paru le plus ébranlé; en sorte que, persistant avec une fermeté invincible dans sa première résolution, soutenant même qu'elle étoit plus glorieuse et plus avantageuse à notre maison et à notre royaume, que celle que nous le pressions de prendre, il a déclaré dans l'assemblée des états du royaume d'Espagne, convoquée pour cet effet à Madrid, que, pour parvenir à la paix générale, et assurer la tranquillité de l'Europe par l'équilibre des puissances, il renonçoit de son propre mouvement, de sa volonté libre, et sans aucune contrainte, pour lui, ses héritiers et successeurs, pour toujours et jamais, à toutes prétentions, droits et titres que lui ou aucun de ses descendans aient dès à présent, ou puissent avoir, en quelque temps que ce soit à l'avenir, à la succession de notre couronne; qu'il s'en tenoit pour exclus, lui, ses enfans, héritiers et descendans, à perpétuité; qu'il consentoit pour lui et pour eux, que dès à présent comme alors, son droit et celui de ses descendans passât et fût transféré à celui des princes que la loi de succession et l'ordre de la naissance appelle ou appellera à hériter de notre couronne, au défaut de notredit frère et petit-fils le roi d'Espagne et de ses descendans, ainsi qu'il est plus amplement spécifié par l'acte de renonciation admis par les États de son royaume; et, en conséquence, il a déclaré qu'il se désistoit spécialement du droit qui a pu être ajouté à celui de sa naissance, par nos lettres patentes du mois de décembre 1700, par lesquelles nous avons déclaré que notre volonté étoit que le roi d'Espagne et ses descendans conservassent toujours les droits de leur naissance ou de leur origine, de la même manière que s'ils faisoient leur résidence actuelle dans notre royaume, et de l'enregistrement qui a été fait de nosdites lettres-patentes, tant dans notre cour de parlement que dans notre chambre des comptes, à Paris. Nous sentons, comme roi et comme père, combien il eût été à désirer que la paix générale eût pu se conclure sans une renonciation qui fasse un si grand changement dans notre Maison royale, et dans l'ordre ancien de succéder à notre couronne; mais nous sentons encore plus combien il est de notre devoir d'assurer promptement à nos sujets une paix qui leur est si nécessaire. Nous n'oublierons jamais les efforts qu'ils ont faits pour nous dans la longue durée d'une guerre que nous n'aurions pu soutenir, si leur zèle n'avoit encore plus d'étendue que leurs forces.

Le salut d'un peuple si fidèle est pour nous une loi suprême, qui doit l'emporter sur toute autre considération. C'est à cette loi que nous sacrifions aujourd'hui le droit d'un petit-fils qui nous est si cher; et, par le prix que la paix générale coûtera à notre tendresse, nous aurons au moins la consolation de témoigner à nos sujets qu'aux dépens de notre sang même, ils tiendront toujours le premier rang dans notre cœur. Pour ces causes et autres grandes considérations à ce nous mouvant, après avoir vu en notre conseil ledit acte de renonciation du roi d'Espagne, notre très-cher et très-amé frère et petit-fils, du 5 novembre dernier, comme aussi les actes de renonciation que notredit petit-fils le duc de Berry et notredit neveu le duc d'Orléans ont faits réciproquement de leurs droits à la couronne d'Espagne, tant pour eux que pour leurs descendans mâles et femelles : en conséquence de la renonciation de notredit frère et petit-fils le roi d'Espagne, le tout ci-attaché avec une copie collationnée desdites lettres patentes du mois de décembre 1700, sous le contre-scel de notre chancellerie : de notre grâce spéciale, pleine puissance et autorité royale, nous avons dit, statué et ordonné, et, par ces présentes signées de notre main, disons, statuons et ordonnons, voulons et nous plaît, que ledit acte de renonciation de notredit frère et petit-fils le roi d'Espagne, et ceux de notre petit-fils le duc de Berry, et de notredit neveu le duc d'Orléans, que nous avons admis et admettons, soient enregistrés dans toutes nos cours de parlement, et chambres de nos comptes de notre royaume et autres lieux où besoin sera, pour être exécutés selon leur forme et teneur; et en conséquence voulons et entendons que nosdites lettres patentes du mois de décembre 1700 soient et demeurent nulles et comme non-avenues; qu'elles nous soient rapportées, et qu'à la marge des registres de notredite cour de parlement et de notredite chambre des comptes où est l'enregistrement desdites lettres patentes, l'extrait des présentes y soit mis et inséré pour mieux marquer nos intentions sur la révocation et nullité desdites lettres. Voulons que conformément audit acte de renonciation de notredit frère et petit-fils le roi d'Espagne, il soit désormais regardé et considéré comme exclus de notre succession; que ses héritiers successeurs et descendans en soient aussi exclus à perpétuité et regardés comme inhabiles à la recueillir. Entendons qu'à leur défaut, tous droits qui pourroient en quelque temps que ce soit leur compéter et appartenir sur notredite couronne et succession de nos États, soient et demeurent transférés à notre très-cher et très-amé petit-fils le duc de Berry et ses enfans et descendans mâles, nés en loyal mariage; et successivement à leur défaut, à ceux des princes de notre maison royale et leurs descendans qui, par le droit de leur naissance et par l'ordre établi depuis la fondation de notre monarchie, devront succéder à notre couronne; si donnons en mandement à nos amés et féaux conseillers, les gens tenant notre cour de parlement à Paris, que ces présentes avec les actes de renonciation faits par notredit frère et petit-fils le roi d'Espagne, par notredit petit-fils le duc de Berry, et par notredit neveu le duc d'Orléans, ils aient à faire lire, publier et registrer, et le contenu en iceux garder, observer et faire exécuter selon leur forme et teneur, pleinement, paisiblement et perpétuellement; cessant et faisant cesser tous troubles et empêchemens, nonobstant toutes lois, statuts, us, coutumes, arrêts, règlemens et autres choses à ce contraires, auxquels et aux dérogatoires des dérogatoires y contenus, nous avons dérogé et dérogeons par ces présentes, pour ce regard seulement et sans tirer à conséquence; car tel est notre bon plaisir; et afin que ce soit chose ferme et stable à toujours, nous avons fait mettre notre scel à ces dites présentes. Donné à Versailles, au mois de mars, l'an de grâce 1713, et de notre règne le 70ᵉ. *Signé* Louis: et plus bas, par le Roi: Phelippeaux. *Visa*, Phelippeaux: et scellé du grand sceau en cire verte sur lacs de soie rouge et verte.

Et ensuite est écrit :

Lues et publiées l'audience tenant, et registrées au

greffe de la Cour, ouï et ce requérant le procureur-général du Roi, pour être exécutées selon leur forme et teneur, suivant et conformément aux arrêts de ce jour. A Paris, le quinzième jour de mars mil sept cent treize.

Signé DONGOIS.

TABLE DES MATIÈRES.

	Pag.
CHAPITRE Ier. — Le Palais-Cardinal............	1
CHAPITRE II. — Le Palais-Cardinal, devenu Palais-Royal sous la régence d'Anne d'Autriche........	25
CHAPITRE III. — Le Palais-Royal habité par Henriette-Marie, reine d'Angleterre................	73
CHAPITRE IV. — Le Palais-Royal sous Philippe de France, duc d'Orléans (Monsieur), frère de Louis XIV.	81
CHAPITRE V. — Le Palais-Royal sous Philippe, duc d'Orléans, régent.........................	103
CHAPITRE VI. — Le Palais-Royal sous Louis, duc d'Orléans, fils du régent.....................	141
CHAPITRE VII. — Le Palais-Royal sous Louis-Philippe, duc d'Orléans........................	147
CHAPITRE VIII. — Le Palais-Royal, sous Louis-Philippe-Joseph, duc d'Orléans................	173
CHAPITRE IX. — Le Palais-Royal depuis sa réunion au domaine de l'État....................	205
CHAPITRE X. — Le Palais-Royal sous Louis-Philippe, duc d'Orléans........................	214
CHAPITRE XI. — Le Palais-Royal sous Louis-Philippe Ier, roi des Français....................	297
COLLECTION DES TABLEAUX DU PALAIS-ROYAL.	
APPARTEMENT DU ROI. — Salon des aides de camp..	323
Salle d'audience...........................	325
Petit cabinet du roi.........................	327

Grand cabinet du roi.........................	328
Chambre à coucher du roi.....................	331
Salon dépendant de l'ancien appartement de M. le duc de Chartres.........................	332
Galerie de l'ancien appartement de la bibliothèque de M. le duc de Chartres.....................	334
Cabinet des médailles........................	335
Grand salon de gravures......................	337
Galerie historique...........................	338
Galerie des bijoux...........................	342
Galerie des batailles.........................	344
Salon *dit* salon rouge........................	346
APPARTEMENT DE S. A. R. MADAME LA PRINCESSE ADÉLAÏDE, SOEUR DU ROI. — Premier salon................	347
Deuxième salon.............................	348
Galerie....................................	349

PIÈCES JUSTIFICATIVES.

Lettre A. — Les barricades.....................	351
Lettre B. — Mariage de Philippe de France, Monsieur, avec Henriette-Anne d'Angleterre...............	371
Lettre C. — Lettres patentes du roi, portant don par Sa Majesté à *Monsieur*, son frère unique, et à ses enfants mâles, du Palais-Royal, par augmentation d'apanage...................................	373
Lettre D. — État du Palais-Royal, en 1701, à la mort de *Monsieur*, frère de Louis XIV...............	377
Lettre E. — Renonciation de Philippe V...........	394
Lettres patentes du roi.......................	397

www.ingramcontent.com/pod-product-compliance
Lightning Source LLC
Chambersburg PA
CBHW071221240426
43671CB00030B/1320